EL CÉLIBE
DE SAN FRANCISCO

Pavel Saltos Pico

EL CÉLIBE DE SAN FRANCISCO

Edición: Morlis Books™
Diseño de Portada: Barker & Jules Books™
Diseño de Interiores: María Elisa Almanza | Barker & Jules Books™

Primera edición - 2020
© 2020, Pavel Saltos Pico

I.S.B.N. | 978-1-64789-142-8
I.S.B.N. eBook | 978-1-64789-143-5

BARKER & JULES, LLC
2248 Meridian Blvd. Ste. H, Minden, NV 89423
barkerandjules.com

A mis cinco amores...

Juan, Monserrate, Virginia, Nataly, Esteban

Hace 3 años, 4 meses, se inició un sueño, una utopía. En un cuarto de hotel se empezó a plasmar unas líneas de condena, una narración que se forjó entre la realidad y la ficción. En el desarrollo de esta novela, debo dar mi agradecimiento a personas que con cada uno de sus aportes me ayudaron a darle vida a esta obra: Juan Saltos (Ecuador), Miguel Muente (Perú), Eliana Falcón (Ecuador), Violeta Hochman (España), Virginia Ruiz (Ecuador).

María Belén Mena (Ecuador) por el impulso.

Padre Miguel (Ecuador) por su sencillez.

PRÓLOGO

La obra que está en manos del lector es una novela histórica desarrollada en varios escenarios de Estados Unidos, México, y se afianza en Ecuador describiendo la cultura y forma de vivir de su gente.

Este libro destaca dos puntos importantes; en primera instancia, la lucha por los derechos sexuales y reproductivos para las mujeres, mediante las investigaciones que culminarán con la elaboración de los primeros anticonceptivos, entre las creencias y cultura de una sociedad hipócrita. Posteriormente, el autor se centra en el celibato dentro de la comunidad sacerdotal, y en ese ambiente nace Pablo, el personaje principal de la obra. Tanto Pablo como sus antecesores son beneficiarios de una protección especial de seres que confiaron en la especie humana, pues depositaron un secreto guardado con mucho celo en el interior de individuos imperfectos cuyas elecciones afectan a dichos seres.

Se torna interesante la forma de pensar de Pablo, un hombre intelectualmente brillante que vivió una infancia feliz bajo la influencia de personas clave en su vida, con una adolescencia plagada de disyuntivas morales y una adultez bajo el estricto paraguas de sus creencias religiosas que se formaron antes de tomar su decisión de entregarse al sacerdocio.

¿Cuáles son los misterios que se tejen dentro de los claustros de la iglesia de San Francisco? ¿Por qué se cometen tantas atrocidades en nombre del controvertido "celibato"? ¿Quiénes son los artífices de aquellos intrincados secretos que se cuecen en ese famoso convento? Todas esas preguntas hallarán cumplida respuesta en una novela que llega al culmen de la emoción y del suspenso, y cuyo final es difícil de imaginar...

Virginia Ruiz Vinueza
Quito, 21 de junio de 2020

ÍNDICE

Un jadeo tras otro hacía rechinar los tablones de la granja de la familia Scott, una pareja que, libidinosa, disfrutaba manoseando sus cuerpos daban rienda suelta a su placentero amor. El dormitorio a oscuras iluminado solo por una tenue vela, el silencio cómplice, la noche fresca, el aire puro del bosque que abrazaba aquel hogar; todo era propicio para probar sin desenfrenos los néctares del placer. Él, como muchos hombres de la época, llevaba el timón de la relación sexual, y era impropio que las alas de mariposa de una mujer pudieran, enloquecidas, vibrar, saltar, y gritar ante el cosquilleo evidente de una fuerte sensación. El hombre espoleaba su prominente cuerpo rozando como anquilosado encima de su mujer acostada boca arriba; cada envestida era un sacrilegio sin desenfreno, cada roce era un triunfo en la meta, de pronto la inspiración del hombre se obstinó, y como agarrado en un dintel sujetó el cuerpo de la mujer por encima de él. Chocaba junto a ella, la respiración era elocuente, los latidos se exacerbaban estrepitosamente por la habitación, el sudor se destilaba como ráfagas por doquier y, como un camaleón que cambia de color, abruptamente empujó a la mujer a la anterior posición. Ella disfrutaba a pesar de su pasividad beata y no quería por ningún motivo desviar la atención, perseguía concentrarse fehacientemente en las sensaciones de aquel momento, comenzaba la esfinge del clímax; ellos lo podían percibir fácilmente, pero deseaban que fuera eterno, pues no había en la vida mayor placer que ese... Con cada minuto las revoluciones del placer eran indescriptibles, sus mentes volaban, sus pensamientos eran ruines, impúdicos, y desde su interior se evidenciaba una fuerza única entre las fuerzas; era como un torbellino a punto de subir la cumbre, ella estaba a punto de agarrar con sus manos la luna llena de aquella noche, él embestía con más ímpetu….

-¡Ya está cerca! -exclamó internamente él afanoso. ¡Me voy! –prorrumpe, desaforado-.

Ella siente el auge y desvergonzada, estremeciéndose, aprieta la almohada…. y él se retira antes de eyacular en los aposentos de su amada, tratando de apagar la leche derramada. La pareja, como saliendo de un exorcismo mal curado, se mira desconcertada y los dos, enamorados, diciéndoselo entre sus miradas… La simiente en lo profundo se quedó impregnada… --¡Por Dios! - el hombre dijo-, ¡quedarás embarazada!

Estoy en la habitación diez del hotel de una ciudad llamada Quinindé, aquí en mi país, Ecuador. Es de noche, la lluvia tenaz recorre las calles del lugar. Solo un viejo ventilador que trata de apaciguar el calor me acompaña mientras veo por la ventana a la muchedumbre que recorre el pavimento lavado por las torrenciales aguas. Mañana es otro día fuerte de trabajo en busca de víctimas del Zika, una enfermedad tropical que azota la región y `provoca malformaciones fetales a las mujeres embarazadas. Hay que descansar, pero las intrigas del director de la NASA me tienen obstinado. "¿Qué será ese extraño objeto apostado en el Polo Ártico? ¿Sobrevivirá Rachel Sexton a las amenazas de un grupo de terroristas? ¿Su padre el senador Sexton ganará la Presidencia de Estados Unidos?" Leeré un poco más esta inquietante novela y tal vez en un par de horas logre reposar. Me levantaré a las cinco a hacer ese informe que me pide mi tozuda jefa. Mi mirada está concentrada en las páginas del libro, pero alguien pasa por la ventana, estoy en el tercer piso del hotel, ¡es muy raro que alguien pueda volar hasta mi piso!, pero otra vez vi esa sombra. Asumo que me levantaré, solo cuento con un palo de escoba para defenderme, ¡si es que tuviera que hacerlo!, me levanto a ver quién es el intruso, de pronto esa sombra se hace evidente y logro divisar un hombre vestido todo de blanco que me sonríe artificialmente, detrás del vidrio de la ventana en el pequeño balcón de mi habitación. Aquel hombre me dice algo:

—"Hola, vengo en paz, quiero charlar".

Dudo por segundos en abrirle la ventana; podría ser un ladrón o algo así, pero su impecable vestimenta y su expresión facial alborozada me hacen confiar en él. Le digo que pase, a pesar de estar lloviendo; su cabello corto y alisado, su cara piel canela y sobre todo su ropa no tenían pizca de haberse mojado. Se sienta justo frente a mi cama en una silla de madera color verde oliva, la única de mi habitación. Yo hipnotizado me recuesto en mi cómodo colchón sin saber porque, le pregunto qué quiere:

-Vengo de un lugar muy lejano, necesito contarte una historia de muchos años, no tendrás más opción que solo escucharme.

En realidad no opongo resistencia, ni se por qué no lo hago; un extraño me contará una historia desconocida, me acomodo y lo escucharé probablemente toda la noche.

CAPÍTULO 1

En el planeta enano de Eris estaba cerca de producirse un acontecimiento que podría cambiar el rumbo de esa civilización: sus micropartículas de habitantes se acercaban lenta y progresivamente a un enorme satélite natural "el gran Disnomia", si sus proyecciones eran certeras, en aproximadamente doscientos años chocarían y la existencia de su sociedad peligraría y se llevaría consigo un secreto depositado en ellos por sus dioses milenarios.

Eris, un planeta pequeño de dos mil trescientos kilómetros de diámetro, de civilización muy avanzada y próspera, con habitantes formados por una estructura longitudinal y cilíndrica de formas redondas, con varias extremidades en la parte proximal y distal. Sus habitantes, a pesar de su pequeño tamaño de apenas pocos nanómetros, disponían de conexiones sensoriales que anatómicamente podrían semejarse a las de los seres humanos, con la gran diferencia de que esas conexiones desarrollaban velocidades cien veces mayores que las de un simple mortal en la Tierra, lo que les había permitido conquistar exponencialmente la "ciencia y tecnología", pero además les dieron una capacidad de respuesta a los diferentes problemas de la cotidianidad, con lo que evitaban conflictos y resolvían con paz y ecuanimidad las dificultades.

Su principal forma de comunicación se caracterizaba por la expresión oral-auditiva, aunque contaban con un sistema inalámbrico en red cuya unidad de conexión principal se llamaba el "qaulitar", un sensor natural que llevaban en su cuerpo y que les facilitaba el contacto entre ellos como si tuvieran telepatía a una velocidad mil veces mayor que la de la luz. Su forma de nutrirse y relacionarse no era como el mundo humano, su reproducción asexual generaban nuevos seres estrictamente de acuerdo con las necesidades de su civilización. Sus líderes, siempre los más antiguos, estaban bajo la tutela de un Consejo llamado "Spexer", y es en ese Consejo donde estaba depositado el secreto que guardaban con mucho aprensión.

Un microchip de apenas 0,20 nanómetros era el depositario del secreto que llevaba guardado centenares de años, cuya clave de acceso estaba determinada por los tres miembros más antiguos del Consejo y solo podía ser abierta y cerrada por una sola ocasión. Un error en la aplicación de la clave dejaría bloqueado para siempre el ingreso a la información. La inobservancia de ese detalle podría impedir perpetuamente su acceso. El "Spexer" reunido en su salón principal, detallaba por medio de Crasil, un antiguo y sabio Erisiano, la propuesta para proteger el contenido del microchip:

-Es necesario guardar esta información; los dioses lo depositaron en nosotros, pero ahora requerimos saber en qué especie del universo puede ser guardado. Gracias a nuestras proyecciones y equipos de avanzada hemos ubicado un planeta de aproximadamente doce mil kilómetros de diámetro, a una distancia de catorce mil millones de kilómetros, con más de cuatro mil quinientos millones de años de creado. Este es un

buen lugar en donde podemos depositar el microchip, según las proyecciones los seres que gobiernan dicho lugar son relativamente pacíficos y lo que más nos interesa, son muy fértiles.

Josu, uno de los miembros del Consejo de Sabios, quien previamente había estudiado la propuesta de Crasil acotó:

-Este planeta se encuentra en el sistema solar, con millones de especies vivas en todo su territorio, desde muy pequeños hasta estructuras vivas más grandes; unos vuelan, otros viven en lugares líquidos, y muchos otros más viven en forma terrestre. Más de dos tercios de su estructura está conformada por una sustancia líquida que ellos llaman agua, la cual es indispensable para su supervivencia.

Josu continúo:

-Este planeta está gobernado por unos seres que les llaman humanos, tienen la capacidad de aprender, inventar, descubrir, analizar, asumen una forma compleja de comunicación que ellos llaman "lingüística", abarcan más de seis mil idiomas, pero a pesar de aquello han logrado comunicarse bien entre ellos. Su esperanza de vida es de aproximadamente 50 años, que ha ido incrementándose. Están formados por partículas que llaman células, pero aún desconocen que hay sustancias mucho más pequeñas en su interior, que son las que se encargan de heredar a sus descendientes.

Los sabios erisianos tenían conocimiento de que los humanos, así como la mayoría del millón de especies que existían en el planeta, contenían en sus células una sustancia que les llamaban el ADN (Ácido desoxirribonucleico) responsable de pasar la herencia de generación en generación.

- *¡Y allí es donde depositaremos nuestro secreto que perdurará por los tiempos! Justo en el ADN*

-Acotó emocionado Crasil-.

-¿Quién nos asegura de que esa civilización hará perdurar nuestro secreto? -Preguntó Bufil, uno de los miembros del consejo-.

-Los humanos requieren para vivir de millones de toneladas de alimentos, entre vegetales y animales, y sus habitantes, por lo tanto, necesitan más humanos para producir esa cantidad suficiente de alimentos que permitan su subsistencia, por lo que cada vez ellos requieren reproducirse de una forma particular que ellos llaman "reproducción sexual" -Contestó con solvencia Crasil, y continuó-.

-En la actualidad viven allí unos mil doscientos millones de humanos, y según nuestros cálculos en cien años la población se duplicará, es decir que en 1950 serán dos mil quinientos millones de habitantes y en el año 2000 serán seis mil millones... cada vez se multiplicarán... ¡y hay algo importante!, en ese planeta está prohibido controlar los nacimientos, sus dioses se lo prohíben.

Los argumentos de los sabios erisianos no estaban alejados de la verdad. El planeta en referencia, un lugar próspero a considerar, a pesar de la incipiente industrialización, el mundo en mención mantenía a su favor un paraíso de colores y de diversidad; sus continentes tenían montes, montañas, volcanes acompañados de un vasto verdor, tupidos bosques, caudalosos ríos de cristalinas aguas, un mar inmenso con millones de vidas en su interior. Cada humano personificaba su propia idiosincrasia, sus virtudes en las artes y en las ciencias eran indiscutibles, pero muchas veces su forma de ver el mundo en blanco y negro, la idealización de la razón, su fuerte impregnación prohibicionista, les tenía atados para poder conseguir el desarrollo y el progreso anhelados, pero había algo cierto de ese pequeño planeta: la Tierra era un lugar idóneo para prosperar y guardar su tan preciado secreto.

CAPÍTULO 2

Era 1861. En las afueras de Tucson (Estados Unidos de América), Bryan Scott, un granjero de padres irlandeses, estaba por ser padre por sexta vez, aunque el embarazo fue un inesperado accidente producto del desenfreno de la pasión. Esperaban que la cigüeña les diera la dicha con una hija mujer. Maryland, también de origen irlandés, una rubia hermosa, alta, con ojos penetrantes que irradiaban vivacidad, tenía un carácter altivo y nada pesimista, llevaba las riendas de los quehaceres de su hogar. Ella guardaba a su marido, Bryan, respeto y obediencia, sus padres habían sido asesinados por colonos norteamericanos en Nueva York como producto de la intolerancia religiosa entre católicos y protestantes. Para ella, cada hijosignificaba un suspiro de amor y compasión que llevaría el legado de sus padres. Su confortable vida con Bryan le daba esa paz que consideraba indispensable.

Para Maryland, como para muchas mujeres, la multiparidad no era un problema, por lo menos socialmente; en el siglo XIX tener varios hijos no era una novedad, desde un granjero hasta un presidente de la nación (como William Henry Harrison,*primer presidente de los Estados Unidos en morir en el poder, quien tuvo diez hijos con su esposa Anna Symmes y otros seis con una de sus esclavas),*por lo que la familia Scott no podía ser la excepción. Los Scott, de creencias católicas, así como otros colonos llegados de Europa, habían huido hace varios años desde Nueva York y de la intolerancia religiosa, con el firme propósito de llegar a Californiapara disfrutar de la fiebre del oro y de una paz anhelada. El camino era difícil y agotador por lo que algunos perecieron en el trayecto, por el clima atosigador, la falta de agua y de alimentos, y el asedio constante de los Apaches, que influían en aquello; otros detuvieron esa marcha y decidieron apostarse en pueblos de paso y buscar otras formas de subsistencias.

Tucson, una ciudad de origen español, cautivó a los Scott. Se había convertido en pasoobligadopara llegar al más lejano Oeste.Desde 1854llegó a serparte del gobierno de Estados Unidos. Aquel pueblo articulaba una combinación de la cultura española y anglosajona. En ese poblado polvoriento fue donde los Scott decidieron asentarse para dedicarse a la ganadería y la agricultura, labores que requerían un alto sacrificio y un enorme contingente laboral; entonces tener varios hijos para ellos estaba justificado, era una cuestión de supervivencia.

El control de la natalidad explícitamente no era prohibido, sino hasta la aparición de las leyes Comstock en 1873; sin embargo, no podía ser discutido ni hablado en público, ni era tampoco interés de salud pública. A pesar de eso, las parejas usaban habitualmente métodos naturales como el ritmo, el retiro, prolongación de la lactancia o incluso métodos más "sofisticados" como los condones de caucho, espermicidas, diafragmas y esponjas anticonceptivas; pese a la actitud mojigata de la sociedad la natalidad disminuyó en los Estados Unidos en todo el siglo XIX a la mitad.

En este preludio de hechos nació Charles, luego del último pujo de Maryland.

-*¡Otro angelito!* -dijo la partera-.

¡Sí, partera! No había médicos, ni gineco-obstetras.En aquellas épocas la responsabilidad del trabajo de parto era casi ineludible de las comadronas, como también las llamaban. Casi todas tenían como ejemplo a la pionera de esta labor en Estados Unidos, Martha Ballard, quien durante tres décadas ayudó a parir a casi mil mujeres. La señora Hamilton, una mujer corpulenta, casi analfabeta, llevaba mucho tiempo en esa labor, con aspecto de oso panda, gigante, robusta, aterciopelada, su mirada inspiraba ternura y paz. Tal vez esas miradas fueron las que acobijaron la confianza de Bryan y Maryland, para que esa mujer recibiera a todos sus hijos.

Bryan entró al cuarto presuroso. Eran las 18:40 de la tarde y el verano de Tucson daba una algarabía como suele darse en la llegada de un nuevo ser. Él había tenido todo listo para el parto de su mujer siguiendo las órdenes de la señora Hamilton, pocas horas antes se había dotado de agua suficiente traída de las riberas del río Santa Cruz, cercano a la ciudad. Estaba tenso, ansioso y agobiado en espera de la llegada de su hijo, sus sentimientos se confrontaban. Feliz, y a la vez preocupado. De todas maneras no era infrecuente en esos años la muerte de la madre, el hijo o de ambos, en el parto. Pero su hijo nació.

-*¡Mira qué grande es nuestro hijo!* ¡Otro hermoso varón ¡ -Dijo, contenta, su esposa-.

Mientras por un lado la cara sudada y encendida de Maryland expresaba la complacencia y felicidad que solo puede sentir una madre luego del sacrificio, Bryan percibía sentimientos distintos, pues si bienexperimentóun gran alivio al ver a su hijo nacido y a su mujer en buen estado, sus esperanzas de regocijarse con una niña añorada en sus brazos se escaparon. En sus adentros pensó inquietantemente en el próximo intento, que probablemente debería ser más suave, más delicado, en busca de la fémina esperada.

No había tiempo para pesares. Un Scott había iluminado la tenue noche. Era tiempo de celebrar su llegada.

CAPÍTULO 3

Eloban, un experimentado aerotransportador espacial, había sido designado por el Consejo de Sabios de los Erisianos como jefe de la misión. Disfrutaba de haber realizado más de un centenar de viajes estelares, entre ellos al satélite natural de la Tierra, la Luna, por lo que tenía el respaldo del Consejo. Eloban requería a la vez un equipo de confianza que se sometiera a sus grandes exigencias,*¡era una ardua tarea!*Los avances tecnológicos debían complementarse con una singular concentración mental de cada integrante de la brigada. El mínimo error pondría en peligro la misión.

-*¡Elan! ¡Adís! ¡Basus!Ustedes han sido seleccionados para esta importante misión...* -dijo Eloban-frente a un centenar de preseleccionados. Minutos después se reunió con los tres.

- *Llevaremos un microchip a casi catorce mil kilómetros desde aquí, hacia el planeta Tierra, para lo cual requerimos impecable la cápsula impermeable, y a la vez que la nave de propulsión K756estéa la perfección y con pruebas de simulación.*

- *Señor, ¿es posible la presencia de alguna lluvia de meteoritos en el trayecto?* -preguntó Adís-.

- *Es lo más probable, capitán Adís; por eso hay que realizar las pruebas de simulación y... ¡se me olvidaba! a las más extremas temperaturas. Encárguese usted mismo...*

Eloban continúo con las indicaciones:

-Una vez establecidas las coordenadas iremos al punto. Recuerden que los humanos son trescientas veces más grandes que nosotros, así que la probabilidad de que nos detecten es muy baja, sin contar que ellos no cuentan con equipos de detección aérea ni nada parecido,eso nos ayuda en la misión...

De hecho, fue en 1935 que luego de los experimentos del inglés Watson-Wattse logró la primera detección de un avión a través de ondas de radio a una distancia de quince millas. Eloban tenía razón; en esa época era imposible detectar algún objeto volador con radar.

- *¡Elan!* -dijo Eloban-.

Mientras Basus ubica las coordenadas y al humano seleccionado que le llamaremos el depositario, tú colocarás la sonda, entrarás por medio de un sistema de poros que tienen en la piel, allí encontrarás unas estructuras muy pequeñas que se llaman células y colocarás justo en el centro, en pleno núcleo, el microchip.

Este microchip entraría en el ADN, y se quedaría impregnado en él, y cada replicación realizaría una copia exacta; es decir, cada vez que el depositario tuviera descendencia la información se traspasaría a las siguientes generaciones, y de esta manera no se perdería el secreto, aunquesolo se conservase en el primer hijo.

*-Listo señor, coordenadas ubicadas-*dijo Basus.

Ubicación exacta dirección Este MPJUY087987656576, Tucson Esfera norte de la Tierra....

CAPÍTULO 4

Charles Scott, el nombre del sexto hijo, un niño vigoroso y en excelentes condiciones vivía su novena noche en el cielo de Tucson, en el silencio de esa misma noche, mientras todos dormían, desde miles de kilómetros tuvo la visita de unos seres inesperados...

-*A diez segundos de aterrizar, 3h46m hora terrestre*- informó Eloban a la tripulación-.

-*¡Adís! Abran la compuerta exterior derecha. ¡Elan! Prepara la sonda y el microchip polarizador. ¡Basus! preparen la ubicación del depositario.*

La pequeña nave aterrizó frente a una puerta deslucida de madera, la entrada principal de la casa de la familia Scott. El tablón del piso percudido, no era liso, las grietas colmaban el lugar. Los tripulantes tuvieron que activar el estabilizador TGD4 que tenía la función de crear cimientos virtuales que permitían la estabilización de la nave.

Por segunda ocasión, Elan realizaba lacolocaciónde una sonda de esta envergadura. Hacía mucho tiempo la utilizó en una especie que habitaba un planeta de gas y meteoritos llamado Esnaculos. Sus habitantes contenían pequeños corpúsculos de conductos arteriales parecidos a los humanos, pero con una capacidad elástica muy potente. Esa misión fue exitosa, pero esta, sin duda, constituía la misión más importante en su carrera de la que jamás había formado parte.

De su precisión dependía la supervivencia de su especie, el secreto debía ser impregnado en el interior de la célula del depositario sin tropiezos.

-Autorización para salir-solicitó Elan-.

-¡Autorización lista!- le contestó Eloban con su red inalámbrica de transmisión-.

Elan, como todos los seres de ese planeta, tenían la capacidad de ser traslúcidos, no podía ser visto por nadie que él quisiera, estaba libre de ser detectado no solo por los seres humanos sino por cualquier otro ser, sin embargo no estaba seguro de poder ser olido, o percibido de alguna otra manera. Una vez fuera de la nave espacial Elan ingreso a la casa por una grieta muy visible en la puerta, de acuerdo a las coordenadas exactas que le proporcionaba Basus desde la cabina, por medio de su comunicación inalámbrica. Utilizaron las medidas del sistema de longitud utilizados en la Tierra.

-¡Elan! Entra a unos noventa y nueve centímetros desde la `puerta en línea recta -le indicó Basus-.

- Escucho claramente - contestó Elan de inmediato- Basus continúo con las instrucciones.

- Una vez en el punto hacia la derecha tendrás que recorrer quinientos treinta y un centímetros.

Este fue el recorrido más largo de la misión porque a pesar de que la casa no era grande, estos seresminúsculos,del tamaño de una pulga, obviamente tenían otra perspectiva de las distancias.

Una vez recorrido la distancia Elan solicitó una nueva ubicación.

-Justo al frente tienes una puerta; puedes entrar debajo de ella, y una vez del otro lado a doscientos doce centímetros en dirección oeste, encontrarás una elevación de cincuenta y seis centímetros. Allí está el "depositario" -dirigía Basus-.

Elan se encontraba luego de varios minutos frente al niño, quien dormía boca abajo. La sonda estaba lista, solo había que retirar el ángulo de seguridad que llevabaubicadopara que no se moviera el material semiconductor. Desde cabina, Basus le precisó el sitio exacto de lacolocacióndelmicrochip.

-En la parte superior del niño observa dos estructuras circulares,cubiertascada unopor otro componente llamado párpado. Cruza una línea imaginaria entre los dos círculos y dos centímetros por encima será el punto de impregnación del microchip.

-La pielcomo el órgano más grande de los seres humanos, tiene la función de primera cortina de defensa, siendo asíla más expuesta para colocar el material semiconductor -refirió Basus-.

Elan se percató de un gran detalle que hacía peligrar la misión: el depositario se ubicaba boca abajo, por lo que colocar el microchip no iba a ser tarea fácil. Eloban y su equipo se encontraban en un gran dilema, pues aunquehabíaformas de despertar al bebé para que se expusiera a la sonda,esto provocaría un llanto enternecedor, la madre iría en su auxilio y peligraría la realización de la misión.

Todo el equipo sehabía preparado por meses en el discernimiento de la conducta humana y eso incluíaconocer sus característicasdesdeel vientre materno, así que la única opción en la que podían asegurar que el niño estuviere boca arriba para colocar el microchip en la frente, sería si la madre le diera de lactar...*¿Pero cómo hacer que él bebe pidiera alimento?*

Eloban ideó un plan.

-Elan, usa tu láserde onda corta, retira suavemente el alternador de corriente y con mucha delicadeza le vas a picar en el lóbulo de la oreja al bebe, ¡insisto, con delicadeza y sin provocar lesiones!

La idea era provocar en el niño cierta molestia que lo haga llorar, su madre acudirá a su auxilio, le daría de lactar y con la frente al descubierto se colocaría el dispositivo.

-Pero puede haber un problema - dijo Basus a Eloban *- Si el niño está orinado osu pañal mojadola madre pensará que su llanto es solo para cambiarlo y tendremos apenas1 minuto y 56 segundos en promedio, lo cual no nos daría tiempo para colocar el microchip, ya que requerimos por lo menos diez minutos.*

No sin antes elogiar el análisis sensato de su subalterno, Eloban le dio una juiciosa solución.

-¿Tienes el exprimidor HYJU a tu disposición? - le preguntó a Elan-.

- ¡Sí, señor!

-Entonces, acércate a la zona del pañal, constata si esta mojado, y si lo está, utiliza el exprimidor y seca el pañal. Tendrás aproximadamente dos minutos para hacerlo- dispuso Eloban.

Eso permitiría que la madre, al revisar el pañal y verificara que estuviera seco, fuera inmediatamente a dar de lactar a su crío,con lo que se iniciaría la colocación del chip.

Elan comprobó que de hecho el pañal estaba húmedo, por lo que empezó el secado y, después, con la punta del láser, molestó la oreja del depositario. Luego de cinco minutos de insistencia un vigorosollanto inundó la casa de la familia Scott. Maryland, presurosa, observó a su hijo, revisó el pañal y estando tan seco como el desierto, intuyó que era hambre lo que desesperaba al muchacho.

Una vez tranquilo el niño en los brazos de su madre, Elan empezó la colocación de la sonda por lo que retiró la válvula de seguridad, ingresó el microchip en uno de los poros de la frente pasando por la epidermis hasta las células basales, las más profundas, y las de mayor réplica celular. La operación terminaría cuando por medio de un adenosintetizador se corroboraría que había iniciado la replicación del ADN.

La tecnología que utilizaban en Eris permitía que, por medio de un catalizador de respuesta de ADN llamado adenosintetizador, se pudiera indagar si el microchip habíarepetido la información. La maravilla del ADN es que una vezreplicadoel microchip en las células del depositario, éste loreplicaríade generación en generación y por ende se mantendría en la Tierra el secreto que con tanto recelo quería guardar esta civilización diminuta. La misión fue un éxito.

CAPÍTULO 5

AÑOS DESPUÉS

Ciudad de México

Una densa lluvia se aposentaba en la calzada del Puerto Aéreo Central de la Ciudad de México, los puestos de periódicos se cubrían con mantas de lona, protegiendo la tinta y el papel de la prensa escrita que decía en uno de sus titulares:

"Se inaugura la Torre Latinoamericana, el edificio más alto de Latinoamérica con 44 pisos"

Era enero de 1951, pronto salieron de un avión procedente de Nueva York dos hombres un poco timoratos, pero con ansias de cumplir su misión en aquel extraño país. Jhon Scott y Oso Loco arribaron al aeropuerto, afuera dos hombres mexicanos y uno estadounidense les esperaron, la clave de contacto se activó y fácilmente fueron ubicados, sin mucho aspaviento fueron recibidos, se dirigieron a las afueras e ingresaron en un Chevrolet Bel Air color negro que les esperaba. En el interior del auto pudieron romper el hielo, pues ya no tenían la tensión que sentían en las afueras del aeropuerto, Henry Spilt les dio la bienvenida:

-Hola señor Scott y...?

-No te preocupes, solo llámalo Oso Loco -le dijo con una disimulada sonrisa Jhon-.

-*Bueno, señor Oso Loco, les presento a Fernando Osorio y a Pedro Díaz, iremos a nuestra sede principal, allá nos aguarda el señor Williams, él les pondrá al tanto de todo para que usted pueda dirigir la situación con una mejor visión. Nos esperan unas deliciosas enchiladas y un mole recién cocinado. Se acostumbrarán a la comida mexicana, como yo lo hice.*

Henry Split, un californiano que llevaba más de diez años viviendo en Ciudad de México, su aspecto de intelectual compaginaba con el nítido traje de corte inglés sin arrugas que tenía puesto siempre, había ingresado a la organización, pues su trabajo de profesor de sociólogo en la UNAM lo había puesto en contacto con la misma.

El joven Scott agradeció la hospitalidad y el recibimiento, no sin antes enfatizarles que él venía a aportar en la seguridad de la píldora. Al principio la noticia de que dirigiría las operaciones en México lo dejaron con la sangre helada < *¿Por qué a mí me dejan tan delicada tarea?*> <Hay otra gente mejor preparada que yo> < ¿Debe haber un error, la dirección de la organización debe estar equivocada?>   <Jamás he pisado suelo mexicano>. Pensó.

-*¡Habla muy bien el español!* -le dijo con amabilidad Fernando a Jhon-.

-*Me gusta su idioma, aunque es la primera vez que vengo a este país, me servirá mucho en la práctica lo que aprendí en Nueva York, aunque ustedes entenderán que el acento es delatador*-dijo acertadamente Jhon-.

-*No te preocupes cuando comas unos chiles picantes adoptarás nuestro acento, ¡compadre!* Bromeó Pedro provocando las risas de todos.

Mientras compartían un momento muy apacible, Jhon se percató de que un vehículo Ford de color celeste los estaba siguiendo.

-Amigos, no sé ustedes, pero no miren atrás, un vehículo nos está siguiendo, esa es mi impresión.

-Deben ser los ADM (American Defenders of Morality), esos tipos nos siguen como nuestra sombra-Henry dijo casi de inmediato-.

-No importa quiénes sean- dijo Jhon, debemos perderlos-.

Jhon recordó que Marcus le dijo esa fría mañana en Nueva York que requerían en ese momento de alguien de confianza, tenían información de que en la organización en México había infiltrados, Jhon Scott era el hombre íntimo con el que contaba en ese momento.

Inmediatamente Jhon, sin conocer la ciudad, le dijo al conductor del vehículo, Fernando, que diera vuelta y que regresara por el mismo camino que venían, le pidió a Henry y a Pedro que tuvieran listas sus armas por si era necesario, hicieron el regreso de vuelta y la Ford celeste continuó detrás de ellos, lo que confirmó la sospecha de Jhon... los estaban siguiendo...

-Fernando, busca un lugar donde hayan muchas personas, muchas -exclamó Jhon-.

Fernando pensó en El Zócalo, o Plaza de la Constitución, era la explanada principal de ciudad de México, más de cuatro hectáreas, allí acudían a diario centenares de personas, turistas, comerciantes, era la segunda plaza más grande del mundo, un lugar propicio para perder de vista a los ADM.

Una vez en la plaza Jhon, con voz directa, lenta, pero enérgica les pidió que se bajaran todos, que se confundieran entre los cientos de personas que ocupaban la plaza, Fernando y él continuarían su viaje en el auto, Oso Loco no estaba conforme pues su principal misión era la seguridad del joven Scott, pero prefirió acatar órdenes en aquellos momentos de tensión.

El Ford celeste jaló el anzuelo y continúo con la persecución, ninguno de los dos vehículos incrementaron la velocidad, no lo podían hacer, los vehículos de esa época todavía tenían pocos caballos de fuerza. El auto que conducía Fernando se estaba quedando sin combustible, cada vez el camino en la ciudad se hacía sinuoso y las opciones de escape eran más ilusorias.

Jhon, quien tenía la mirada diametral, le sugirió a Fernando que ingresara por un camino que al parecer conduciría a una avenida, *¡gran error!*

-*¡Es un callejón sin salida!* -gritó desesperado Fernando-.

El vehículo Chevrolet frenó, el motor seguía prendido. Jhon y Fernando esperaban lo peor, no tenían escapatoria, sus miradas turulatas observaban a la Ford celeste que estaba apenas a unos pocos metros. El retrovisor les permitió ver un inesperado y nuevo protagonista, un inmenso camión, aplastó en segundos la Ford que los seguía, fue empujada hasta un inmenso muro, sus fierros retorcidos rechinaban y el olor a neumático quemado impregnaba de hediondez el lugar. Sus ocupantes murieron en el acto. En medio del denso humo que había en el ambiente, observaron de lejos a un hombre vestido de blanco salir apresurado del camión. Se quedaron absortos.

¡Bienvenido a México! -le dijo Fernando a Jhon, mientras huían del lugar-.

CAPÍTULO 6

El laboratorio del doctor Rosenkranz era un hervidero, las fórmulas químicas se fraguaban con inteligencia y creatividad, una telaraña de ingenio. Su equipo trabajaba constantemente noche y día, casi veinte horas diarias, por asuntos rigurosamente de seguridad habían cambiado por varias ocasiones el lugar del laboratorio principal y sus anexos, lo habían hecho ya por años. Williams trabajaba cerca del equipo, Jhon Scott coordinaba el cuidado externo del equipo de investigación a una prudente distancia con casi veinte hombres que se encontraban haciendo turnos rotativos, vigilando cualquier acción que pudieran hacer los ADM o cualquier otro grupo interesado en impedir la formulación de la píldora.

El laboratorio se encontraba ubicado en una zona residencial, pocos conocían su ubicación exacta, era un edificio verde con ventanales oscuros de tres pisos en medio de un extenso terreno de una hectárea, tenía dos puertas de entrada, la principal que contaba con una caseta vacía y la otra en la parte de atrás por donde entraban camiones y autos. Jhon tenía cubierto los dos espacios y con Williams adentro podría estar controlando cualquier desafuero que pudiera suceder. La ubicación era estratégica, pocos conocían el lugar. Cualquier sospechoso era interceptado y sometido a un jovial interrogatorio, "no podían dejar cabos sueltos".

7 pm. en las afueras del Laboratorio Syntex

El equipo A1, que se encontraba cubriendo la parte de enfrente, liderado por Jhon y Oso Loco observaba a los empleados dejando las instalaciones. Como siempre el equipo principal de investigadores (eran los únicos que conocían el objetivo principal de la investigación) continuaría su trabajo hasta altas horas de la noche. El equipo A2, ubicado sigilosamente atrás, observaba la entrada y salida de algún automotor desconocido, estaba liderada por Juan, un fortachón estudiante de política de la UNAM y por Angélica una afable mujer proveniente de León en Guanajuato, se habían unido a la organización desde hacía varios años. Ella estaba cerca de casarse con un coterráneo suyo, su trabajo en la organización había retrasado el himeneo. Mujer preciosa de cara redonda, piel trigueña y de pulcras facciones, no guardaba coherencia con su estatura prominente y lo ruda que podría ser. Dueña de una cinta negra en artes marciales, muy poco común en esas épocas para las mujeres, esto le había servido para que Jhon observara en ella un talento especial.

Su inteligencia le adornaba, sobre todo su visión analítica, observó por varias noches que una mujer ingresaba por la puerta trasera. Se encontraba en forma apasionada con Williams, besos y abrazos que al parecer era uno de esos idilios comunes en las relaciones humanas, pero esa noche había algo no afín a lo acostumbrado. La mujer llevó viandas de comida como para alimentar a un grupo mayor de personas que no se le limitaban solo a Williams, eso la puso en alerta y traspasó esa información a Jhon.

-Algo no está bien- le incitó la mujer-.

-Hay una mujer que es pareja de Williams, la he vigilado por días, pero es la primera vez que trae consigo al parecer comida para bastantes personas, no sé ustedes, pero yo creo que hay que cerciorase de que no haya nada raro en eso.

-¿Y qué de malo tiene eso? -preguntó con un tono sardónico Oso Loco-.

Jhon miró a Oso Loco y le sermoneó en voz baja *(Mi amigo Oso Loco parecería que solo pensaría con el estómago, la comida no solo es para comer, puede ser también para matar).*

-Angélica tiene razón no debemos, ni podemos confiarnos. Oso Loco, quédate cubriendo aquí, Juan continúa en la parte trasera, Angélica y yo ingresaremos al laboratorio.

Muy pronto, ingresaron a buscar a Williams, quien se encontraba acaramelado con la "doncella". En su mano izquierda llevaba la comida que impresionaba un gran volumen y en la otra agarraba la cintura de ella.

Jhon se acercó a Williams y le pidió un momento para conversar, mientras Angélica vigilaba discretamente a la mujer.

Jhon preguntó directamente sin titubeos

-Williams tenemos serias dudas de lo que llevas en las viandas

-¿Dudas? -preguntó sorprendido Williams-.

-Es solo comida que mi amiga nos envía a todo el equipo, no creo que tenga algo de novedoso. Deja la paranoia, no es bueno desconfiar de todas las personas. -refutó molesto Williams-.

-Tampoco es bueno confiar en la primera mujer que se aparece, en especial en algo tan delicado como tú sabes. -le dijo Jhon, mirándolo a los ojos-.

Williams no entendía lo riesgoso que era involucrar a extraños directa o indirectamente al equipo cercano de la píldora, estaba atado a los encantos de una fémina, su sistema límbico había secuestrado a la corteza cerebral y no le permitía razonar sobre aspectos que podrían involucrar peligros.

Mientras estaban discutiendo y la conversación subía de tono, la mujer, que era vigilada por Angélica, se estaba poniendo nerviosa como buscando con su mirada el lugar más adecuado para salir de allí. Esperaba tal vez el desenlace de la tertulia acalorada que tenían Jhon y Williams, o un descuido de Angélica para huir.

En contra de la voluntad de Williams Jhon llamó a la mujer y le preguntó:

-*Hola señorita ¿Cuál es su nombre?*

-*Me llamo Ana Cristina*

-*¿Ana Cristina? ¿Su apellido por favor?*-insistió Scott-.

-*¡Fernández!* -contestó molesta la mujer, mientras miraba petrificada a Williams-.

-*¿Que hay en esas viadas? ¡Señorita Fernández!*

-*Unas chalupas de pollo* -contestó Ana Cristina-.

Jhon, aunque llevaba algunos meses viviendo en ese país, no conocía la amplia gastronomía mexicana, por lo qué husmear sobre la misma era siempre una curiosidad, aunque esta vez la curiosidad tenía otra motivación.

-*¿Dígame que tiene? ¿Cómo la prepara?*

Ana Cristina trató de guardar la calma explicándole a Jhon todos los componentes de las chalupas.

-*Esta tiene tortilla de maíz, pollo desmenuzado, cebolla picada, queso añejo desmoronado, y salsas rojas y verdes a base de tomate y chiles…*

-¡Cómase una chalupa señorita Fernández! ¡Ahora!

Ana Cristina se quedó perpleja, la "solicitud" de Jhon no dejó otro camino que enfrentar la realidad y asumir una culpa, ¡la comida estaba envenenada!, el objetivo, matar al equipo investigador.

Williams inmediatamente, como quien ve caer un palacio de cristal, le imputó a la mujer su traición, mientras Ana Cristina era agarrada de su brazo por Angélica.

-¿Quién eres maldita perra? ¿Para quién trabajas?-le gritó Angélica-.

-Trabajo para los ADM, esa píldora no puede salir, terminaría con los designios de Dios, acabaría con la familia y con las buenas costumbres -Se desbocó la señorita Fernández-.

-¿Crees que la voluntad de Dios es matar gente en su nombre? -le replicó Jhon mientras le miraba a pocos centímetros de su cara muy irritado-.

-Nunca me quisiste, solo me utilizaste para tus efímeros propósitos ¿Qué haremos con esta perjura? -preguntó Williams a Jhon-.

Jhon con un tono más sereno les hizo la siguiente reflexión:

-Esta mujer intentó cometer un asesinato por lo que debería ir a la cárcel, pero como ustedes saben tenemos bastantes dudas sobre la honestidad de varios agentes de la policía por su probable vínculo con los ADM, por lo tanto entregarla a la policía sería infructuoso, por otro lado nuestra organización no mata por venganza, solo matamos para defendernos, entonces, camaradas, no tenemos otra salida, esta mujer debe quedar libre...

La indignación fustigaba a Williams, pero sabía que Jhon tenía la razón.

Antes de que la mujer se le permitiera retirarse, Jhon le dijo que llevara a sus mandos la siguiente advertencia:

-*Estamos preparados para resistir, ustedes no impedirán que la píldora salga a la luz, millones de mujeres esperan esto, nosotros entregaremos hasta nuestras vidas, dile eso a tus jefes. Te sugiero que abandones los ADM, su conservadurismo extremo te arruinará la vida, eres tan joven y bonita para meterte en problemas.*

Ana Cristina salió por donde entró sin decir una palabra, Williams la miraba con rencor. Él sí la hubiese matado.

CAPÍTULO 7

Para Jhon la experiencia con la comida envenenada había sido positiva, porque aprendió mucho, vio en los ojos de Ana Cristina la posibilidad del arrepentimiento, y estaba seguro de que la decisión de dejarla en libertad fue la más adecuada, pero la lección que le dió Angélica fue aún mayor, la capacidad de observación, el analizar cada detalle, les permitió salvar las vidas del equipo investigador. Williams pasó varios días cabizbajo, callado y entristecido, no era para menos, los golpes del amor pueden ser más fuertes que cualquier arma de fuego, aunque parezca ridículo, mucho más si ya había una propuesta de matrimonio de antemano.

Angélica se había convertido en alguien de mucha confianza para Jhon, se encargaba de vigilar en su turno junto a Juan la puerta trasera del edificio donde trabaja el equipo investigador, Jhon la llamaba frecuentemente para analizar tácticas y experiencias.

Una noche mientras Angélica ingresaba a la oficina donde era el centro de operaciones de la organización, encontró al fondo a Jhon sentado frente al escritorio, estaba su cabeza inclinada como mirando una carta en medio de una luz tenue, había silencio, y notó una agitada respiración poco común en el joven, se acercó y preguntó con delicadeza:

-*¿Se puede? Quiso decir con sutileza ¿Puedo entrar?*

Jhon se percató de su presencia, empuñó un pañuelo de tela de algodón y se la puso en la cara como limpiando algo que estorbaba en la misma, ella pensó (parece que Jhon está con un resfriado o ¿estará llorando? y si así fuera ¿por qué?)...

-Perdón, ¿me habías mandado a llamar?

-¡Sí! Angélica, por supuesto, necesito que mañana en su turno verifique con Williams un nuevo miembro del equipo de seguridad, quiero que investiguen todo de él, usted que es mexicana podrá hacer un mejor seguimiento de esta persona.

Angélica no pudo sobrellevar la prudencia y al ver los ojos enrojecidos de Jhon le preguntó:

-¿Qué sucede Jhon? ¿Puedo ayudarte en algo?

Aunque el hombre quiso deshacerse del interrogatorio, negando todo tipo de ayuda, no pudo evitar el desencanto del desconcierto y con voz quebradiza le infirió a la imprudente mujer:

-¡Mi abuelo Charles Scott ha muerto!

El viejo Charles había fallecido en la madrugada de un viernes de muerte natural mientras dormía en su casa en Nueva York, era el patriarca de los Scott, defensor a ultranza de los derechos del control de la natalidad de las personas, especialmente de las mujeres, había dejado un legado de luchas que le sirvieron para fortalecer una familia, una organización. Transitó junto a sus compañeros centenares de mítines, panfletos, conferencias, había pisado la cárcel, el lodo, había sentido el hambre que solo quienes están comprometidos con la vida han pasado, para cumplir sus propósitos.

Angélica guardó silencio y se limitó a un sobrecogedor y cálido abrazo, Jhon lo receptó con ternura y complacencia, una semilla comenzó a germinar, pero Jhon estaba de luto y el silencio ganó el protagonismo de aquel momento.

CAPÍTULO 8

El equipo de investigación trabajaba arduamente noche y día en la nueva formulación, aunque las instalaciones eran resguardadas notablemente por la organización, siempre la incertidumbre marcaba el derrotero del día a día. Cada segundo era valioso para marcar la diferencia entre el fracaso y el triunfo, la concentración era tal que el ruido del viento por la pequeña ventana del laboratorio causaba una desazonada desconcentración. Pero una noche no fue un pequeño viento lo que embarulló el trabajo, sino una explosión que dejó a todos perplejos. Las alacenas y los ventanales temblaban cual simulacro de un terremoto, las fórmulas contenidas en frágiles recipientes de vidrio cayeron al suelo derramando posiblemente el único líquido de esperanza que quedaba en pie.

A pesar de todo nadie se movía, la calma debía prevalecer, un grupo de hombres encapuchados con pistolas ingresó con vehemencia al lugar erguidos de valentía, pero en el fondo con coloquial cobardía. Apuntaron unos rifles con cacha de metal, todos inmóviles como si estuvieran consumidos por una epidemia de catatonia, al notar la sospechosa manera de desafiar la muerte con osadía, uno de los pistoleros tiró con su mano el cuerpo de uno de ellos...

¡Vaya sorpresa con la que sus ojos se toparon!

-¡Muñecos de trapo! ¡Qué mierda! ¡Nos han engañado!

El equipo de seguridad había detectado un ataque, les habían puesto una trampa, y habían ubicado al equipo investigador a buen recaudo.

Mientras los infractores se retorcían las vísceras por el engaño perpetrado, en las afueras de la ciudad de México, en una habitación acomodada para el momento, el doctor Luis Miramontes trabajaba en su fórmula. Eran las 22:36 minutos de aquella tibia noche de verano, el equipo investigador se había separado de SYNTEX y estaba realizando el proyecto a su manera, el mismo joven científico mexicano llamó de inmediato a sus colegas, quienes no dejaban de mostrar su satisfacción, el Doctor Miramontes había descubierto cristales de noretisterona, un potente antiabortivo, pero que después sería usado como el primer anticonceptivo humano.

Se había concluido el primer paso para la elaboración de la píldora anticonceptiva, de allí los ensayos clínicos debían probar su eficacia, Williams, quien era el contacto con la organización, era también el contacto con grupos de investigadores en Estados Unidos. Su misión en los siguientes meses era convencer de su eficacia a miembros de la Fundación Worcester en Massachusetts para que un grupo de médicos investigadores realizaran los estudios clínicos. Luis Miramontes se había convertido entonces en el precursor de uno de los inventos que cambiaría para siempre el mundo de la anticoncepción. Lejos de allí los ADM no atinaban dónde encontrar al equipo de investigadores que en esos momentos daba una proeza de tenacidad y perseverancia.

La organización tenía entonces que cuidar que Williams llevara sigilosamente la información desde México hasta la ciudad de Worcester en Massachusetts. Jhon, Oso Loco y Angélica serían su vanguardia.

El material con toda la información fue adecuado en una caja de cartón especial de diez centímetros por diez, no pesaba más de medio kilo, pero su contenido llevaba el peso de cambiar la historia, de permitir que millones de mujeres fueran libres de tomar sus propias decisiones sobre su maternidad.

CAPÍTULO 9

Días antes de que Angélica viajara a Worcester se encontraba en una disyuntiva, su novio, un joven estudiante de Arquitectura de la UNAM, le había dado un "ultimátum", los tiempos entre ellos estaban limitados, casi no se veían, los horarios rotativos cruzaban sus vidas confabulando para que no se encuentren, el joven universitario vivía harto, no estaba cómodo con esa relación. Le exigió que renunciara a su trabajo de asistente de una fundación México-americana encargada del cuidado de mujeres que deseaban planificación familiar. Desconocía por completo su verdadero empleo, no sabía que aquella mujer con delicadas manos, bella sonrisa, de piel canela con cara moldeada por la belleza, llevaba por dentro una combatiente fémina capaz de usar su fuerza con todas las agallas que podía ejercer. Que aquella mujer tierna y de dulces palabras podría ser fulminante con sus oponentes, pero también compasiva con el dolor. Frecuentemente ella recordaba la muerte de su padre alcohólico cuando apenas tenía cinco años, era la menor de cinco hermanos. Su madre, una obrera de las primeras fábricas textiles de León, trabaja en horarios a doble jornada, sin embargo el salario muy insuficiente para una camada importante de niños, por lo que el hambre y las penumbras fueron parte de su niñez. No obstante su constancia siempre la llevó adelante y a conseguir logros importantes.

Esa misma tarde mientras caminaba por las calles rumbo al centro de operaciones pensó fantasiosamente en Jhon, realmente no era su tipo, nunca le gustaron los hombres rubios, ni muy altos, a pesar de aquello había algo que le atraía desde algunos meses atrás, tal vez su inteligencia o la entrega consecuente a su organización. Su pensamiento hacía él divagaba, mientras buscaba entre telarañas de penumbras la salida menos dañina a la relación con su prometido.

Angélica entró por una de las puertas de enfrente de la organización y su desorientación existencial no le impidió chocarse con quien también caminaba desprevenido, el mismo *Jhon Scott...*

-*Perdón* -Profirió con delicadeza Jhon a la distraída mujer-.

-*No discúlpame a mí por mi despiste* -refutó Angélica-.

Entraron a la oficina.

-*¿Y por qué tan despistada?*

Ese interés por el despiste llenó de satisfacción a la mujer, sintió como un bálsamo de rosas que perfumaban suavemente su intranquila situación vivencial. Se creyó importante, considerada por su jefe, y en medio de segundos de aquella obnubilación, volvió a sentir la voz áspera de Jhon:

-*¡Hey Angélica! ¿Estás aquí? ¿Qué te pasa, has perdido la conciencia?*

-*Dime Jhon* -contestó de inmediato la extraviada mujer-.

-*No, no es nada importante, cada uno tiene sus propios tormentos, así que no te preocupes.*

Jhon había lidiado antes con trabas emocionales de amigos de la organización. Hacía un par de meses Oso Loco, a pesar de su expresión poco atractiva, había robado suspiros de una linda mujer mexicana. Al principio ella le siguió la corriente, Cupido parecía presente, pero pronto se decepcionó. Oso Loco no solo que era hostil y poco encantador, sino poco detallista. La mujer se alejó sin darle alguna explicación. El corpulento hombre cayó en un desengaño que lo sumió en pesares y llantos, Jhon fue su psicólogo personal, rescató sus proyectos de vida y le dio razón de vivir a su maldecida existencia, logró sacarlo del hueco en el que se había metido.

Jhon insistió con Angélica.

-*¿Es su novio? ¿Le causa algún problema?*

-*Bueno, sí, es mi novio, me tiene entre la espada y la pared* -respondió con una vocecita recelosa Angélica-.

-*¿espada o la pared? , es decir ¿la organización o él?* -prosiguió con una envidiosa clarividencia el joven Scott-.

-*Sí Jhon, eres muy intuitivo* -replicó Angélica-.

En ese corto intercambio de palabras, como si un astro potente los atrajera, se acercaron sin darse cuenta. Sus miradas se iban clavando hasta que el Joven Scott cumplió su papel de benefactor.

-*Es poco lo que te puedo decir, pues nuestro interior es un cúmulo de sorpresas emocionales. Sin embargo aunque no debe ser fácil, sí podemos estar en las condiciones de poner las cosas en una balanza. Sí, debes escoger. Tu novio y la organización son incompatibles, son como el agua y el aceite. Él no podrá compartirte jamás con la organización. Ni la organización tolerará sus impertinencias. Cualquier decisión que tomes, te apoyaremos. Te quiero mucho, eres una mujer increíble y he aprendido mucho contigo.*

Un tenue viento se interpuso entre los dos cuando estaban a escasos centímetros frente a frente, de pronto una puerta sonó. Oso Loco interrumpió

-*¡Está todo listo jefe!*

CAPÍTULO 10

Todo estaba preparado, esa mañana el tráfico vehicular no prometía mucho alboroto, Oso Loco conocía la ciudad y todos sus recovecos después de mucho tiempo de vivir en ella. Su mente estaba centrada en conducir el vehículo hasta el Puerto Aéreo de la Ciudad de México y tomar el avión privado hasta Estados Unidos. Era la primera vez que utilizaban ese auto, un Buick Super celeste con blanco, muy espacioso para los cuatro ocupantes. Oso loco iba adelante junto a Jhon, atrás Angélica y William, las manos sudorosas y delicadas de Angélica agarraban el paquete, acompañados siempre de nervios de acero, y cada uno de una pistola *M1911*. Sus miradas casi de 360 grados verificaban a cada rato cualquier movimiento, un auto persiguiéndolos; un obstáculo en la vía; un camino cerrado. Angélica intercalaba esa mirada circunscrita viendo un crucifijo que llevaba en el pecho, se lo había regalado su madre antes de morir, tenía una inscripción que decía *"el que cree en mí aunque muera vivirá. Juan 11:25"* aunque el versículo estaba incompleto ya que le faltaba *"yo soy la resurrección y la vida"*, ese crucifijo tenía mucho significado, no porque fuera católica o de alguna otra religión, sino porque recordaba cómo su madre le llevaba a la iglesia los domingos vestida de tela blanca y rosada, peinada con trenzas aterciopeladas y zapatos negros. Toda una indumentaria vetusta, pero purga, ese tierno recuerdo se había impregnado en su mente llevándola a una parábola de inolvidables y hermosos recuerdos, que se interrumpieron abruptamente cuando una fuerte explosión ocurrió en la llanta trasera. Oso Loco trató de imponerle estabilidad al vehículo, pero este perdió pista y se estrelló contra una pared, Jhon se percató muy pronto de lo que estaba sucediendo, estaba seguro de que los ADM les tendieron una emboscada, les gritó efusivamente a sus compañeros:

-*¿Cómo están todos? ¡Vienen tiros desde el aire!*

Lo dijo mientras se retiraba unos cuantos vidrios de su cabeza

Su grito desesperado fue contestado al unísono por todos con un rotundo

¡Bien!

Oso Loco fue el único que no contestó, con sus ojos abiertos como búho en plena noche, miraba el retrovisor tratando de retroceder el vehículo para salir de ese incómodo lugar. Solo unos metros pudo avanzar mientras los tiros arremetían en contra del auto, las balas no daban tregua y parecía que las esperanzas de salir vivos del auto se desvanecían. Williams miró a unos pocos metros una puerta despejada de un edificio, como dándoles la bienvenida.

-*Hay una puerta allá a tu izquierda, ¡Oso Loco! Lleva el auto hasta allá* -le pidió la voz gruesa y ofuscada de Williams-.

Oso Loco maniobró el auto y lo puso muy cerca de la puerta, todos ingresaron al edificio, las ráfagas de balas se confundían entre el vehículo y las paredes viejas del vecindario. Jhon se puso al frente de la fuga dentro de la vetusta construcción, los dirigió conociendo que el aeropuerto estaba muy cerca, conservar la vida en ese instante era su prioridad, salir ilesos del ataque. Al subir las escaleras se percataron de que varios hombres iban detrás de ellos. La táctica cambió de sentido y decidieron que la mejor opción en ese momento no era escapar, sino enfrentar a los tipos, pues podrían quedar atrapados en la terraza y su última escapatoria sería saltar de un edificio de más de seis pisos. Se pusieron entonces arma contra arma, fuego contra fuego, atacar entonces sería su mejor defensa, no podían perder posición, las escaleras les daban ventaja, sin embargo cualquier cosa podía pasar, no había cabida para ningún error. Angélica disparó su arma de fuego pensando en distraerlos mientras buscaban otra puerta de salida, su sagacidad siempre fue fascinante, en esta ocasión no podría ser la excepción, corrió hacia atrás del edificio no sin antes sortear un par de puertas, llegó entonces a lo que pensaba unas escaleras de emergencias, pero solo un ventanal estaba al frente.

-¡Cúbranme! Voy a buscar otra salida- dijo la fémina-.

El ruido de las balas era tan estrepitoso que no lograron escucharla.

-¿Qué dices mujer? -preguntó Jhon-.

-¡Iré a buscar otra salida!

Jhon confiaba tanto en ella que solo asintió con la cabeza, mientras repelía con su pistola los embates del enemigo. Angélica emprendió la búsqueda de la otra salida, debía hacerlo con tino, evitando ser emboscada por lo que caminó hacia atrás y se percató de una escalera de emergencias, revisó el lugar, salió a la misma y a su parecer todo estaba seguro.

Estaban en el tercer piso, y la salida debía ser extremadamente rápida hacia abajo, Jhon dió la orden, él se quedaría al último mientras los otros se apresurarían a huir hacia las escaleras, luego les seguiría mientras repelía a los ADM. Oso Loco se opuso, insistió que el debería quedarse, pues el hombre más indicado para dirigir la huida hasta el aeropuerto debía ser Jhon.

-No insistas Oso Loco ¡tú anda con Williams y Angélica! Yo los sigo, no perdamos tiempo.

En esos segundos de indecisiones una bala hirió la pierna izquierda de Oso Loco dejándolo doblegado, la adrenalina ocultó el dolor y el sangrado se contrajo. Su cuerpo elefantiásico se levantó en la única pierna que le daba fuerza para seguir repeliendo a los reñidos pistoleros.

-Lárguense ahora ¡maldita sea!, yo los cubriré-les gritó Oso Loco quien disparaba a sus oponentes-.

Aunque no había tiempo para despedidas, Jhon abrazó a su corpulento amigo, antes de correr junto a Angélica y Williams, diciéndole un adiós en el camino. Oso Loco con una pierna menos se batía a tiros, su determinación a pesar de las circunstancias era pertinaz, sus compañeros huyeron desde el tercer piso por las escaleras de emergencia en dirección al aeropuerto.

CAPÍTULO 11

Héctor Martínez, estaba preparando su equipaje, desde niño le gustaba la Comunicación Social, su sueño fue siempre ser periodista, en pocas horas su equipo de información debía estar listo para viajar a un país sudamericano, debían cubrir y hacer un reportaje a un acontecimiento de mucha importancia para esa nación.   Un caudillo, un fenómeno político, un hombre de balcones y tarimas podría llegar al poder otra vez y convertirse en mandatario, la cadena radial y de prensa escrita estaba interesada en que aquella noticia se conociera, pues era de interés para México y Estados Unidos quién tomaría el poder en ese país. Pocos meses antes, la Revolución Cubana de los barbudos se había convertido en el centro de atención de todas las democracias de América y los cambios de poder en las diferentes naciones podrían determinar un cambio en el mapa político latinoamericano.

El viaje era prolongado y los vuelos comerciales no eran comunes, solo las grandes empresas o círculos de poder podían contratar vuelos, así que se preparó un solo viaje: veinte cinco periodistas, cuatro ayudantes, y cinco camarógrafos de diferentes cadenas periodísticas de México y sus alrededores. Para Héctor este era su segundo viaje, antes estuvo de corresponsal cubriendo el fallido golpe militar en Honduras en febrero de 1959. Ese pequeño país sudamericano al que visitaría le había quitado el sueño, nunca había volado tan lejos, sabía que tenía una superficie casi como la del Estado de Chihuahua, una población ocho veces menor que la de todo México, dos estaciones climáticas, una importante población indígena, y unos volcanes tan pasivos y furiosos a la vez.

El avión y la tripulación esperaban para el viaje, Héctor formaba equipo con un camarógrafo rudo, mal encarado y malgenioso, un asistente despistado y un poco fanfarrón, con ellos había ido a Honduras y hacían reportajes policiales en barrios marginales de la ciudad de México. En una de esas crónicas un día casi son confundidos por la policía como parte de una mafia que comercializaba ilegalmente licor. Confundieron a Héctor como el "Rey del Tequila", un tipo muy parecido físicamente que destilaba y comercializaba ilegalmente tequila desde México para Estados Unidos. Del embrollo salieron bien librados, pero Héctor quedó con el malicioso apodo en el mundo periodístico. Ya hacían la cola para ingresar al aeropuerto, ese día se sentía caluroso y las gotas de sudor susurraban por la piel de la gente desesperada por buscar nuevos aires, un par de ancianos eran despedidos con una esplendorosa serenata ranchera…

-*¡Viva México!* -gritó el vocalista, entonando enseguida aquella melódica canción de Manuel Esperón "Yo soy mexicano"-.

Héctor miraba con atención el grupo de mariachis, recordaba mientras esperaba su turno, cómo una noche llevó a un grupo de músicos rancheros para que deleitaran una serenata a Julia, una chiquilla que conoció en la universidad y de la cual estaba irremediablemente enamorado. Al padre de la doncella, un hombre tosco y gruñón, no le hizo gracia que le desconectaran del dios Morfeo a las nueve de la noche, y mucho menos que fuera para cortejar a su apreciado retoño. Soltó sus tres rottweiler contra el grupo de intrusos, Héctor terminó con una mordida en las nalgas y con las ganas de no aparecerse por la casa su dulce damisela. Semanas después la conquista se engendró en tierra neutral, en una fiesta de un amigo en común. Su mente se regocijaba al recordar ese primer beso lleno de suavidad, frescura y…"*PASAJEROS DEL VUELO 102 INGRESAR POR LA PUERTA NUMERO 3*", dijo con sutil voz la recepcionista del aeropuerto, despertándolo de su gozoso pensamiento.

CAPÍTULO 12

Jhon y Angélica corrieron de prisa, un par de metros más atrás Williams con expresión de cansancio daba unos pasos desesperados, escucharon a lo lejos gritos que les exigían que se detengan, Jhon alentó a sus amigos que no paren el ritmo:

-*¡Ya estamos cerca, allá se ve la torre del aeropuerto! -Una vez adentro no podrán disparar en público* -les aseguraba Jhon a sus amigos-.

De hecho una puerta grande les daba la salutación al aeropuerto, bajaron la intensidad de los pasos y ese correr exasperado se convirtió automáticamente en una caminata normal. Pasajeros listos para subir a un avión a disfrutar de un excelente vuelo, a pesar de lo cerca que estuvieron de morir, de sus prendas llenas de sudor, sus corazones se desaceleraron, sus alteradas respiraciones regresaron a su cauce. Estaban a tiempo y se colocaron en la fila de embarque, no sin antes preguntar la puerta de ingreso.

-*Puerta número 3* -respondió muy amablemente una señorita-.

Los andenes donde se encontraban los aviones eran inmensos, cada uno podría albergar un avión de más de 40 metros de longitud, *el Sud Aviation Caravelle III o un Boeing B-727,* eran los aviones que acogía el flamante Puerto Aéreo de la Ciudad de México. La puerta de embarque se situaba a unos cien metros de distancia aproximadamente de la puerta de ingreso al avión, cuando los tres ingresaron a la pista de vuelo en dirección al avión, un Caravelle III, el ruido que desplegaba la nave encendida no opacaba la tranquilidad que tenían al haber dejado el peligro atrás. Los ADM no habían podido ingresar al andén de pasajeros, mucho menos a la pista donde se encontraban varios aviones listos para despegar, aunque en ese espacio extenso y vacío de personas solo estaban Jhon, Angélica y...

¿Williams? -preguntó Jhon-.

-¡Aquí estoy! -contestó nervioso Williams mientras apuntaba con su arma la espalda de Jhon-.

Angélica y Jhon se quedaron inmóviles y sorprendidos, estaban a escasos cinco metros del avión, a un pie de subir, pero Williams les apuntaba con una pistola, eso sin lugar a dudas no estaba dentro de las posibilidades y los tomó con desconcierto.

-¿Qué sucede Williams? ¿Cuál es tu problema? -le preguntó con desagrado Jhon-.

-¡Quiero la caja! Entréguenla ahora, yo me la llevaré -Williams exigió-.

-¿Qué quieres hacer con ella? -le gritó Jhon mientras gritaba tratando de hacerse escuchar frente al estruendoso ruido del avión-.

-¡No llegarías lejos! Los recursos y el financiamiento están esperando por ella en Estados Unidos, la fase de experimentación todavía no empieza y eso tú lo sabes más que nadie.

-No te interesa lo que haga con la caja, ¡ahora Angélica, dámela o lo siguiente que sucederá es una bala en tu cabeza!- insistió Williams con enfado-.

La tripulación y el resto de ocupantes del avión, ignoraba el acontecimiento, solo esperaba la llegada de los ausentes, sin embargo Marcus pudo divisar desde la ventana como Williams apuntaba la pistola a Jhon, aunque su instinto era intervenir, prefirió esperar y pensar bien qué hacer, no obstante la actitud de Williams era impensada, estaba apuntando con un revólver a su propio compañero de la organización.

La situación era de tensión e inminente peligro, Williams estaba decidido a disparar a Jhon si Angélica no entregaba la caja, ella, quien se encontraba a escasos centímetros de Williams, intentó doblegarlo con una patada hacia la mano derecha donde agarraba el arma, no le fue bien, pues recibió en la cabeza un puntapié que la dejó inconsciente. La maniobra fue tan rápida que Jhon no pudo aprovechar la ocasión, se apoderó de la apreciada caja, pero no pudo doblegarlo, ahora estaba solo, frente a un hombre que amenazaba su vida, y quien estaba muy disgustado.

-*Voy a contar hasta tres, deja la caja allí en el piso y regresa al andén*-le dijo con vehemencia Williams-.

-*¡Uno! Jhon se agachó con la caja*

-*¡Dos!*

No necesitó contar hasta el tres, la caja estaba en el piso, Jhon se quedó en el sitio sin dar ningún movimiento. Williams sin tomar las medidas de precaución se agachó para recogerla, y en breves segundos, como si el tiempo se congelara, una patada de Jhon cayó sobre el hombro derecho de Williams, la pistola cayó por los suelos, ambos iniciaron una pelea cuerpo a cuerpo, Jhon le propinó varios golpes en la testa de Williams, sin embargo este resistió y respondió con el mismo frenesí, eran apenas un par de minutos y aunque el cansancio agobiaba la lucha era intensa. Williams terminó la disputa agarrando la pistola y golpeando con su cacha en la región parietal de Jhon, dejándolo inconsciente por segundos, tiempo que le bastó para huir con la caja hacia el avión.

Marcus, quien divisó todo desde la ventanilla del avión, entendió la situación, confiaba en Jhon, que solo esperaba la caja, esperó en la puerta principal, una vez Williams subió a la puerta del avión, este fue lanzado a la parte exterior por Marcus, no sin antes apropiarse de la caja. Williams cayó casi seis metros por la escalera de subida del avión, dejándolo mortalmente herido.

El capitán de la nave insistió a Marcus en su pronta salida.

-*Señor, los motores ya están calientes y estamos retrasados la torre de control insiste en la salida ¡Debemos partir!*

Marcus tenía claro que la misión debía continuar, a pesar de que Angélica y Jhon estaban en el piso sin señales de vida no podía hacer nada por sus compañeros.

-*¡Sí, capitán, prosiga con el despegue!*

La nave partió rumbo a Worcester llevando consigo el tesoro más grande para la anticoncepción de la humanidad.

Minutos después, como si se hubiesen puesto de acuerdo, Jhon y Angélica despertaron del letargo, mareados y con dolor intenso en sus cabezas, se pusieron de pie, solo vieron dos imágenes a su despertar, el cuerpo ensangrentado de Williams cerca de la pista de aterrizaje y un avión a unos cincuenta metros con los motores prendidos y un ruido estruendoso. Corrieron hacia el mismo, subieron sus escaleras, un miembro de la tripulación los recibió, les dio la bienvenida, les pidió los pasaportes y los llevó a sus asientos.

-*Capitán cierren las puertas ¡ya llegaron quienes faltaban!* -dijo un miembro de la tripulación con cara de pocos amigos-.

Enseguida el vuelo partió, todo pasó tan rápido que Jhon y Angélica les pareció misterioso, no veían a nadie conocido, ni a Marcus, ni a ninguna persona de la organización, solo después de varias miradas inquisidoras de los presentes apareció una muy conocida para Jhon.

-*¡Hola amigo!*

-*¡Hola Héctor!* -contestó con admiración Jhon-.

Para Héctor fue una grata sorpresa contar con su amigo allí, se habían conocido por casualidad en una conferencia sobre reproducción y natalidad en ciudad de México, Héctor desconocía la vida secreta de su amigo, pero Jhon si conocía de su vida periodística.

-*No sabía que ibas a viajar con nosotros* -dijo la voz clara y melodiosa de Héctor -.

-*¿A dónde?* -preguntó sorprendido Jhon-.

-*A Ecuador...*

¿Ecuador? -pensó Jhon obnubilado-.

¿Acaso puede haber sujetos tan estúpidos que se equivoquen de avión? Pensándolo bien sí puede ser. Hace unas semanas uno de nuestros investigadores de campo se fue en el bus equivocado. Se llama Efraín el muy distraído. Tenía que ir a Guayaquil y el muy torpe despertó en las playas de Esmeraldas. Por suerte en Guayaquil no estuvo el material completo, por lo que pospusieron el trabajo para el siguiente día. Pero en realidad esto se pone seductor e intrigante ¿Qué van hacer un par de gringos, bueno, uno y otra mexicana en Ecuador? ¿periodistas mexicanos? ¡Si en esa época para el mundo ni existíamos!

Nos veían como una selva donde los pocos humanos que habíamos nos comíamos los unos a los otros, las casas eran chozas de paja y madera, en las calles no había más que mulas o caballos. Aunque sí probablemente había razones para el recibimiento de tan ilustres visitantes, nuestros gobernantes eran tan folklóricos como los de ahora. Pero eso sí, nuestro cacao y banano eran de los mejores, las mujeres siempre hermosas y los hombres trabajadores ¿El terremoto de Ambato? eso sí les llamó la atención, de seguro, ¡si murieron casi 8000 personas!

La historia de este tipo está seductora, me recostaré en mi caliente cama y lo escucharé.

CAPÍTULO 13

Quito, 1960

-¡José! ¡José! ¡Apresúrate! Ya es tarde y este cargador de mierda se demora con los bultos que traje del mercado, ¡indios sucios! Solo sirven `para dormir y comer.

Aquel hombre apurado y grosero, Don Pascual, de nariz respingada y cuerpo ancho de poca altura, no dejaba su amargura y su tosquedad, era el dueño de un pequeño edificio. Estaba formado por varios departamentos unidos ente sí, en cuyo centro se observaba un enorme patio con una pileta hecha en macizo de mármol; atrás se encontraba un patio más pequeño con una casa, las habitaciones las había de todo tipo, el interior no daba buen aspecto, pero servían mucho para alojarse por un buen tiempo. El padre de Don Pascual, quien trabajó desde joven en las tierras frías del páramo, logró amasar una fortuna considerable, pero tuvo que huir a la ciudad producto de la rebelión de los huasipungeros, que eran indígenas que trabajan sus tierras a cambio de condiciones paupérrimas de vida.

Era muy temprano y apenas los rayos del sol empezaban a resplandecer la calzada fría del cielo despejado de Quito. La gente presurosa irrumpía la calmada mañana con su caminar apresurado, el tráfico vehicular empezaba a dar señales de vida. Los puestos de periódicos perfilaban en las primeras planas de la prensa, las principales noticias; una de ellas había mantenido en vilo por varias semanas a todo el país. Al día siguiente se llevaría a cabo una de las elecciones más reñidas de la historia, el domingo 5 de junio de 1960 se elegiría a su presidente, casi un millón de ecuatorianos tendrían que escoger entre un populista (Velasco Ibarra), un liberal (Galo Plaza Lasso), un izquierdista (Antonio Parra Velasco) y un conservador (Gonzalo Cordero Crespo). Pero para Don Pascual eso era desmerecedor de su interés; el vil metal era su predicamento, el cobro de los arriendos, el conservar llena su despensa para mantener contentos a los compradores y sobretodo de "surtir" cómodamente de "buenas chicas" el prostíbulo que junto a Marquitos, su socio, tenían en la parte de atrás. En realidad Don Pascual era un hombre de negocios, hábil para sacar tajada de cuanto pudiese, racista, mal hablado, y muy maquiavélico. Aparecía ante el público solo como arrendatario del lugar donde posaban las meretrices, Marquitos era el que fungía como único dueño y administrador.

La ciudad de Quito tenía un poco más de trescientos mil habitantes, se expandía por el norte y sur vertiginosamente, disfrutaba de plazas, parques, edificios, y más iglesias que mercados en pleno centro histórico, en una de estas iglesias era donde cada domingo Don Pascual asistía devotamente a la misa de la tarde o a veces en la mañana, junto a Doña Margarita, su esposa. Una mujer de buenos modales, delgada y alta (más que Don Pascual), de cabellos negros, ojos agrandados, piel canela, que a pesar de la tristeza y la frustración de no haber podido tener hijos, no se despojaba de su compostura refinada y su amplia sonrisa. El cura de la iglesia, El padre Simón, sabía muy bien de las andanzas de Don Pascual, pero las donaciones y las limosnas subsanaban cualquier agravio a la moralidad. Doña Margarita, alejada de los negocios de su marido, confiaba firmemente en la idea de que el prostíbulo era solo un asunto de inquilinato, que a pesar de su inconformidad no podía hacer nada con algo heredado por su padre político.

Los negocios de Don Pascual iban bien, aunque solo cursó los primeros años de la educación escolar, era respetado por su solvencia económica, pero sobre todo por sus relaciones con cierto sector de la curia. Hacía poco había sido designado prioste en una de las fiestas religiosas organizadas por la congregación franciscana, hubo mucha comida, música, comparsas y vino. Los feligreses bailaron hasta el amanecer, la gente quedó agradecida con el prioste por ofrecer un festejo ostentoso, aunque no lo hacía como un gesto sincero con la prole. Quería como siempre congraciarse con la nunciatura.

Doña Margarita casi siempre alejada de las algarabías de Don Pascual, se dedicaba a las labores domésticas que el tiempo y las circunstancias culturales le demandaban. Pero viajaba constantemente a visitar a sus padres como hija única, los ancianos vivían en las afueras de la ciudad, era una responsabilidad moral que ella asumía con mucha responsabilidad y amor. Los momentos de su ausencia eran los más aprovechados para que Don Pascual supervisara sus negocios trasnochados que llevaban jugosos créditos económicos y que le daban la comodidad financiera a la que estaba acostumbrado.

CAPÍTULO 14

Una suave mano acarició los pómulos fríos de Jhon.

-*¡Despierta!, hemos llegado*- dijo apaciblemente Angélica-.

Jhon Scott abrió los ojos con la discreción que para él ese momento le forjaba, estaba consciente de que habían cruzado medio continente involuntariamente, perdió contacto con la organización. Su amigo Héctor estaba molesto por su intromisión y no sabía que pasaría en un país inhóspito y desconocido. Lo único que conocía de Ecuador es que era un país de Sudamérica, pequeño y pobre en donde el biólogo inglés Charles Darwin había publicado "El origen de las especies". Su amigo Héctor ingresó al lugar abruptamente interrumpiendo la coyuntura mental que Jhon deslumbraba en aquel instante.

-*Ya hablé con el capitán del avión* -se expresó Héctor entre fastidiado y aturdido-.

-*Dice que podrán entrar al Ecuador, y salir del mismo, no tiene problemas con llevarlos de vuelta a México, sus papeles están en regla, pero el viaje de regreso será en tres días, tenemos que cubrir las presidenciales en este país, hasta tanto den una vuelta, esta ciudad no es tan grande...*

-*¡Eso sí Jhon! me debes una... pero por favor no te metas en más problemas y regresen a tiempo para el vuelo de regreso* -enfatizó Héctor-.

CAPÍTULO 15

El vuelo en avión de México a Ecuador por esos tiempos se hacía imperecedero, Angélica y Jhon encontraron un exquisito y placentero espacio para conversar.

-Nunca me has hablado de tu abuelo Charles ¿su vida en Tucson? ¿Cómo llegó a Nueva York? ¿Cómo ingresó a la organización? -preguntó Angélica-.

-Es una larga historia, pero este es un buen momento para contártela, este viaje es eterno...

- Mi abuelo Charles era el benjamín de su hogar, creció con el cuidado de sus padres y de sus cinco hermanos. La granja en Tucson era grande de casi cuatro hectáreas, fue adquirida por los Scott a un precio irrisorio ya que aparentemente no eran muy productivas, sin embargo Bryan y Maryland mis bisabuelos, pudieron encontrar en aquellas tierras la forma de producir retirando la capa externa y sembrando en capas más profundas aprovechando un afluente del río Santa Cruz. Era 1864 y vivían alejados de los acontecimientos políticos que se estaban dando afuera, en las grandes ciudades o en los campos de batalla. El 1 de agosto de 1861 el coronel John Baylor del Ejercito Confederado había conquistado varios territorios del actual Arizona, incluida Tucson, proclamó la formación de un nuevo Estado de Arizona para formar parte del Estado Confederado de América que buscaba la independencia de la nación estadounidense. Aunque la Guerra de Secesión involucró a Tucson de alguna manera, el conflicto todavía no había llegado directamente a esas tierras, la ciudad poseía en esa época unos siete mil habitantes, y la familia Scott, como la mayoría, no tenía tiempo para conflictos ni para apasionamientos políticos. No contaban con esclavos, tenían que cultivar la tierra y alimentar a los animales, cuya faena iniciaba muy temprano hasta el atardecer de cada día, todos los muchachos incluidos mi abuelo Charles iban aprendiendo el oficio del campo y la escuela todavía era un lujo al que no tenían interés de acceder.

Recuerdo que mi abuelo me contaba que había enfrentamientos entre forajidos aunque no eran tan frecuentes, su padre Bryan iba a la ciudad por lo menos una vez cada quince días para vender el producto de su trabajo, y también para intercambiarlo por víveres, solía llevar a sus hijos. Pero todo pueblo tenía siempre un malviviente, o a veces más, en aquella villa del viejo Oeste merodeaba un tipo pretencioso llamado Nill, junto a cuatro vaqueros se encargaban de hacer la vida imposible a ciertos pobladores, especialmente si eran campesinos, mi bisabuelo fue víctima un día de ellos…

-¡Irlandés! -grito despectivamente Nill-.

Aunque mi bisabuelo nunca había cruzado palabras con ese tipo y sabía que la mejor arma debía ser ignorar, él solo quería trabajar y vivir en paz con su familia. Pero el revoltoso continuo provocando…

-¡Estúpido Irlandés! Te estoy hablando a ti desgraciado, campesino apestoso.

Mi bisabuelo se acercó al hombre y le pidió respeto por él y por sus hijos que se encontraban allí, Nill, que además tenía varios tragos de licor a cuestas, lanzó un golpe de puño en dirección a su interlocutor. El granjero Scott tuvo tiempo para reaccionar y responder con una patada al agresor, lanzándolo a varios metros de distancia, sus coidearios se abalanzaron en contra de mi desamparado bisabuelo Bryan alardeando de una desfachatada cobardía que se detuvo al escuchar unas balas que retumbaban el aire caliente de la tarde Tucseña. El sheriff llegó a frenar aquella gresca. Peter Scott, el mayor de los hijos de mi bisabuelo y el resto, rodearon a su padre para defenderlo de cualquier otro ataque.

El sheriff con pistola en mano increpó a los agresores y les ordenó que se largaran al instante. Nill apenas pudo levantarse, agarró su caballo y tambaleando en el mismo cruzó los senderos junto al resto de bandoleros, mi bisabuelo no tuvo heridas a más de unos cuantos rasguños, llamó a los suyos, agradeció al sheriff y regresaron a la granja. No habló del tema todo el camino, ni permitió que nadie hablara de aquello.

El siguiente domingo, mis bisabuelos pidieron a sus hijos que dejarán todo pues tenían una cita con Dios. La iglesia se encontraba a unos treinta minutos en carroza, dicha carroza con dos caballos (de las muchas que había en esa época) era muy arcaica, pero servía bien para trasladar a ocho personas, Bryan, mi bisabuela Maryland y sus seis hijos; Peter, Michael, James, Patricio, Johnny y el pequeño Charles. El cura, Leonard Carroll, un veterano predicador californiano dio inicio a su prédica justo en el momento que llegaba la familia Scott.

Aunque la iglesia católica nunca fue la preponderante en suelo norteamericano, la familia Scott tenía orígenes irlandeses, pero además vivían en suelo que tenía una proximidad y relación histórica con México que profundizaba su quehacer católico. Mi bisabuelo un ferviente fiel católico, a diferencia de muchos era un practicante, es decir él decía que el catolicismo iba más allá de una tradición. Esa tradición innata, les convertiría en fieles ocupantes de un sillón de la iglesia de Tucson todos los domingos.

La prédica del Cura Carroll se centró esta vez en la encíclica Iamdum cernimus del Papa PIO IX, que hablaba entre otras cosas de la destrucción a la que había llevado la sociedad "la civilización moderna", y de cómo esta permitía, que cada vez el acto puro de la creación, fuera concebido para saciar el instinto carnal del deseo sexual. Si bien este era un argumento etéreo de la iglesia católica, no era patrimonio solo de ella, pues casi todas las iglesias pregonaban lo mismo, pero con expresiones distintas. Este argumento explicado "minuciosa y puritanamente" por el sacerdote llenó de sentimientos de culpa a mis bisabuelos (eso lo supuso mi abuelo Charles), pues sus comportamientos en la cama no eran lo suficiente "espirituales", de todas maneras los Scott practicaban la fe católica fehacientemente aunque las sabanas, dijeran lo contrario.

El padre Carroll tenía la costumbre y la función, como la de todos los sacerdotes, de adoctrinamiento de sus fieles y la familia Scott, que eran devotos de sus argumentos eclesiásticos, a excepción de Peter que nunca encontraba argumentos convincentes a casi nada de lo que decía el ferviente cura. Ese joven de quince años, que como casi todo adolescente en esa época crecía a la fuerza, estudió los primeros años escolares en la pequeña escuela del pueblo, siendo un privilegio que no habían tenido sus otros hermanos, su obsesión por las matemáticas hizo que su padre le permitiera matricularse. Su interés por el aprendizaje de las matemáticas lo llevó a leer las primeras páginas de un libro muy antiguo sobre sexualidad, pero contradictorio con la doctrina conservadora, que en secreto discutía con un par de amigos parte de esas líneas. El joven no estaba tan contento con el clérigo pues veía algo poco natural a sus argumentos y explicaciones y cada vez que terminaba la prédica del sacerdote mientras regresaban a casa, tenía un embrollo en la cabeza que le mantenía ocupado por días. Pero estaba a punto de enfrentar la realidad.

El estridente sonido del tren de aterrizaje del avión en el aeropuerto de Quito, hizo a la fuerza que terminase la conversación.

CAPÍTULO 16

Para Jhon y Angélica esos tres días iban a ser interminables e incluso tal vez muy sufridos; cuando bajaron del avión sintieron frío y aunque el verano delataba un apremiante sol canicular en el trascurso de la mañana, la altura de la ciudad (más de 2800 metros sobre el nivel del mar) y el frío de la madrugada les carcomía los huesos. No tenían ropa con qué cambiarse, y los hematomas y golpes recibidos por ambos en México comenzaron a sentirse, lo único que sí cargaban en sus bolsillos eran sus documentos y una buena cantidad de dólares. Buscaron entonces con qué alimentarse. Cerca del aeropuerto, se encontraba un recién inaugurado restaurant "Las papitas de Dona Michita", la dueña era una señora buenamoza, que cargaba un delantal de color rojo y azul, vestía con blusa, falda larga, y tacones un poco altos para disimular su corta estatura, cuando vio a la pareja acercarse al restaurant no dudó en engancharlos para que prueben sus delicias, mientras daba vueltas con una pala de madera al interior de una paila caliente de barro.

-*¡Vengan mis reyes!*

-*Tenemos ¡morocho! ¡empanadas! ¡fritadita! con papitas y mote, ¿Qué les sirvo, mis príncipes?*

Toda esa verborrea típica de estas vendedoras le causó una enorme sensación de sorpresa a Jhon, Angélica, quien había visto algo parecido en su natal México, igual le supuso algo muy propio de ese país sudamericano y muy folklórico, sin embargo el hambre de ese instante era apremiante, por lo que estaban dispuestos a someterse a cualquier experiencia culinaria por muy extraña que pudiera ser.

Doña Michita, quien identificó que eran extranjeros, fue muy afable con los comensales y les sirvió guardando positivamente la primera impresión, la presentación; platos y cucharas limpias, con una porción de mote con chicharrón de chancho colocados a la medida, acompañados con una taza de café, una empanada de morocho, un pedazo de aguacate bien cortado y una deliciosa ensalada de cebollas y tomates. Quedaron gratamente satisfechos, pagaron unos cuantos dólares no sin antes agradecer a la mujer su amable atención.

Una vez saciada el hambre su siguiente objetivo era comunicarse con la organización en Estados Unidos, no sabían a ciencia cierta qué había sucedido con el paquete, en su búsqueda de un teléfono con salida internacional recorrieron varios sitios de la urbe. Fue imposible, ese día se había provocado un colapso de las líneas telefónicas en la ciudad y comunicarse al extranjero era inaccesible. En su búsqueda infructuosa de comunicación a Nueva York fueron adentrándose al centro de la ciudad, las estructuras góticas y barrocas de sus casas, iglesias y monasterios les causaron una grata percepción, provocaron en su interior la alucinación de pisar la Europa Medieval, pero con el aire fresco del nuevo mundo. En una plaza llamada San Francisco se detuvieron a observar su imponente catedral del mismo nombre, sus elementos manieristas eran únicos, cubierta de dos enormes torres, notaron la presencia de un monumento en la plaza que decía "MONSEÑOR FEDERICO GONZÁLEZ SUÁREZ 1844-1917". Alrededor había vendedores de todo tipo de baratijas, y comestibles. Un grupo de personas se amontonaron a ver a un tipo que había traído desde el oriente ecuatoriano o peruano unas plantas que según él, curaban todo tipo de enfermedades, llamaba la atención una serpiente boa constrictora que hacía más llamativo el espectáculo; mientras el hombre trataba de convencer con su elocuencia, Jhon y Angélica formaron parte de ese tumulto que atolondrados miraban la facundia allí desarrollada.

Minutos después Jhon sintió un leve masaje en uno de sus glúteos...

CAPÍTULO 17

Un hombre corrió azorado entre las calles estrechas del Centro Histórico de Quito, en su mano llevaba una pequeña bolsa, detrás de él, la muchedumbre observaba desconcertada, Jhon y Angélica corren apresurados, el ladrón conocedor del sector huye en dirección a la parte más alta de la ciudad. El gringo y la mexicana a pesar de su experiencia en supervivencia no pudieron más, la altitud les jugó una mala pasada, y no alcanzaron al timador, quedando sentados en la calzada.

-*¿Que había en la bolsa?* -le preguntó Angélica a Jhon-.

-*Nuestros pasaportes ¡maldición!, ahora no podremos regresar pronto a Estados Unidos* -exclamó enojado Jhon-.

Angélica disneica por la ardua corrida, le sujetó del brazo, lo miró de frente a sus ojos azules y le dijo:

-*Busquemos la embajada, ellos nos ayudarán.*

-*¡Imposible regresar a la embajada!* -refirió la voz mortificada de Jhon-.

-*Tenemos primero que contactarnos con la organización, si nos presentamos en la embajada, probablemente nos deportarán, pero a alguna celda en Nueva York o Washington… recuerda que nuestro trabajo es detrás de bambalinas. Nos pueden hacer cargos por crimen organizado.*

Se levantaron de la calzada, y buscaron una lugar donde pernoctar la noche, ya era tarde y también requerían alimentarse, caminaron varias cuadras hasta que encontraron un hotel, al día siguiente serían las elecciones presidenciales y la capacidad de hospedaje en Quito era mínima, a pesar de aquello una pequeña habitación les acogió en la noche, tenía una sola cama, y aunque ambos no eran pareja oficialmente, encontraron la oportunidad para disipar las tensiones de la larga jornada.

Al principio el frío de la noche y de la humedad de la habitación atenuó cualquier ímpetu instintivo, ambos con sus cuerpos agotados tenían de todas maneras ganas de saciar sus apetitos sexuales. Jhon inició el ritual, besó suavemente el cuello de Angélica, ella de pie, frente a él, permanecía impávida, pero con cada beso y caricia su cuerpo se iba relajando como cuando el hielo se derrite frente a la hoguera. Se abrazaron, luego él bajó su prominente mentón y su nariz, los colocó entre los senos de su amada, un áspero brasier interrumpía el deleite de sus bellos senos a total plenitud, muy pronto fue desabotonado, ¡ahora sí! , ¡eran suyos!, el resto de la ropa cayó suavemente sobre el piso de tablones, el frío se iba disipando mientras el fragor de amarse se intensificaba, ya no eran uno, eran dos que se amasaban como en un solo cuerpo, como si fueran de barro moldeable, él la levantó y la puso entre sus piernas, mientras ella jadeaba con cada acometida. La mujer disfrutaba desenfrenadamente y experimentó orgasmos sin saciarse, luego ella tomó el control, eran otros tiempos, de multiorgasmos y de regocijo para la mujer, la batalla estaba por terminar y por fin quedaron satisfechos, y la noche fría se quedó atrás, el calor los acobijó desnudos abrazados en la suave cama de la habitación de aquel hotel.

CAPÍTULO 18

¡Velasco Presidente! ¡Viva Velasco! ¡Arriba Arosemena!
Gritaba la muchedumbre en una de las plazas de la ciudad, José María Velasco Ibarra había triunfado en once de dieciocho provincias, Quito le había dado más del cincuenta por ciento de la votación; la prensa cubrió cada uno de los acontecimientos de aquel domingo cinco de junio de mil novecientos sesenta, entre ellos las trifulcas y tensiones propias de la política de esa época.

Héctor no había sabido nada de Jhon y Angélica, pero confiaba que al día siguiente tendrían que encontrarse en el hotel donde se hospedaban los periodistas mexicanos o en el aeropuerto para viajar al Distrito Federal de México, por ahora debía concentrase en llevar la información con pulcritud a su país.

La noche fue de festejos y de decepciones para unos y para otros, aunque no tenían datos oficiales de todo el país, el triunfo para los Velasquistas fue contundente, ya pasada la medianoche, la mayoría fue a sus casas, el festejo tuvo niveles de desmedida y desenfreno peligroso, guardarse en los hogares era lo mejor. Jhon y Angélica se habían dejado envolver por las ambrosías del placer, apenas se habían levantado para comer una sola vez en el día. Solo el grito de los triunfadores les hizo levantar y mirar por la ventana de su cuarto de hotel la algarabía, algo intuían, solo sabían que como en toda elección existían vencedores y perdedores, prefirieron volver a acobijarse en el dios Eros de la pasión y el dios Morfeo del sueño.

Ya en la mañana, salieron a buscar un teléfono, mientras caminaban Angélica volvió a preguntarle a Jhon sobre sus antepasados, la última vez, un tren de aterrizaje los interrumpió. Jhon no hizo esperar a la dama, y continuó lo que dejó por empezar:

-Un incendio iluminó la noche, ¡el establo se incendia! gritaron mientras se despertaron y observaron por sus ventanas. La algarabía de las gallinas y los cerdos hacían más notorio el embrollo, al fondo cuatro sombras de hombres en sus caballos, cada uno con un rifle sosteniéndolo en sus manos.

-¡Se acercan! –dijeron asustados-.

Bryan mi bisabuelo para evitar un inminente avance, lanzó un disparo al aire, mientras sus hijos observaban absortos y él advirtió a los intrusos…

-Quien sea ¡deténganse ahora!

-Peter, Michael, James traigan los rifles, Patricio y Johnny quédense junto a su madre y al pequeño Charles.

Los hombres comenzaron a disparar a la cabaña donde se encontraba la familia Scott, la certeza de las balas no podían irrumpir fácilmente el interior, el pequeño Charles, de tres años, era el más indefenso, a la vez el más ajeno a lo que pasaba, a pesar del miedo que tenía al oír el zumbido de las balas. Muy pronto Bryan pudo distinguir que el cabecilla del hostigamiento era Nill, venía por venganza, y probablemente no los dejaría en paz hasta obtener un desagravio por lo ocurrido tiempo atrás en el pueblo.

-¡Maldito Irlandés! ¡Ahora no estará el Sheriff para que te defienda!

-¡Sal de tu madriguera y ven enfréntate como hombre!

El "desquiciado" Nill como algunos le llamaban en el pueblo, aspiraba llamar la atención de Bryan mientras los tres hombres se daban la vuelta y atacaban por atrás al interior de la cabaña, Bryan pretendía salir y solucionar de una vez por todas el problema, pero Maryland y sus hijos se lo impidieron...

-¡No Bryan! -le dijo enérgicamente Maryland-.

-El riesgo de morir es alto si sales, defendámonos desde aquí adentro, tenemos más posibilidades de preservar nuestras vidas, ¡no salgas por favor!

Se lo dijo con tono de ruego, anticipándose a una actitud terca de Bryan estimulada por la exacerbación del momento, de todas maneras Peter se colocó en la puerta principal impidiendo cualquier paso hacia afuera que hubiera dado su padre, le dió una solución salomónica al ruego obvio de su madre...

-Padre, cubramos todos los frentes, yo cubriré aquí con Michael, tú anda atrás con James, el resto quédese en el centro...

Bryan al contrario de ofuscarse por la "impertinencia" del muchacho aplaudió su liderazgo aprobando su estrategia, luego de varios segundos fueron atacados por la parte de atrás, provocando una herida superficial en la mano derecha de Michael, el intruso fue repelido de inmediato por un coctel de balas disparadas por Peter; la herida fue cubierta de inmediato por Maryland, y sin atemorizarse la familia Scott arremetió con más fuerza, no estaban dispuestos a desfallecer.

Los Scott se colocaron a buen recaudo mientras Bryan y Peter defendían con ímpetu a su familia, sin embargo por alguna razón el pequeño Charles se había escapado de las manos de su madre y afligido por su inocencia innata fue en busca de un caballo de madera que había dejado en una esquina. Los malvados de Nill eran justamente eso "desgraciados", quienes a la hora de ajustar cuentas no hacían diferenciación entre hombres o mujeres, niños o ancianos, uno de ellos por la ventana trasera de la cocina vio al inocente infante y apuntó con su arma faltando poco para levantar el gatillo...

¡PUG!

De lo alto de un árbol de pino salió un disparo que atravesó la región occipito-frontal del malhechor que apuntaba al niño, no eran los Scott, mucho menos sus compinches, la certeza del tiro dejó boquiabiertos a sus secuaces que huyeron despavoridos, pues el disparo fue tan contundente que el hombre murió al instante dejando un charco de sangre detrás de la cabaña. El pequeño Charles, imbuido de soberana inocencia, agarró su caballo de juguete y regresó a los brazos de su madre.

Al día siguiente, el Sheriff realizó su trabajo y exculpó a los Scott, fue evidentemente un asunto de defensa personal aunque nunca encontraron el arma asesina, jamás supieron la procedencia del disparo y a la banda de Nill nunca más se la volvió a ver por ese lugar.

Encontraron a lo lejos un teléfono y por suerte las líneas ya estaban expeditas y muy rápido lograron contacto con Nueva York, del otro lado del teléfono estaba Marcus.

-*Hola Marcus, soy Jhon*

- *¡Por fin sabemos de ustedes! ¿Dónde están? ¿Cómo están?* -contestó con beneplácito Marcus-.

-*Estamos bien, estamos en Quito, en Ecuador, no tengo tiempo para contarte detalles del porqué estamos acá, necesito saber si el paquete llegó a su destino, el único problema que tenemos es que se nos robaron nuestros pasaportes, ¿Crees que sea prudente ir a la embajada a solicitar ayuda? o…*

Jhon fue interrumpido por Marcus, quien le hizo la siguiente disposición:

-*El paquete está en buenas manos, empezarán en Boston a realizar los experimentos, pero por favor no vayan a la embajada por ahora, ellos no saben de nuestras acciones, se podrían meter en problemas legales, es mejor que se calmen las aguas y luego recibirán instrucciones para que vayan y tramiten sus papeles.*

Inmediatamente Marcus colgó y Jhon quedó en zozobra, tal vez esperaba otras respuestas, como "*mandaremos un avión por ustedes*" o "*hablaremos inmediatamente en la cancillería en Washington*", de todas maneras asimiló mejor las palabras y entendió que en Nueva York tenían razón, *¿Qué les diría en la embajada? ¿Que por accidente se subieron al avión equivocado? ¿Cómo explicaría los heridos y muertos de esas acciones?*, la organización a la que pertenecía actuaba al margen de la ley, así que decidió, junto a Angélica, dejarse abrazar momentáneamente por el cielo hermoso de Quito hasta recibir nuevas indicaciones desde Estados Unidos. Recorrieron entonces las calles para buscar un lugar para hospedarse por más tiempo, las noches en el hotel tendrían un costo oneroso y pronto acabarían con los pocos recursos con los que contaban.

Luego de cotejar costos y ambientes de varios cuartos y habitaciones, decidieron arrendar un pequeño apartamento en el Centro Histórico…

-¡Vengan sean bienvenidos, no hay lugar más cómodo y placentero que estas habitaciones, aquí vivirán contentos el tiempo que ustedes deseen!

Para el precio que pagarían por la habitación, un pequeño cuarto de cocina y un baño compartido, era una oferta conveniente, además solo eran unas semanas hasta que pudieran resolver el problema de sus papeles en la embajada norteamericana, Angélica era muy mala para recordar nombres, así hubiera sido mencionado minutos antes...

-¿Cómo me dijo su nombre por favor?

-Don Pascual, para servirle respetable dama

Cuando se trataba de negocios y acaparar inquilinos, que vivieran en sus habitaciones de paredes pringosas, la amabilidad de Don Pascual fluía a flor de piel.

-¿Desde cuándo podríamos utilizar las habitaciones? -preguntó en un tortuoso español, el joven Scott-.

-Ahora mismo, solo tienen que pagarme por adelantado y esto es de ustedes, sosegados peregrinos

-concluyó con apacible voz, Don Pascual-.

De inmediato hicieron el trato, para Don Pascual tener a dos extranjeros en sus pocilgas era un lujo, del cual podría sacar provecho monetario. Se despidió muy amablemente y los dejó solos en la habitación, la cual incluía una cama grande, y un espacio, donde cocinarían, contaban con agua que salía por una tubería vieja y oxidada, y un baño común en el centro de toda la casa, al cual se accedía bajando las escaleras desde el segundo piso. Mientras se disponían a usar la habitación, Jhon le preguntó sobresaltado a Angélica por la hora.

-¡*18h20!* -le dijo Angélica-.

-*El vuelo sale a las 18h30 del aeropuerto hasta México, ¡Diablos!, ya no alcanzamos a contactarnos con Héctor.* -exclamó molesto Jhon-.

Minutos después Héctor y sus compañeros periodistas surcaron el cielo celeste de Quito de regreso a México luego de cumplir su tarea.

CAPÍTULO 19

Los días se hacían largos y la incertidumbre cubría como un manto de amalgama ponderada las espaldas de Jhon y Angélica, habían pasado días y no había respuesta de la organización, los teléfonos no volvieron a contestar, las cartas no tenían respuestas, paseaban por las calles de la ciudad, escuchando y viendo su acelerado y vertiginoso desarrollo económico, político, social y cultural. La muerte de Luis Martínez "El terrible" había conmovido a los quiteños, pocos días antes se había disparado un tiro en la sien derecha en pleno centro de la ciudad, era un personaje coloquial y folklórico, todos los recordaban. El brote de viruela en el norte de la ciudad había mantenido también en consternación a la población, afortunadamente el Departamento de Epidemiologia de la Inspectoría de Sanidad pudo controlar la epidemia luego de vacunar a más de mil setecientas personas.

Pero no todo era pesares en la capital, por esos días visitaba la urbe, el pianista norteamericano Joel Rosen, quien daría un recital en el Teatro Sucre, las entradas estaban agotadas, en especial por la gente influyente de la época.

Don Pascual entabló una relación más cercana con los esposos "Scott" como él los llamaba, aunque oficialmente no estaban casados, y quiso congraciarse invitándolos al concierto del músico estadounidense; por sus influjos, en especial con la curia, había conseguido unas entradas, en realidad a él no le interesaba, la Sonata en Re mayor de Koeschel 311 o de Wolfgang Amadeus o el Opus 22 de Robert Schuman; no eran para nada parte de su léxico, ni de su cultura general, pero los Scott eran personajes exóticos a quienes debía poner de su lado.

Jhon y Angélica aceptaron de buena manera la invitación, Don Pascual, quien nunca había ido a ese tipo de espectáculos, se inventó una buena excusa para no ir; los Scott fueron solos al concierto, no sin antes estar muy agradecidos con el dueño de casa por tal deferencia. Esa noche tendrían que caminar pocas cuadras hasta llegar al gran Teatro Sucre, en el camino vieron que otros eventos culturales captaban la atención de los transeúntes. En el Teatro Alhambra se presentaba una de las actrices mexicanas más encantadoras y renombradas del cine de oro mexicano, Ana Luisa Peluffo, quien fue una de las primeras estrellas mexicanas en desnudarse frente a las cámaras.

-*¡Que coincidencia!* -dijo Jhon, mientras agarraba de la mano a Angélica-.

-*Justo hoy mientras caminamos juntos, se presentan por todo lo alto en esta ciudad el pianista afamado Joel Rosel, mi compatriota, y Ana Peluffo la gran actriz mexicana, tu coterránea; ellos envueltos de fama y riquezas, nosotros en un barco a la deriva, lejos de nuestras naciones e incomunicados de nuestra familia y amigos, sin saber qué nos deparará el destino en este extraño país.*

Angélica asintió su cabeza, coincidiendo asombrada por la observación de Jhon, se paró un momento, puso sus suaves manos en la cara de él, tiernamente le dio un beso en la frente y en la boca, diciéndole con sus sensuales labios carnosos…

-*¡Jhon! algo me dice que no volveremos por mucho tiempo, sin embargo, es necesario que estemos juntos, en realidad no sé qué somos, ¿novios?, ¿amantes? , ¿amigos? o ¿solo compañeros? de una misma causa redentora, pero no podemos seguir esperando, tenemos que definir ¡qué somos! y luego establecernos aquí, insisto, no volveremos por mucho tiempo.*

Jhon, con un nudo en su garganta, le preguntó:

-*¿Que sientes por mí?, ¿me amas?*

Ella asintió con un leve movimiento de sus párpados

-*¿Y tú me amas?*

Jhon se acercó delicadamente, la miró de cerca y aproximó sus labios para besarla, ella un poco esquiva, colocó su dedo índice de su mano derecha sobre los labios de él y volvió a preguntarle con voz firme, pero afable

-*¿Tú me amas? , quiero escucharlo de tus labios.*

Jhon, acorralado por las circunstancias y obligado a dejar la timidez de decir lo que siente, estremeció con sus manos los hombros de la mujer y le dijo dócilmente:

-*En estos años de conocerte, he aprendido que la vida es linda y clamorosa, pero tú le pones a mi menú el componente principal, ¡sí te amo!, te amo y no deseo pasar las frías noches de Quito, más que con tu compasivo calor.*

Ahora fue la mujer quien acercó sus labios para besarlo, para abrazarlo, y para decirle que su amor era recíproco, que nunca había amado, que las noches y los días eran desafortunados, si él no estaba a su lado, fue entonces cuando se dieron cuenta a su alrededor, que el tiempo había pasado como relámpago y la función del pianista afamado había empezado.

CAPÍTULO 20

Jhon ahora era quien contaba por su cuenta la historia de sus antepasados a Angélica:

-Mi abuelo me contó sobre las SSV (Sociedad para la supresión del vicio), eran dirigidas por Anthony Comstock, un miembro activo de la Asociación Cristiana de Jóvenes Hombres de Nueva York, Comstock un evangélico de convicciones consideraba que el sexo tenía como único fin la procreación establecida en los evangelios y que toda educación sexual a niños jóvenes y adultos era considerada publicidad pornográfica. Este personaje fue un propulsor con el fin de impedir el control de la natalidad, a tal punto de ser considerado como el primer activista pro-vida de la historia moderna.

Poco a poco las ideas represoras de Comstock llegaron a todo el territorio Estadounidense, estas ideas contrastaban con las de Elizabeth Cady Stanton, quien fue parte de la que se considera la primera declaración pública de un grupo de mujeres y hombres a favor de los derechos de las mujeres, en la llamada *"Declaración de Sentimientos de Seneca Falls en 1848"*. Esta declaración básicamente planteaba que todos los hombres y mujeres tenían los mismos derechos como el derecho al voto, a la formación académica, a crear leyes, a tener la custodia de sus hijos en el caso de divorcio, entre otros.

Estos movimientos en pro y en contra del control de la natalidad tuvieron como germen Nueva York y lentamente se propagaron por todo el territorio estadounidense, muy pronto llegarían a Tucson...

¡MUJER, TÚ DECIDES TU DESTINO, EMBARAZO ELEGIDO!

Decía un panfleto en la pequeña plaza principal de Tucson.

Uno de esos panfletos llegó a manos de Peter, mi tío abuelo, quien los recibió con agrado y acudió a una reunión secreta de un movimiento liberal que era liderado por un hombre llamado Anderson. Oriundo de Chicago, se había quedado viudo y luego de dejar a sus dos hijos en manos de su madre, decidió acompañar al grupo de emancipadores que se estaba formado en Nueva York y en Chicago difundiendo las ideas de libertad sexual desde el Atlántico hasta California. En su paso por Tucson se quedó para formar un semillero de proscritos liberales en ese pueblo del lejano Oeste.

Las SSV se habían convertido en un aparato de represión contundente de envergadura interestatal, Comstock un hombre de muchos recursos y de gran influencia política, logró en 1873 que el congreso aprobara las leyes "Comstock" a nivel federal; es decir, era prohibida la difusión de literatura que controlaba la natalidad, no solo en Nueva York, sino en todo el territorio de los Estados Unidos. Esto emprendió pesquisas en varios estados con el apoyo de las autoridades federales y estatales, envió a varios hombres a buscar a instigadores que se habían acentuado en varias ciudades del Oeste, Tucson no fue la excepción. Stuart, un ferviente miembro de las SSV, llegó a Tucson en busca del impertinente liberal Anderson, de quien tenía referencias de su sagacidad e insolencia.

Stuart no trabajaba solo, siempre buscaba con "la ley en la mano" el apoyo del Sheriff del pueblo, por lo que su trabajo se hacía más fácil; ya había hecho apresar a varios agitadores en Nueva York, Denver y en Santa Fe, por lo que había adquirido experiencia con métodos poco convencionales e impíos para lograr su objetivo.

Un día muy soleado Peter pudo observar en la plaza central cómo agarraban a un hombre, era Anderson quien estaba siendo esposado por el Sheriff, atrás iba un hombre blanco, de ojos bien azulados grandes que caminaba arrastrando un pie, Stuart. Ostentaba un pantalón azul y camisa blanca con una insignia en el pecho de metal, una estrella y una paloma en el centro, el símbolo de las SSV. Stuart, caminaba a paso lento, pero con elegancia como si fuera una marcha militar, ganó otro trofeo. Peter, quien apenas había conocido a Anderson en aquella reunión con los liberales, se acercó fastidiado al Sheriff, pues nunca vio al hombre hacer algo que mereciera su apresamiento, aunque sospechaba que algo tenía que ver con sus pensamientos liberales.

-¡Sheriff!

-¿qué pasó con ese hombre? -preguntó Peter-.

-No es tu problema, pero deberías saber que nadie puede alterar el orden difundiendo este tipo de basura -replicó el Sheriff-.

Aunque Peter no pretendía obstaculizar la ley, le dijo al Sheriff que aunque no era su problema era injusto que se impidiera la libertad de expresiones y de pensamientos...

El Sheriff, fastidiado, le dijo con intención de acabar terminantemente el diálogo.

-¡eso díselo al juez! ¡Ahora lárgate de aquí!

Con la impotencia que por lo demás embargaba su espíritu, Peter se retiró sin decir más palabras mientras Anderson era llevado a las oficinas de la autoridad. Recibió varios días de prisión. Angélica le sugirió a Jhon que escribiera un cuaderno, un diario de lo que su mente recordaba de las historias contadas por su abuelo Charles y su padre Edward, así algún día sus retoños lo podrían conocer. En realidad no se supo cuando lo hizo, pero el gringo Jhon materializó sus ideas en una vieja libreta.

CAPÍTULO 21

Para los foráneos luego de varias semanas de convivencia en la capital ecuatoriana, imbuirse paulatinamente en la dinámica cultural y social de la población, era un desafío. En especial para Jhon. Definitivamente Ecuador era un país muy distinto al suyo, e incluso al Distrito Federal de México donde vivió un tiempo. Sin embargo estas condiciones le llevaron al gringo Scott a querer adentrarse en la idiosincrasia ecuatoriana, aunque no conocía la parte costera del país, sabía que había diferencias entre costeños y serranos, el modo de hablar, la forma de vestirse, la manera de expresarse, la comida, pero pudo notar que tenían los mismos problemas relacionados con el subdesarrollo social y económico; falta de agua potable, baja escolaridad, ausencia de sistemas modernos de comunicación, sobrepoblación, machismo, sexismo. Estos dos últimos problemas, eran parte de la realidad y la cotidianidad, a la que todos, incluido la prensa, contribuía con expresiones retrógradas tales como: *"De un modo general, a la mujer corresponde el cultivo de la estética, la gracia, la delicadeza. Ciertos deportes la masculinizan y deforman física y mentalmente"*.

Un tema le llamó sobremanera la atención, nadie hablaba de planificación familiar en su sano juicio, salvo unos borrachos a quienes escuchó alegremente hablar en una esquina, mientras él buscaba empleo en una tarde fría de Quito.

-Oye hermano ¿cómo le has hecho para no llenarte de tantos hijos?, yo tengo siete y ya voy por el octavo -dijo con voz zigzagueante uno de los achispados-.

El otro compañero de copas a quien le hacía la pregunta, le contestó con una voz más constante y menos tortuosa.

-¡Debes meter y sacar!, antes que salga el chorrito...

Aquella vulgar conversación de ese par de borrachos, le llevó a entender a Jhon, que los métodos naturales de planificación familiar como los del retiro o el ritmo eran los que utilizaba la población quiteña, *¡no había más!,* pasó días tratando de indagar "...un método moderno de los que había en su país como los preservativos, el DIU o incluso la píldora anticonceptiva (que había sido aprobada por la "Food and Drug Administration", FDA)"

La búsqueda fue infructuosa, la gente lo miraba con espanto y algunos con repulsión...

-¡Gringo dañado hijueputa!

-¡Suco (rubio), ojos claros y piel blanca! pero el alma te carcome el mismo diablo

-Regresa a tu país a buscar esa mierda que dices...

Esos epítetos y desagravios no desanimaron a Jhon y seguía intentando buscar respuesta a algo que era fundamental para una sociedad, el control de la natalidad; pero también lo era para él, pues junto Angélica no tenían la mínima intención de tener hijos, solo deseaban disfrutar de la sexualidad, eran conscientes de que los métodos naturales que utilizaban podían fallar en cualquier momento.

Muy raudo, el "depravado" gringo consiguió empleo, fue contratado para dar seguridad en un edificio de apartamentos en el norte de la ciudad, el sueldo no era mucho, pero servía para las necesidades básicas de alimentación, y pagar el arriendo a Don Pascual, trabajaría mientras esperaban recibir alguna señal desde su país.

Angélica, por su lado, también intentó buscar empleo, para ella la diligencia se hacía cuesta arriba, en esa época las suaves manos de una mujer, el cutis perfecto o las piernas voluptuosas servían solo para ciertos oficios; amas de casa, secretarias o tal vez manicuristas. La desigualad de género se expresaba también en esos estándares. Había tardes que pasaba sola en su habitación luego de largas caminatas de buscar ocupación, esperando a Jhon. Doña Margarita a veces le invitaba a un café con pan o tortillas de papas y le daba empuje para seguir buscando, aunque no dejaba de enviar una cuña sobre el instinto maternal y la esposa abnegada, que era el estigma clásico de la sociedad quiteña de la época. A pesar de que Angélica no comulgaba con esos parámetros, siempre escuchaba a Doña Margarita con respeto, a veces presentía en la señora que quería depositar en ella esa decepción de no haber podido tener hijos, pero estaba equivocada, Angélica no deseaba ser madre, por lo menos en aquellos momentos.

Pobres forasteros, cayeron justo en el tiempo de una sociedad de curuchupas y mojigatos, ya me imagino, si en esta época no hubiese métodos anticonceptivos, tendría por lo menos un equipo de fútbol completo más cuatro suplentes en el banco. Afortunadamente todavía no tengo ninguno, a mi mujer le asienta muy bien esos "palitos" en el brazo. Aunque antes sí pasamos sustos, pero la píldora de emergencia nos salvó como cinco veces. A propósito de mi mujer ¿qué me dirá cuando se entere de lo que hice para tratar de conseguir las pruebas de sangre de la señora Zambrano? Ella entenderá, todo es válido por la ciencia, además yo era el del sacrificio. Me deberían hacer un monumento encima de la puerta de la Circasiana en el parque el Ejido en Quito, o a lado del monumento a José Joaquín de Olmedo mirando el río Guayas. En fin mañana le contaré, pero no logro definir qué pondré en la carta a mi jefa, a ella me temo que tendré que adornarle la píldora *¿cómo me zafo de este bochornoso oprobio?*, aunque no debería tener vergüenza, pero sí me da miedo lo indolente que puede ser la gente, lo injusta y juzgadora, me dirán que me quise aprovechar de la bondad de una indefensa viejecita. ¿Y si fuera tu madre, tu abuela? eso me restregarían en la cara, hasta me la escupirían. Veamos cómo sigue esta historia.

CAPÍTULO 22

Transcurrían los meses, los años, el país se convulsionaba por las confrontaciones políticas, el presidente Velasco apenas duró un año y medio, y fue derrocado y desterrado a Buenos Aires, lo sucedió su vicepresidente, Carlos Julio Arosemena Monroy. La pobreza, la devaluación de la moneda local, la reforma agraria, las revueltas estudiantiles, entre otros, continuaban siendo parte de los conflictos que tenía que resolver el nuevo presidente; él tampoco duró mucho tiempo en el poder y también fue derrocado, una Junta Militar tomó el poder en 1963. La sobrepoblación, la muerte infantil y materna, el incremento de los abortos clandestinos, el mejorar la esperanza de vida, estaban también en la agenda de los nuevos gobernantes. En la cotidianidad desnuda de la gente, el mundo parecía no transcurrir; los vendedores, los compradores, los oficinistas, los estafadores, los retaqueadores, los curuchupas, los inocentes, los regateadores, todo parecía igual. Sin embargo Don Pascual había perdido el interés por los Scott, de todas maneras un simple guardia de seguridad que tenía una rutina aburrida y predecible, por muy gringo que fuera no le serviría para sus intereses particulares, al contrario Doña Margarita creaba lazos maternales con Angélica, a quien la veía como hija.

Para Jhon y Angélica el volver a sus países había sido una odisea, ya ni siquiera lo intentaban, siempre era la misma escena, teléfonos apagados, cartas no contestadas, habían aprendido a vivir como dos quiteños más, la misma ropa, la misma comida, la lectura de los periódicos locales, incluso se les había incrustado el dialecto; las palabras terminaban cada vez más en diminutivos y el arrastre de la letra "s", era más elocuente. Jhon había aprendido con mayor fluidez el español lo que le había posibilitado hacer varios amigos, en especial en el bloque de habitaciones del edificio que cuidaba, el dueño del edificio era su principal camarada, quien le había permitido trabajar sin pasaporte por muchos años. Pero insistía en que pusiera en orden sus documentos antes de que le pescaran las autoridades de inmigración, así que valiéndose de unos contactos en el Registro Civil el dueño pudo ayudarle, no sin antes confesarle Jhon las razones verdaderas de su llegada a Ecuador. El dueño no se inmutó, Jhon era un buen trabajador y una buena persona, eso era para él lo más importante.

La habitación veintiuno del piso tercero estaba llena de visitantes, el dueño de la fiesta de cumpleaños era guayaquileño, quien le pidió a Jhon que acudiera para brindarle unos aperitivos, se llamaba Jorge Rhon y se dedicaba a vender y reparar refrigeradoras que traía desde el puerto. En la comitiva de visitantes estaban primos y amigos que habían venido desde Guayaquil. Jhon, quien despertaba siempre interés por su fenotipo nórdico, atraía la atención y desarrollaba encantadoras conversaciones.

-*Les presento familia* -expresó Jorge, y continuó-

-*Él es Jhon Scott, nuestro amigo que cuida nuestros departamentos mientras estamos fuera, él es Federico Gómez, mi primo, Martha Robles, su esposa, Patricia Hurtado mi otra prima y su esposo, el doctor Marcelo Litalecumberry, el resto ya te los presentaré, están en la cocina.*

-Un gusto conocerlos -contestó diligente Jhon-.

Jhon, quien mantenía el interés por saber sobre los métodos modernos de planificación familiar y sobre la insensibilidad con la que actuaba la gente frente a los mismos, aprovechó la oportunidad para preguntarle al médico guayaquileño. De todas maneras un médico tendría una explicación convincente y le sacaría del fango de la incertidumbre.

-¿Por qué en el país los médicos no ofertan ningún método anticonceptivo? ¡yo los necesito!- dijo con seriedad y con voz austera para no ser escuchado por los demás-.

A pesar de su cautela, si fue escuchado por los demás, lo que provocó varias sonrisas de los elocuentes.

El doctor Litalecumberry, lejos de incomodarse, dejó la copa de vino a un lado y contestó encantado la pregunta de Jhon.

-Jhon, en agosto de 1965, en el puerto, en Guayaquil los médicos Paolo Marangoni y Francisco Parra Gil formaron una organización para asesorar a la población sobre métodos de planificación familiar modernos, el próximo año se establecerán en Quito y Cuenca. Así que, amigo mío, la ciencia y el conocimiento pronto llegarán a esta ciudad.

-¿Y qué métodos, nos ofrecen? -preguntó Jhon-.

-De todo lo posible, incluso la píldora que ha causado revuelo en tu país y otros -replicó muy conocedor del tema el doctor Litalecumberry-.

Jhon por fin recibió respuesta a sus inquietudes, eso había buscado en los últimos cinco años, el Dr. Litalecumberry había dicho las palabras exactas, lo que quería escuchar, *¡sí era una realidad!*, había métodos modernos de planificación familiar en Ecuador, ahora solo tendría que viajar hasta Guayaquil, estaba ansioso de correr a contarle a Angélica, aunque la extraordinaria noticia tal vez llegaría muy tarde.

CAPÍTULO 23

Una torrencial lluvia cubría la capital, Jhon salió de su trabajo en busca del bus que lo llevaría a su casa, en ese momento las gotas gruesas de agua entumecida, le eran indiferentes, necesitaba urgente contarle a su mujer la información obtenida; podrían dejar atrás relaciones sexuales incómodas y preocuparse solo de sentir placer al máximo, utilizando métodos de planificación familiar modernos. Pronto subió las escaleras hacia su pequeño departamento, no tuvo que abrir la puerta, ya estaba abierta, en la cama estaba sentada Angélica, junto a ella en posición erguida y con una sonrisa de extremo a extremo, Doña Margarita. Para Jhon no era un secreto la fuerte afinidad que tenía la señora añosa hacia Angélica, pero notó algo raro en la escena.

-*Buenas tardes…. ¿sucede algo?* -preguntó Jhon admirado-.

Angélica se levantó de la cama y nerviosa se puso al frente, con la voz entrecortada y los labios temblorosos, le dijo mientras lo miraba, y él con facies de incertidumbre esperaba con ansiedad…

-*Cariño me acabo de enterar que estoy esperando un hijo…*-le dijo con sutil delicadeza, la mujer-

Mientras Jhon la miraba de frente a sus ojos, pues no salía del asombro.

Angélica se encontraba perpleja, un tumulto de sentimientos encontrados agobiaban su cabeza, no deseaba embarazarse, pero igual un sentimiento de alegría se combinaba con eso que muchos llamaban instinto maternal; al final no había conseguido trabajo, y sería el pretexto perfecto para cuidar a su bebé, la divina providencia... pensó en sus adentros como queriendo buscar un sentido a semejante noticia, pero Jhon, él si estaba turbado, caviló en su pensamiento la posibilidad cierta de hacer lo que había escuchado entre susurros por las calles beatonas de la ciudad. Practicar un aborto no era descabellado, nadie lo aceptaba, todos lo rechazaban, algunas morían, pero muchos lo hacían.

Doña Margarita, que observaba con sutileza el lenguaje expresivo de la pareja, intuyó la compleja situación, su sexto sentido le hizo escanear los pensamientos de Jhon y adelantándose les contó una triste historia:

-*Hace un tiempo ofrecí a la Virgen del Quinche que nunca más permitiría que una mujer se autoflajelase para botar a un niño de su vientre, allá en la finca de mis ancianos padres en los Chillos, María Rocío, una criada se había preñado del gordo Rafael, supe de las intenciones de la doméstica de no querer a su bebé, el gordo era un borracho sin remedio y no quería hacerse cargo de su picardía, pero no dije una sola palabra, la ignoré, ¡no era mi problema!. Semanas después la mucama murió desangrada al intentar provocarse un aborto...*

Jhon y Angélica miraron irresolutos a la dama mientras un par de lágrimas bordeaba la mejilla de Doña Margarita, hubo un silencio incómodo por unos minutos, el mismo que fue interrumpido por el abrir de una puerta...

-*¡Don Pascual!* -advirtió Jhon mientras le saludaba con la mano-.

-*Hola "jóvenes"* -les dijo un poco áspero el veterano, ajeno al inusitado acontecimiento-.

-*Margarita, te necesito en la casa, hay una tarea pendiente, ¡hasta luego muchachos!*

Retirado el señor, los jóvenes se despidieron de Doña Margarita, quien antes de salir les dijo al oído...

-*¡Lo que la mente piense en bien, que lo sostenga el corazón!*

Ese fue el momento propicio para que la pareja Scott pudiera conversar sosegadamente sobre el tema, Jhon le confesó a Angélica que pensó en la posibilidad de un aborto, pero que no sabía si tendría las agallas para realizarlo, por su parte Angélica estaba decidida a efectuarlo, no estaba preparada para ser madre a pesar de sus tres de décadas de edad, le importaba un carajo la crítica de la sociedad. Estaba al tanto, como casi mucha gente, donde ejecutarlo, conocía de los riesgos, pero no estaba dispuesta a llevar en el vientre algo para lo cual no estaba preparada. Agarró de la mano a Jhon y le pidió que le acompañara, él solo se dejaba llevar, su indecisión inicial se convertiría después en una afirmación forzada, al final, aunque quisiera no podría obligarle a Angélica a traer al mundo algo que no quería. Para Angélica la sociedad era tóxica y no podía traer a un bebé a ese mundo de sanguijuelas, ratas y lagartos quienes les destruirían la vida.

CAPÍTULO 24

Subieron por una calle estrecha cuesta arriba, de piedra y a oscuras, solo se divisaban tenues luces al interior de las casas, se veían unas sutiles luminarias en la calles de vez en cuando, el viento soplaba con brío esa noche, dejando que el majestuoso frío reinara en aquel lugar. Si la dirección que le había proporcionado su amiga Clarita era correcta, Angélica y Jhon estarían a media cuadra de distancia; le esperaba una puerta de madera larga como el cielo, que afuera decía, "OTIUM", que en latín significaba PAZ, ese era el señuelo para que los visitantes supieran que ese era el sitio, golpearon la puerta, insistiendo varias veces, hasta que un hombre alto, mal encarado y calvo salió a verles.

-*En que les puedo ayudar Señor y Señora...?* -balbuceó el tipo con voz ronca-.

-*Me llamo Jhon, Jhon Scott, y mi esposa Angélica*-replicó Jhon, mientras miraba lo desdeñado del hombre-.

-*Venimos a que nos ayuden a solucionar un problema, mi esposa acaba de enterarse que está embarazada y nos dieron esta dirección...*

Jhon fue interrumpido por aquel hombre gigante, de manos arrugadas y rechonchas.

-*Sí pasen, es aquí, suban esas escaleras y al fondo está el doctor Crespo, solo que deben ser concretos y dispuestos a lo que vienen, él no acepta trabajar con gente indecisa.*

Puso su grotesco cuerpo a un lado y entró la pareja a la casa.

Comenzaron a subir las escaleras y sus tablones de madera chillaban estrepitosamente, lo hacían con cuidado pues un mal paso, podría provocarles una caída, la poca iluminación les impedía ver adecuadamente dónde colocaban los pies. Una vez en el segundo piso, caminaron hasta una puerta que se ubicaba al fondo, luego de terminar un pasillo estrecho en cuyas paredes deprimentes había retratos de personajes desconocidos para los Scott; un hombre con barba blanca y vestido de militar era la imagen que les llamó más la atención, solo tenía un ojo y una cicatriz en el pómulo derecho. De pronto estuvieron frente a la puerta, golpearon con prolijidad un par de toques, pero nadie salía; lo volvieron hacer, esta vez con más ímpetu. Enseguida prorrumpió un hombre cincuentón, con barba y bigotes negros, envuelto por un mandil blanco en cuya parte anterior llevaba un membrete con el nombre "Dr. Crespo"

-*¿Vienen preparados?* -les dijo el doctor Crespo sin dar espacio a otro tipo de tertulia-.

-*Me supongo que sí, le dijo Angélica sorprendida por la displicente celeridad del galeno.*

-*Lo único que necesito es que es usted no haya ingerido alimentos un par de horas... el resto déjemelo a mí. Entre, retírese toda la ropa, colóquese esa bata y acuéstese allí.*

De inmediato lo miró a Jhon y le dijo

-*¿Trae usted el dinero?*

Jhon sacó de una bolsa el dinero, se lo entregó a una mujer que hacía de asistente del médico. De inmediato el doctor

Crespo, prosiguió y le pidió a Jhon que saliera, que esperara afuera.

Ya en la oscura y antihigiénica sala atestada de fierros y aparatos que aparentaban instrumentos médicos donde se practicaban los abortos, el doctor Crespo le pidió a Angélica, que se relajara, iba a proceder a dormirla con unos sedantes preparados por él mismo. La asistente, muy prolija en su trabajo, le tenía todo preparado y procedía a entregarle una jeringuilla llena de un líquido amarillo, pero un temblor impidió su cometido…

-*¡La casa tiembla!* -gritó la ayudante despavorida-.

En el piso de abajo se escuchaban gritos, el mayordomo solo alcanzó a decir auxilio, antes de que quedara inconsciente, el Doctor Crespo se acercó a la puerta inquieto por lo que pasaba, mientras la casa seguía temblando. La puerta se abrió abruptamente golpeando al hombre y rompiéndole la nariz de inmediato, la asistente yacía caída en el suelo mirando cómo cuatro hombres corpulentos, de facies grotescas con peinados que rayaban en la pulcritud, de trajes blancos y corbatas negras, agarraban al médico y se lo echaban al hombro. Ahora vinieron por ella, sus gritos estremecedores no los disuadieron, más un golpe recibió en la cabeza y fue llevada igual que su jefe. Jhon permaneció sentado todo el tiempo, su expresión era catatónica, pensó que también irían por él. Se equivocó, los hombres de blanco, solo se llevaron a tres, al mayordomo, al médico y a la asistente.

¿Y Angélica? -pensó de inmediato Jhon-.

Entró raudo y veloz, la encontró igual o más que él, catatónica, pálida y fría había quedado acostada en la camilla, puesta una bata celeste, y con los esfínteres provocando una escena repulsiva. Jhon constató que su esposa no había sufrido daños, la levantó, la ayudó a vestir y huyeron de lugar. Nunca contaron a nadie lo sucedido.

Esa cruenta experiencia les marcó la vida, por lo menos nunca más intentaron deshacerse de su hijo, Angélica, quien no era la primera vez que se enfrentaba al miedo o la muerte, esta vez estuvo por varias semanas afligida. Pero ese tiempo de retracción mientras crecía su abdomen gestante le dotó de fuerzas para instintivamente fortalecer su vigor por la maternidad. Jhon curioseó el lugar por varios meses, pero la casa de los verdugos jamás abrió y el OTIUM de la puerta se desvanecía con el tiempo.

CAPÍTULO 25

Un anciano de sesenta y siete años visitaba la cama treinta y siete de la Maternidad Isidro Ayora, llevaba unas flores y distinguió desde lejos a su nieto, era la hora de visitas; Angélica, semidormida, abrazaba a su bebé, el pequeño Pablo. No había nadie más en la sala, más que unas cuantas parturientas, Jhon estaba trabajando, pero ya estaba en camino.

-¡Hola! ¡Perdón bella mujer! ¡No me conoce usted pero me supongo que Jhon tal vez le ha hablado de mí!

Angélica pudo abrir lentamente sus ojos y mirar a aquel hombre, con acento norteamericano, un pésimo español, robusto, y de tez blanca.

-¿usted debe ser algún familiar de Jhon? -dijo con cierta inseguridad la mujer-.

-Yo soy Edward Scott, el padre de Jhon y el abuelo de "este ternura"...

Angélica quedó perpleja en aquel encuentro con el señor, lo miraba con estupefacción, mientras agarraba con fuerza a su bebé, pues la grata sorpresa no le desenchufaba de la desconfianza que debía tener. *¿Y si era un impostor?* o *¿alguno de los matones de las SSV o ADM?* Sin embargo enseguida se tranquilizó cuando advirtió llegar a Jhon por la entrada de la puerta de visitas, se le fueron todas las dudas, padre e hijo se dieron un estremecedor abrazo, fue conmovedor.

- *¡Hijo! ¡Hijo mío!* -le gritó el padre emocionado, mientras unas lágrimas se derretían en sus arrugadas y rojas mejillas-.

-*Padre, no lo puedo creer, cinco largos años tratando de comunicarme con ustedes, sin recibir noticias, y ahora apareces de repente, ¿Qué pasó, padre? ¿Cómo están en Nueva York?*

-*No teníamos forma de comunicarnos, siempre que lo intentábamos por alguna razón no lo podíamos hacer, ni las llamadas, ni las cartas llegaron a ti, nunca recibimos respuesta; incluso a pesar de la ayuda de la embajada estadounidense la comunicación se hizo imposible; por eso decidí venir a verte, estuve por varias semanas buscando información sobre ti o Angélica. Me dijeron que en la casa de un tal Don Pascual se hospedaba un "gringo", y una mexicana o colombiana, fui allá y una señora muy amable me dio la maravillosa noticia de que seré abuelo* -dijo Edward emocionado-.

Jhon, luego de saludar a su mujer y darle una palmadita de cariño a su hijo, llevó a su padre a un pequeño bar, allí le pudo contar de sus peripecias en Quito y los grandes cambios sucedidos en su vida y la de Angélica, pasaron más de tres horas charlando y el tiempo como siempre efímero se llevaba aquel momento de padre e hijo. Edward le contó a su hijo sobre la organización clandestina de la que formaban parte, había dejado de existir, las SSV al final se rindieron, la píldora y otros métodos habían alcanzado niveles de popularidad que era difícil para cualquier ser humano u organización frenar ese furor. Pero también le comentó noticias tristes, su abuela Nilda no soportó el deceso de Charles, falleció pocos meses después; la noticia dejó a Jhon en silencio varios minutos y le hizo soltar un par de lágrimas.

-*¿Qué pasó con Oso Loco? la última vez que lo vi estaba herido en México* -preguntó afligido Jhon-.

-*Fue capturado herido por la policía, pero pocas semanas después murió en el hospital.*

Jhon, otra vez puso una expresión de tristeza.

-*Ya es tarde hijo, tienes que ir con tu mujer*-le expresó apaciblemente Edward-.

-*Pero no quiero retirarme sin preguntarte antes lo siguiente: ¿piensas regresar a Estados Unidos?*

-*No lo hemos pensado, hace poco legalizamos los papeles, pero esto del embarazo; no nos ha dado tiempo de pensar en otra cosa que no sea el bienestar del pequeño Pablo Scott; aunque ahora que lo mencionas, hemos encontrado tranquilidad en esta ciudad, no creo que regresemos por ahora. Quito es una ciudad que enamora, su arquitectura histórica me hipnotiza, paso horas visitando y observando cada una de sus edificaciones y cada vez más me atrae lo que hubo y hay en cada una de sus paredes, en el contexto social como fueron realizadas, el sudor y lágrimas de sus esclavos indígenas y su irrefutable herencia española.*

Probablemente Edward quiso encontrar una respuesta de su hijo, en la que mencionara la palabra regresar, no fue así, el hombre se llevó un desengaño y no insistió, él regresaría a Estados Unidos y desearía a su hijo y a su nueva familia buena suerte.

CAPÍTULO 26

-¡Señorita, buenas tardes! ¿Aquí es el departamento de asesoramiento para no tener hijos?

Preguntó un joven en una de las recientes inauguradas clínicas de planificación familiar en Quito en 1966, por primera vez se podía obtener información, documentación y métodos de planificación familiar modernos como el dispositivo intrauterino (DIU), los preservativos o incluso la píldora. No había restricciones, pero sí una enorme discreción sobre el tema, al principio casi nadie sabía que existía ese lugar, sin embargo ya había algunos interesados, entre ellos Jhon y Angélica; quienes hacían una pequeña fila mientras esperaban junto al pequeño Pablo recibir atención. La espera no fue en vano y la familia Scott salió satisfecha, por primera vez tuvieron la oportunidad de planificar su familia, la influencia de estas organizaciones privadas fue importante en el inicio de la implementación de los métodos de planificación familiar en el país a mediados de los sesenta.

A pesar de la renuencia de la Iglesia católica y de grupos conservadores, había una doble moral, pues unos denostaban en contra de esos métodos, otros, como del Padre Jurado, un sacerdote ambateño, que regía una parroquia en Cotopaxi, daba sermones en las liturgias sobre la inmoralidad de los métodos, llamando a los fieles a rechazar ese atentado en contra de la santidad, él mismo mandó a pagar la ligadura de una mujer con problemas de esquizofrenia, para evitar que se siguiera llenando de hijos.

El pequeño Pablo creció en aquel barrio céntrico de Quito, que sus padres habían escogido para vivir. Entre estructuras antiguas de piedra y madera, en el mundanal ruido de los comerciantes de la calle García Moreno, donde vivía. El enorme patio de Don Pascual fue el lugar perfecto para que aprendiera a dar sus primeros pasos, la pileta ubicada en el centro, era su lugar preferido, el agua que emanaba de su fuente era para el niño como un oasis en medio del desierto. Su madre lo miraba siempre desde el pasillo del segundo piso, no podía descuidarse de su hijo, a pesar de ser un lugar privado, pasaban a diario muchas personas por allí; desde inquilinos, vendedores, y clientes que concurrían solapados hasta el patio de atrás donde discurría el placer por esos tiempos en la ciudad.

El negocio de Don Pascual seguía de viento en popa, la clientela se había expandido, aunque Doña Margarita se mantenía engañada por su marido, eso no le inmutaba a nadie. Era un hombre próspero, y en esos tiempos, como en todos los tiempos, lo importante era acumular poder, acopiar dinero y fortuna, pero su nivel educativo era escaso en especial su divorcio con la cultura y la política, nunca había tenido hijos, no le gustaba tratar con niños y los evitaba a toda costa. Sin embargo con el devenir del tiempo, desarrolló un cariño especial por Pablo, o Pablito como le decían todos. El niño era como ese faro que iluminaba el patio cuando las tardes nubladas opacaban la luz del día, o era ese ruido encantador de los silencios deprimentes, arrancaba siempre una sonrisa de los vecinos, hasta de las meretrices que rondaban el lugar e ingresaban a su lugar de trabajo. Era un niño guapo, cabellos claros, ojos azules, nariz respingada, parpados rizados. Su energía era extenuante, parecía como si nunca se cansaba, su madre lo miraba desde el segundo piso mientras jugaba, pero un día Angélica tuvo un descuido, perdió de vista a Pablito, miró alrededor de todo el patio y el pequeño se esfumó como si el viento en un segundo se lo hubiese llevado.

-*¡Pablo! ¡Pablito!* -gritó la mujer desesperada-.

El niño no podía escuchar a su madre, se había imbuido hasta la parte de atrás de la enorme casa, un tenue sonido melodioso le llamó la atención, mientras más caminaba hacia el lugar la música armoniosa se acrecentaba, unas luces de colores reflejaban en la oscuridad algún espectáculo intrigante, el niño empujó una puerta entreabierta y vio con sus angelicales ojos el devenir de unas siluetas femeninas al son de la música. No sabía de qué se trataba, su inocencia jamás se lo hubiera permitido, ese inquietante espectáculo que era para muchos adultos; casi de inmediato una mano agarró la suya, Don Pascual lo llevó delicadamente hasta la parte de afuera.

-*Ven Pablito, este no es lugar para ti* -le dijo delicadamente don Pascual-.

Mientras le daba un caramelo y una palmadita en la espalda.

El niño lo miró a los ojos y abrazó al hombre, ocasionando en un tipo osco como don Pascual una sensación especial, simpatía a un niño. Por primera vez floreció la ternura en aquel individuo pedante y calculador, a partir de entonces

Pablito se fue convirtiendo poco a poco en su consentido y el sentimiento fue recíproco, parecería que un flechazo conectó sus vidas, vidas tan distintas en todo sentido, pero que se habían topado irremediablemente en el camino.

Don Pascual empezó casi a diario a llevarle dulces al niño, procuraba mantenerlo alejado de su negocio, mandó a construir una pequeña cerca para evitar que el niño vaya a su antro de decadencia. Doña Margarita, quien ya había mantenido una estrecha relación con el infante y con su madre, le compraba constantemente regalos y golosinas. Angélica observaba con agrado estas deferencias, su hijo era un niño bien servido, recibía cariño de todos los que concurrían a aquel extraño lugar, llenó de familiaridad, de historia, pero también de perdición. Jhon veía todo con desconfianza. No entendía cómo una mujer como Doña Margarita tan dulce y refinada podía admitir que detrás de su casa accionara uno de los prostíbulos más populares de Quito.

CAPÍTULO 27

Velasco había llegado otra vez a la presidencia, este era su último mandato; el país mantenía los mismos problemas de siempre, desigualdad social, insalubridad, desempleo, pobreza extrema en amplios sectores; muy pronto la protesta social alcanzaría niveles altos y la represión gubernamental sería estrepitosa y escandalosa.

En el campo de la anticoncepción había avances, las organizaciones privadas asesoraban al ente público para que ofertaran los métodos modernos de planificación familiar; preservativos, dispositivos intrauterinos, jaleas, la ligadura y la píldora anticonceptiva, era lo disponible, aunque el oscurantismo todavía hacía carne en gran parte de la población y la iglesia católica arremetía con fuerza contra el uso de anticonceptivos.

Por su parte Jhon y Angélica disfrutaban de su "libertad sexual", por lo menos así lo llamaban, un dispositivo intrauterino les permitió vivir su sexualidad a plenitud. Angélica había conseguido un empleo en un restaurant de comida mexicana. Los comensales venían de todas las nacionalidades que se comenzaban apostar en la ciudad, y Jhon seguía en su trabajo de seguridad, por lo que optaron por dejar al pequeño Pablito junto a Doña Margarita, quien no dudó en cuidar al niño mientras sus `padres trabajaban.

Pablito estrechaba junto a Doña Margarita y Don Pascual

lazos semejantes a la de abuelos, de cómplices y solapadores; un par de adultos maduros dispuestos a malcriar a un nieto. Esa relación traía consigo también impertinencias, que iban dejando a sus padres en desventajas frente al infante.

-¡Angélica!, creo que Doña Margarita se está tomando muchas atribuciones con nuestro hijo -le dijo preocupado Jhon a su esposa-.

El preocupado Scott continúo...

-Yo le he dicho varias veces a Doña Margarita que no le de muchos dulces a Pablito y ella le da en mi ausencia, esas colaciones que venden en la esquina de la calle Rocafuerte, ah por cierto no me gusta que juegue con ese gato que ronda la casa, pero al parecer es el preferido de Doña Margarita y Don Pascual, Pablito podría enfermarse si continúa en contacto con ese animal.

Angélica trato de apaciguar a su marido, no sin antes darle la razón.

-Hablaré con Doña Margarita, encontraremos una solución.

Las conversaciones que tuvo Angélica con la señora fueron fructíferas, Doña Margarita respetó con más prolijidad las decisiones de los padres, disminuyó la proporción de dulces al niño y mejoró el consumo de frutas; lo separó de la presencia del gato pulgoso y le dio al niño a cambio un hermoso peluche. La nobleza de Doña Margarita de mejorar la relación con los Scott no se compadecía con la de su marido; Don Pascual, quien quería mucho al muchacho, lo veía como el hijo que nunca tuvo y le preocupaba algo que para la época era una insensatez; *¡Pablito no está bautizado!*

¿Cómo era posible que un niño de casi cinco años no hubiera recibido la santa eucaristía bautismal del catolicismo?

Se preguntaba Don Pascual, pero algo tenía que hacer, y aunque trató de insinuar a los padres del niño que le realicen su bautismo, no encontró respuesta positiva, siempre fueron evasivas, y hasta un no rotundo encontró en Jhon al sentirse presionado por el mismo tema. El bautismo se tenía que dar de todas maneras, para el hombre impertinente no había otra opción que hacerlo a escondidas utilizando otra vez, como en otras ocasiones los acólitos que tenía en la iglesia.

Esta vez le pidió a un amigo cliente de su "antro", el padre Hermidas, que le facilitara las condiciones en la Iglesia de La Merced para bautizar al niño. Este párroco había servido a su congregación por casi diez años, era oriundo de Riobamba, su nariz aguileña, su onda calva y su joroba prominente hacían de él un hombre repulsivo, cuyos feligreses le tenían un poco de incomodidad, menos Don Pascual quien conocía a la perfección su importante influencia en la curia católica de la capital. El padre Hermidas fue enviado a esa iglesia cuya estructura fue construida en 1627 por José Ortiz, para poner orden. El anterior cura era muy permisivo con las contravenciones de los devotos, provocando que muchos de ellos vieran a la iglesia como un lugar para reeditar el pecado, el pésimo sacerdote fue enviado a un seminario del norte a suplicar por su alma y su misericordia.

CAPÍTULO 28

La solemne iglesia "La Merced", de majestuoso estilo barroco, de un imponente claustro de dos pisos, y de esplendorosos retablos, servía de refugio espiritual para muchos quiteños, su estilo único y reconocido a nivel latinoamericano. El padre Hermidas, administrador de este templo, estaba dispuesto a ayudar a su amigo, de todas maneras rescatar un espíritu en el bautismo era su misión; para los católicos el no bautizarse era un sacrilegio insalvable, merecedor para que un espectro vagabundee como un alma sin pena en el más allá.

Sin embargo don Pascual, tenía que sobrepasar un escollo, bautizar a Pablito sin que sus progenitores se enterasen, al principio no parecería espinoso, lo podría hacer en el momento que el niño pasará solo junto a ellos, mientras sus padres estuviesen trabajando.

Y doña Margarita, ¿cómo podría hacer para convencerla?, ella no estaría dispuesta a transgredir los deseos de Jhon y Angélica, era muy católica, pero jamás tendría problemas con los esposos Scott. Don Pascual pensó en usar su poder disuasivo con su esposa, su obsecuente comportamiento maquiavélico, sin embargo no lo intentó, él podría mandar en todos los asuntos conyugales, pero era consciente de que Pablito no era parte de la sociedad marital y encontraría resistencia en su mujer y un escándalo que pondría en peligro su ambicioso plan. Por lo que puso a trabajar su mente roñosa;

durante varios días fraguó cómo saltar ese atascadero, hasta que le surgió una idea espectacular.

-Dicen que mañana habrá en San Roque una competencia de autos de madera, me gustaría llevarme al niño, para que disfrute y tal vez cuando sea más grandecito le guste el alboroto -dijo Don Pascual desde la sala, mientras Doña Margarita se encontraba en la cocina-.

Las carreras de coches de madera era una competencia tradicional de Quito que había nacido en los años cuarenta, un momento de regocijo para los quiteños residentes en el centro de la ciudad. Doña Margarita observó con agrado la idea de su esposo y la aprobó, de todas maneras todo lo concerniente al niño en ausencia de sus padres, pasaba por su responsabilidad.

-Me parece bien, pero tendrán que ir los dos sin mí, mis rodillas no soportarían, solo de pensar en lo que sufrirán al subir esa enorme cuesta, me duelen antes de ascenderla; no está por demás pedirte que tengas cuidado con Pablito -le dijo la afable señora-.

Don Pascual tenía todo el camino libre, solo faltaba avisarle al Padre Hermidas y la operación se realizaría en lo que dura un bautizo, y así lo hizo, fue al convento de La Merced, y quedó de acuerdo con su amigo en que traería al niño a la hora definida, justo a las once de la mañana, antes del mediodía. Don Pascual sería el padrino y le compraría una ropa blanca de terciopelo fino para Pablito, tuvo dos acólitos que le sirvieron para esos encargos y espiar a Doña Margarita para que no se enterase, eran de extremada confianza, se encargaban de la logística de las meretrices que Don Pascual y su socio contrataban para su burdel.

Al día siguiente todo estaba preparado, Don Pascual "lo llevaría a las carreras de carritos de madera"; el padre Hermidas esperaría puntual a las once, sería una ceremonia en secreto, solo lo acompañaría su más fiel sacristán.

Hasta que por fin llegó el momento, Don Pascual y el niño vestido de blanco se acercaron al altar, las puertas de la iglesia se cerraron y empezó el ritual.

-¿Con qué nombre le llamaran a este niño? -dijo el clérigo-.

-Pablo Scott - manifestó Don Pascual, quien era a la vez papá, madre y padrino-.

-¿Qué has venido a buscar a la iglesia?

-El sacramento del bautismo -volvió a contestar Don Pascual al sacerdote-.

Mientras continuaba el ritual, en la mente tierna de un niño de cinco años, esto no era más que una visita de esparcimiento, donde Don Pascual le dió un montón de dulces, y un señor con una bata ploma le mojaba la cabeza para disipar el tenue calor de verano. El padre Hermidas continuaba con la liturgia, igual como si estuviese ante muchas personas, no dejó de lado ningún elemento de la liturgia bautismal:

-El bautismo, por medio de la realidad visible del agua, trata de mostrarnos lo que acontece en el interior del bautizado. El agua es símbolo de la vida, de la limpieza, de la regeneración y la fecundidad. También por el agua llega la muerte y la resurrección. Por medio de esta oración vamos a desvelar los elementos simbólicos del agua y a unirlos a la salvación de Dios, para que captemos y quede expresado todo el contenido de nuestra celebración: muertos al pecado y por la unión a Jesús.

Oremos, hermanos, al Señor Dios todopoderoso, para que conceda a este niño la vida nueva por el agua y el espíritu...

El bautizo duró 43 minutos, Pablo Scott, ya era un miembro más de la Iglesia Católica Apostólica Romana. "Su alma se había salvado".

CAPÍTULO 29

Al frente estaba la maestra, miró con sus ojos negros grandes como la luna llena, cual águila busca su presa. Los niños de cuarto grado atemorizados la observaban cada uno sentados. Al parecer todo estaba controlado, el silencio regresó de nuevo, la maestra Elvira había tomado otra vez el control.

-*Es incomprensible su comportamiento, apenas me voy un par de minutos del salón y provocan un bullicio* -dijo enfadada la maestra-.

-*Ya tienen casi nueve años, y no pueden seguir comportándose como niños sin modales, solo hay unos pocos que merecen mi aprobación, usted niño Scott, ¡póngase de pie!; ha sido escogido por la dirección de la escuela para que nos represente en el concurso local de oratoria.*

Pablito no podía disimular su alegría, el rubor de la cara lo delataba, su sonrisa entrecortada lo desnudaba; unos cuantos compañeros de aula soltaron en aplausos, otros se quedaron en silencio carcomiéndose por la envidia. La maestra continuaba:

-*El licenciado Jorge Núñez será su tutor, tienen treinta días para preparar el tema. Espero que como siempre haga su mejor esfuerzo niño Scott, todos esperamos lo mejor de usted. Su tutor le buscará y le dará las instrucciones, continuemos en la clase, la fauna y flora ecuatoriana...*

-*¡Pablito alzó la mano!*

-*Le escucho niño Scott*-dijo la maestra-.

-Estoy muy seguro de que existen en esta aula de clase y en las otras, muchos niños que pueden hacerlo igual o mejor que yo, pero quiero agradecer la confianza a mí otorgada por la institución, y quiero prometer que el día que concurse, no lo hará Pablo Scott, lo realizará esta escuela, que como un solo puño, llevará como el ave Fénix a ocupar los más altos puestos que se merece este establecimiento educativo.

A la maestra Elvira no le llamaba la atención la verbosidad de Pablito, esa había sido su trayectoria en el último año que lo había conocido, no en vano el Consejo Directivo de la escuela lo había elegido como su portaestandarte en el concurso de oratoria. La maestra Elvira asintió con la cabeza, diciéndole:

-Muchas gracias niño Scott, puede sentarse.

Ese día Pablito, llegó a la casa contando la novedad a doña Margarita y a su esposo, el niño sabía que su talento era casi innato, pero era muy consciente de que don Pascual tenía mucho que ver, pues mientras sus padres no estaban acudía con frecuencia junto a su padrino a reuniones de la élite católica. Allí conoció a varios sacerdotes con dotes de oratoria, uno de ellos era el padre Hermidas, pero había otros grandes predicadores que tenían la capacidad de obnubilar a los feligreses. Hubo un hombre que le impactó sobremanera, más que otros; y no era sacerdote. A inicios de los años setenta, cuando él apenas tenía cinco o seis años, por varias ocasiones observó el discurso del Presidente Velasco. Por décadas ese político había deslumbrado a los ecuatorianos, en especial a los quiteños, a él se le atribuía el dicho *"Dadme un balcón y seré presidente"*. El presidente Velasco tenía la capacidad de persuadir a las masas con su discurso claro, enérgico, y con una capacidad para cambiar el tono de voz en forma formidable, su legado populista y poco democrático lo desnudaban. Pablito era un niño, que a diferencia de otros de su generación, tenía esa afición por la palabra, por la oratoria.

Jhon al escuchar que su hijo había sido elegido para tal importante representación, lo abrazó.

-Hijo te felicito, eres nuestro orgullo.

Su madre quien apenas llegaba de su trabajo recibió la noticia con algarabía.

-Me haces sentir muy feliz, hijito mío.

Jhon y Angélica eran conscientes de que ellos muy poco habían aportado a esa destreza de su hijo, lo asumían en buena parte a la escuela pública en la que estudiaba, escuela que había sido escogida por ellos a pesar de que don Pascual en su momento les mostro su inconformidad. Él les sugirió que lo colocaran en una de las escuelas privadas católicas más reconocidas, pero los padres se negaron a pesar de que don Pascual quiso asumir los gastos que ese tipo de educación requería. Los Scott no creían en sotanas ni en religiones y preferían una escuela laica.

CAPÍTULO 30

El concurso se aproximaba, el licenciado Núñez había preparado por semanas el tema junto a Pablito, "el patriotismo"; era el tema de oratoria. No parecía un tema fácil en aquellos tiempos, aunque la dictadura militar que gobernaba el país se había adueñado del discurso folklórico *del ecuatorianismo nacionalista, dándole transcendencia en la población. Había malestar en un buen segmento de la gente por permanecer en dictadura y anhelaban regresar a la democracia* representativa. Observaban con disimulo aquel culto nacionalista que pretendía mantenerlos ocupados pensando retóricamente en los símbolos patrios, dejando de lado los graves problemas de pobreza que tenía el país. El patriotismo para la gente común alejada del poder tenía otra connotación. Para el licenciado Núñez, quien era un maestro veterano de gran vocación, la patria no era una retórica nacionalista. Recordaba siempre un dicho aprendido en su natal Guaranda de la poetisa Elisa Mariño de Carvajal: *"Amar a la Patria no es esclavizarla. Ni hacer de sus hombres débiles rebaños, amar a la Patria es sacrificarse. Por ella leales, sin odios, ni engaños"*.

El venerado maestro sexagenario había tenido desde niño la pasión por la docencia, de padres campesinos y analfabetos, había adquirido el hábito de la lectura gracias a la escasa literatura católica que llegaba a la capilla de la comuna. Un cura dominico que llegaba de vez en cuando a predicar la palabra impregnó de curiosidad al niño; muy pronto lo convenció para que ayudara a enseñar la palabra de Dios en el catecismo a otros niños de su misma edad, desde allí inició su apasionamiento por la enseñanza. Estudiaba en una de las pocas escuelas de la comunidad , caminaba de niño casi cinco kilómetros diarios para llegar a la escuela más cercana y recibir sus clases, luego tuvo que irse a vivir a la ciudad para continuar con la educación secundaria, la gran capital Quito lo acogió, allí también hizo sus estudios universitarios.

Una vez acabada la meta de ser maestro titulado, fue asignado a una escuela rural, aguantando sol y lluvia por largos veinte años en las zonas campestres de un pueblo cercano a Quito, el frío de la sierra socavaba los huesos, las diarreas y la desnutrición minaban las esperanzas de los niños, parecía que los años no pasaban por allí. El Gobierno central muy poco se preocupaba por la educación en los campos, los sueldos llegaban tarde y eran paupérrimos, las estructuras de las escuelas apenas soportaban los fuertes vientos que afectaban sus cimientos. Así el maestro Núñez sacó de la ignorancia a cientos de indígenas y campesinos por varios años, les enseñó no solo las ciencias de las letras y de los números, les inculcó la ciencia del desarrollo y de la prosperidad. Pensaba firmemente en que un pueblo educado no era suficiente, había que darles armas para el desarrollo y el emprendimiento. Aprovechó lo fértil de esas tierras y las experiencias de los hombres y mujeres del campo, buscó ayuda técnica para mejorar en cantidad y calidad la producción agrícola. La papa, la cebolla, el tomate y las moras eran lo que esa bendita tierra daba sin amilanarse.

Creó cooperativas de producción con el fin de mejorar los precios de las ventas de los productos; los mejores estudiantes accedieron a las universidades, él mismo los preparaba para su ingreso. Algunos se quedaron en la gran ciudad, pero otros regresaron como maestros, médicos, ingenieros o veterinarios a mejorar las condiciones de su propio pueblo. El licenciado Núñez ya había hecho patria. Desafortunadamente una enfermedad incapacitante lo trajo a la gran ciudad.

La escuela donde trabajaba en Quito le tenía aprecio y consideración, por lo que le confiaba muchas tareas de vital importancia para la institución, una de ellas la oratoria, él sabía por su vasta experiencia cómo llegar al punto de convergencia, solo necesitaba un chico con talento para expresar esas palabras, ese niño era Pablito.

-*Vamos Pablito repasemos una vez más.*

-*Sí señor* - le dijo solícito Pablito-.

-*Recuerda antes de repasar, debes sentir lo que dices, no se trata de solo repetir de memoria palabras que sean bonitas y que tengan rima, cada frase u oración debe ser sentida por lo más hondo de tu ser. Cuando me dijeron que este era el tema en mención, pensé en ti, los temas están hechos para el orador, no el orador para el tema. No puedes fingir por mucho tiempo algo que no lo sientes como tuyo.*

Las palabras del maestro Núñez eran un bálsamo de sabiduría.

El día había llegado, Pablito estaba inquieto por demostrar lo aprendido con su maestro, no podía disimular el temor que estos encuentros traían consigo, su escuela había quedado en los primeros lugares en los últimos años; él no podía ser la excepción, tenía que demostrar que estaba hecho para ganar, pero en su interior sucumbía el miedo de fracasar. Había doce participantes, entre escuelas públicas, privadas laicas y católicas. El salón de actos del Municipio capitalino estaba repleto, en primera fila estaban su madre y Jhon, también Don Pascual y Doña Margarita le acompañaban como si se tratara de una competencia donde se decidía la vida o la muerte. Don Pascual se creía su mentor, en realidad sí lo era, y eso desde ya le daba un ego irracional, esperaba con esto dar un golpe inequívoco en el desarrollo del muchacho.

El acto inaugural empezó, cada uno tenía veinte minutos para participar, habían tres jueces: el rector de la universidad pública de la ciudad, el director de un periódico, y el delegado del Ministro de Educación. Pablito por sorteo sería el último en orar.

Justo a las ocho en punto de la mañana, inició el primer participante y uno a uno fue advirtiendo sus dotes oratorios, uno mejor que otro, hasta que llegó el turno de Pablito:

-*Señores y Señoras:*

-*¿Quién quiere hablar de Patria? ¿Acaso los muertos en vida? ¿O quienes muertos retumban en el alma y las conciencias de cada ecuatoriano que día a día hace renacer el espíritu de Sucre y de Bolívar? Tú, maestro que llevas el saber a cada conciencia disipada, que iluminas con tu fervor de clarividencia el conocimiento cumbre del poder y la verdad; tú, maestro que como Montalvo, irrumpes con tu pluma el sendero escabroso de la esclavitud. ¿Qué me dices tú, cuidador de vidas, que de luna a luna cuidas el santuario de la vida, que sorteas con pulcro el devenir irresoluto de la muerte? Oh ¿y tú, por qué* *te escondes? ¿Acaso tu fuerza no tiene valor? ¿Acaso las ropas, las pitanzas, y las tapias no necesitan de tus manos laboriosas para poder nacer? ¡Sí! tú, obrero de la lana, del aceite y de la plata, eres la vida, eres la Patria. Y el campo ¿dónde está?, se preguntarán mis atentos concurrentes. Del campo crece la vida y la esperanza; cada fruto, cada árbol, cada pedazo de vida que protruye la fértil tierra, es moldeado por las benditas manos del hombre del agro, dichosos los que gozamos sus dulces néctares. ¡Oh Ecuador tierra de exquisitos manjares!.*

¿Y las amas de casa?, ¡Que de sol a sol cuidan el santuario que llamamos hogar, que siendo una se multiplica para lavar, planchar, cocinar y arreglar la morada, que cuida prolijamente el sueño de cada alma que se cobija debajo de las sábanas! ¿Y qué hay de ti, pobre desocupado, que caminas debajo de la brasa asolada, buscando un trabajo muy anhelado? Tú también eres Patria aunque no tengas una actividad remunerada, cada poeta, escritor, cantante o comerciante que tiene en su alma.

El salón retumbaba de los aplausos, todos se pusieron de pie, Pablito ganó por unanimidad. No defraudó la confianza, pasó mucho tiempo para que alguien pudiera emularlo.

CAPÍTULO 31

Hacía casi nueve años Edward había visitado a su hijo en Quito, desde ese momento Jhon mantenía comunicación por correo, las cartas que recibía tenían siempre el matiz de lo impredecible. Siempre leía la correspondencia a solas, no quería que nadie lo observara, antes de abrir cada una de ellas sentía una sensación de nerviosismo, le temblaban las manos e incluso sentía náuseas y mareos. Recibía todo tipo de noticias, positivas y negativas, de sus compañeros de aventuras, y de su familia. La última vez recibió una noticia que le hizo llorar, Marcus, uno de los mentores de la organización, había fallecido, una enfermedad terminal lo acabó. La noticia le afectó grandemente, siempre consideró su sobriedad e inteligencia emocional para resolver los problemas como una de sus principales virtudes. Marcus no estaba casado, ni tenía hijos, había dedicado su tiempo y su vida por las reivindicaciones anticonceptivas, toda una vida de sacrificios que al final había sido reconocida por su propio país, otorgándole una condecoración por el alcalde Robinson de Nueva York.

Jhon tendría que recibir otra carta, pero esta vez en la embajada norteamericana, un amigo le llamó por teléfono para que la recibiera directamente del agregado cultural. Eso le pareció misterioso, de todas maneras no podía hacer esperar a sus compatriotas, salió de su trabajo y llegó al lugar, no estaba tan lejos. Se identificó y pasó las seguridades sin mayor inconveniente.

Al fondo de la última sala, muy cerca de la del embajador, el señor James Hodges, agregado cultural, lo recibió con una sonrisa, le extendió la mano y le entregó una carta, y le advirtió.

-Lo que dice en esa carta es lo que te diré en pocas palabras.

El hombre respiro breves segundos antes de proseguir.

-Tu padre Edward y yo éramos amigos, falleció la semana pasada, lo siento mucho.

El rostro de Jhon se quebrantó, era la primera vez que conocía al hombre que le dio la noticia, sin embargo eso no le importó y dejando cualquier rasgo de vergüenza lloró. El señor Hodges le entregó una toalla para que limpiase las lágrimas que aunque pocas, el grosor era capaz de mojar cien hojas, mientras después de un precario silencio prosiguió:

-El gobierno le entregó a tu padre y a otros compatriotas, una condecoración por sus aportes al desarrollo de la anticoncepción del país, debes estar orgulloso de él. Yo estaré poco tiempo acá, si deseas te dejo la tarjeta de un amigo que trabaja en una compañía petrolera de nuestro país, requieren personas para que trabajen en seguridad, tú tienes experiencia y la empresa requiere de gente talentosa como tú, mejor si eres norteamericano.

Jhon, muy parco, agradeció el gesto, sujetó la tarjeta, la carta y se fue.

En la calle mientras acudía a su casa, sus pensamientos lo aturdían, no lo podía creer, su padre había fallecido, aunque sabía que era parte de las leyes de la vida, sentía que la muerte de su progenitor le había dejado un vacío, tal vez sentimientos de culpa por no haber pasado junto a él los últimos años de vida. Recordaba con nostalgia los gratos momentos con él, y también los desagradables, como cuando murió su madre Polly y casi es apresado por tratar de atacar a unos gendarmes. Justo en ese momento de pensamientos dolorosos, decidió sentarse en una banca del parque La Alameda, sentía que no podía seguir más, era como si un pantano lodoso le impidiera continuar, no podía controlar sus pasos y encontró en esa banca el espacio para resguardase del mar de pensamientos que lo afligía. Pasó horas sentado en esa fría banca, mientras observaba a la gente caminar, las barcas cruzar la corta laguna, los vendedores gritar sin cordura.

Angélica, en su casa, comenzó a preocuparse, el reloj marcaba las diez de la noche y Jhon no daba señales de vida. Pablito se había dormido, junto a un libro de historia que le había regalado su padre. La puerta de Doña Margarita, que estaba sola, era golpeada suave pero insistentemente, casi estaba dormida debajo de la plácida cobija, su marido Don Pascual estaba en su antro, pero para ella él estaba en la bodega.

-*¡Soy yo Doña Margarita!* -dijo con mansa voz Angélica-.

-*¿Qué sucede?* -preguntó con asombro la venerable señora-.

Se levantó de la cama, se puso más ropa encima, abrió la puerta y entró Angélica.

-*Perdóneme Doña Margarita la hora, debe haber conciliado el sueño, pero estoy preocupada, Jhon no regresa a la casa y esto nunca ha pasado. ¿No sé qué hacer?*

Doña Margarita era siempre un manto de paz, era incapaz de aturdirse frente a cualquier inconveniente, era lenta pero segura, muy cariñosa en el momento de buscar la solución a un problema de sus seres queridos. La sujetó de la mano y le pidió que se sentara en la cama junto a ella.

-*Mi querida Angélica, ¿Jhon venía del trabajo?*

-*Sí* -le contestó moviendo el mentón positivamente, Angélica-.

-*Entonces lo buscaremos en la ruta de regreso a casa, pero quiero que sepas que en esta ciudad son muy contadas las desgracias, todavía podemos caminar por las calles de la ciudad sin sufrir percance alguno. Voy a pedirles a Pascual y a José que nos acompañen, y verás que todo se resolverá.*

No fue necesario pedir ayuda a nadie, Jhon entró por la puerta y abrazó a su esposa. Le dijo lo sucedido y ambas mujeres consolaron al triste hombre. Doña Margarita le ofreció una taza de café, de las que tanto le gustaban a Jhon, no podía faltar el pan y una tajada de queso.

Cuando todo estuvo en calma, se retiraron a su morada, no sin antes agradecer la atención de tan preciada mujer, Jhon y Angélica ingresaron a su habitación abrazados mientras observaban a su pequeño hijo dormido como un querubín. Jhon se sacó la ropa y cayó la tarjeta que le diera el agregado cultural norteamericano. De inmediato la recogió.

CAPÍTULO 32

La humedad era desproporcionada, los árboles se movían en sincronía con las ráfagas de viento, la luna se escondía en la reinante noche, mientras los animales nocturnos presumían sus danzas salvajes. En medio de la selva un campamento estaba repleto de obreros que esa noche habían llegado desde Quito para la extracción de petróleo de un pozo cerca de la ciudad amazónica de Lago Agrio, el boom petrolero estaba usufructuando las tierras del Oriente ecuatoriano. Cada vez se requería de mano de obra calificada, trabajadores nacionales y extranjeros eran reclutados por empresas petroleras que eran contratadas por la dictadura militar para inyectar recursos económicos al país. El petróleo llegó a representar más del 50% del total de exportaciones a mediados de la década de los setenta.

Las empresas petroleras requerían hombres dispuestos a trabajar veintidós días seguidos, con largas jornadas diarias de casi diez horas en medio de condiciones hostiles de la selva, solo tenían ocho *días de descanso, donde podrían visitar a sus familias, o como algunos quedarse bebiendo unos tragos o gastando su dinero en los burdeles del lugar. Sin embargo el esfuerzo valía la pena, la remuneración era significativa, en especial para extranjeros como Jhon Scott, quien había tomado la decisión de unirse al grupo de obreros contratados por una empresa petrolera estadounidense. Lo pensó mucho antes de viajar al oriente, dejar a su esposa y a Pablito en Quito, no era algo que le confortara.* Pero junto a Angélica habían calculado que trabajando unos tres o cuatro años alcanzaría el dinero para comprar una casa en las afueras de Quito, donde lograrían rehacer una vida nueva. La tarjeta que le dio James Hodges le ayudó a conseguir su propósito, estaría agradecido con él toda la vida.

Con el pasar de las semanas, Jhon se había ganado la confianza de sus jefes norteamericanos y se le tenía asignado el puesto de jefe de seguridad, participaba activamente de los planes de contingencia que se requería para evitar accidentes internos, pero sobre todo agresiones externas hacía la empresa. La incursión petrolera había doblegado la vida sosegada de grupos de nativos. Estos habían arremetido por varias ocasiones en contra de las instalaciones petroleras. Jhon tenía que lidiar con eso, su antecesor en el puesto, había perdido una pierna en el cumplimiento de sus funciones, una lanza atravesó su rodilla derecha. El hombre había sido emboscado cuando perdió contacto con una cuadrilla de trabajadores que intentaban hacer unas mediciones. De pronto se perdió en la selva, unos indios desde lo más alto trataron de capturarlo para utilizarlo como prenda y forjar la salida de la petrolera de la selva, sin embargo este huyó, y fue alcanzado por una lanza venenosa, a pesar de aquello logró llegar al refugio, sin embargo fue demasiado tarde, nadie pudo salvar su pierna.

Esos antecedentes no amilanaron a Jhon y comenzó a dirigir su trabajo, con el apoyo de los patronos.

Enseguida preparó a un grupo de trabajadores para proteger el campamento, les enseñó lo que había aprendido toda la vida, las técnicas de defensa y ataque personal. Por otro lado dirigiría una misión para llegar a acuerdos con los nativos, sabía que probablemente no todos desearían un acuerdo. Pero Jhon pretendía fortalecerse a la vez por dos lados, "la fuerza y la razón"; conocía a la perfección que si acorazaba en la vanguardia y en la retaguardia, de todas maneras saldría ganando.

Unos de los trabajadores nativos que se había occidentalizado fue el enlace, se llamaba Mati, hacía un par de años había dejado la selva, su función era la de ayudar a escavar los pozos, pero también era conocedor de plantas y animales de la zona que podían salvar o matar una vida. Muy pronto vino con respuestas:

-¡Jefe Jhon!

-*El maestro Apuk, quiere conversar con usted directamente* -dijo Mati, quien sudoroso y cansado se acercó a Jhon-.

Apuk era una palabra kichwa que significaba "jefe", quien era el que con sabiduría dirigía la gran comuna, Apuk también era un guerrero, el kichwa era el idioma de la mayoría de los nativos de la zona. Jhon ordenó los preparativos para recibir a Apuk y su delegación como se merece un jefe indígena.

Al día siguiente todo estuvo listo.

Entró por la puerta un hombre que estaba solo cubierto por un taparrabo de algún elemento vegetal, de pequeño tamaño, casi pigmeo, piel morena y con un rostro serio, descalzo, llevaba una lanza, que prometió a Mati jamás usar, mientras estuviera en el diálogo con los petroleros. La sala donde recibieron al indígena estaba adornada de flores de diversos colores, en el centro una mesa con un mantel blanco, con comida, había de todo: carnes de vaca y cerdo, arroz, yuca, plátanos verdes cocinados, agua e incluso chicha preparada por nativos occidentalizados. La chicha era un líquido jugoso típico de las tribus indígenas hecho a base de yuca, la mayoría de las veces masticada con la boca, pero esta vez usaron unos molinos para triturarla y sacar el jugo. Cuando esta chicha se ofrecía en las comunas indígenas era sinónimo de bienvenida, mas su negación a beberla se consideraba un desagravio de los visitantes. Jhon conocía todos esos rasgos culturales y sociales, por lo que optó por utilizarlos a su favor y conseguir la apertura del jefe indígena.

Jhon y otros tres funcionarios de la empresa petrolera, observaban el ingreso de la comitiva indígena, en realidad eran solo dos, Apuk y Mati; esperaron unos minutos para acercarse y saludar, pero repentinamente recibieron estas palabras:

-¡*Sapalla munanchi shuk muluk!* -dijo el jefe en forma enérgica-.

Mati, quien hacía de traductor, les dijo a los presentes lo que había dicho el benemérito guerrero kichwa.

"Solo queremos una cosa"

Apuk continúo…

-¡*Uki maquinas han wakllichichishka ñukanchikkuna yura wiwapash!*

"Sus máquinas han destruido nuestras plantas y animales"

Jhon enseguida quiso entrar en la negociación, miró a Mati para que le siguiera en la traducción:

-*Nosotros estamos dispuestos a corregir esos daños, a cambio dotaremos a sus comunidades de todo lo que ustedes necesiten.*

<ñukanchi kanchik dispuestos ta allichina chaykuna daños ta yankiyani dotaremos ta uki uchilla-llakta tukuypak iwkayashkara kankuna mutsunkichi.>

El jefe indígena luego de recibir la traducción de Mati, observó a sus ojos y le dijo:

Wakllini ña kay rashka conj mana podrán rinallana shinalli chayma urkupak iwka chinpan riachuelo. Ari rurankichiyashkara ñukanchi ñitina.

"No podrán avanzar más allá de la montaña que cruza el riachuelo, si lo hacen nosotros atacar"

La corta conversación terminó. Apuk se dió la vuelta y salió de la sala. Jhon ruborizado por la frontalidad del jefe indígena entendió que era el momento de aprovechar la propuesta, esta conseguiría traer imperturbabilidad para la empresa, ¡y así fue! Los directivos de la empresa aceptaron el trato. No se acercarían más allá de la montaña y el riachuelo.

CAPÍTULO 33

El viaje de regreso fue cansado, pero la satisfacción que embargaba a Jhon era placentera, había logrado llegar a un acuerdo con los nativos para evitar brotes de violencia, eso les daría tranquilidad a la empresa petrolera para hacer su trabajo en paz. Ahora lo único que deseaba era ver a su esposa, a su hijo y descansar, llegó a la pequeña terminal de transportes de Quito, y de allí caminó hacia su casa, en el trayecto observaba a esa ciudad llena de encanto de la que se había enamorado. Ese día había fiesta, un desfile alegórico cruzaba las estrechas calles céntricas de la urbe, jóvenes colegiales con trajes multicolores entonaban junto a flautas y tambores amenas melodías. Una marcha sincronizada de cadetes de un colegio militar al son de música nacionalista cruzaba las calles mientras la gente observaba; más atrás un carro adornado con flores y colores ostentaba la belleza de una mujer, y así largas cuadras de gente que exhibían músicas y danzas completaban el folklórico desfile en aquella mañana de sol. Sin embargo Jhon no se distrajo por ningún momento, como siempre anhelaba estar con su familia, en especial con su esposa, los prolongados 22 días de abstinencia sexual lo tenían como una máquina a vapor a punto de explotar.

¡Al fin llegó!

Un abrazo lo recibió con dulzura, era Angélica, los dos estaban solos, y lo estarían por varias horas. Él, la abrazó, y beso, estaba excitado, el cuerpo de ella templado para la sensualidad portaba un ceñido vestido rosado. Jhon pasó sus manos rudas por encima del vestido, una y otra vez con rítmico compás, mientras su boca reposaba en su cuello, le abrió el cierre de la prenda y pudo desvanecerse en la piel cálida y excitada de su mujer. Ella no se quedó atrás y mientras él besaba sus senos, lo tomó entre sus glúteos y pasó a la parte frontal, aprensó sus genitales muy gradualmente y su mano suave como la gamuza, frotaba una y otra vez el falo de su marido. El juego sexual que se brindaban mutuamente era picaresco, él dejó de besar sus senos, suavemente bajó su cara hacia sus entrepiernas, allí neciamente se quedó enganchando disfrutando los sabores de una pasión desenfrenada, ella gemía, disfrutaba de la ocasión, no deseaba que terminara. Ahora ella lo tomó de los hombros y lo acostó en la colchoneta, se sentó encima y galopante comenzó una danza sincronizada que se fue haciendo más grosera, eso a él le excitaba, quería que fuera más violenta, su pelvis estaba lista para soportar las embestidas de su mujer encabronada. No dudó en aportar con la embestida moviendo sus muslos hacia ella, el éxtasis estaba cerca para la mujer, y tuvo un orgasmo sicalíptico. Pero ella quería más y el hombre ensimismado en su loca excitación, muy competente estaba dispuesto a seguir complaciéndola, le colocó de espaldas y fue acariciándola hasta hacerla llegar al éxtasis otra vez. Esta vez terminaron juntos y se entrelazaron en un mar de caricias sintiendo sus cuerpos desnudos debajo de una tibia sabana, adormilados luego de la pasión.

Al día siguiente la mañana era iluminada por un sol resplandeciente que tentaba a seguir adormilados, pero Pablito golpeó la `puerta de sus padres.

-*¡Ya es hora!, son las nueve de la mañana* -gritó del otro lado de la habitación el muchacho-.

-*El parque nos espera, decía con agitación.*

-*sí hijo, ya nos alistamos, desayunamos y salimos* -contestó todavía perezoso Jhon-.

Un grupo de árboles de eucalipto adornaban el paisaje, los Scott acudieron a las afueras de la ciudad donde el aire era más puro, llevaban comida; papas, mote y aguacate; un pollo frito acompañaba la pitanza. Doña Margarita a veces les ofrecía pasteles de manzana preparados por ella, era el postre perfecto para la familia Scott. Luego de un pequeño periplo llegaron a una cumbre donde decidieron descansar, desde aquel lugar se observaban los imponentes volcanes "Guagua Pichincha" y "Rucu". Se acostaron los tres en la hierba y abrazados miraban el despejado cielo de Quito, mientras conversaban, le proporcionaban formas y nombres a las figuras que daban las pocas nubes que embellecían el celeste cielo. Jhon les contaba las aventuras en la selva amazónica y sus peripecias con los nativos del lugar. Angélica platicaba sobre sus diversos menús mexicanos, lo fuerte que había crecido el negocio y cómo se había multiplicado el trabajo. Pablito los escuchaba y disfrutaba de la compañía de sus padres, la paz interna que experimentaban era relajante que parecería imposible que algún momento esa tranquilidad podría peligrar.

¡Ya era hora de comer!

CAPÍTULO 34

El burdel de Don Pascual esa noche estaba repleto, las nuevas adquisiciones hicieron que muchos "feligreses del santo pecado de la fornicación" llegasen de todas partes. Obreros, universitarios, desempleados, comerciantes, periodistas, médicos y hasta uno que otro cura en el anonimato, visitaron el lugar. Esa noche se presentaba "La Indomable" una escultural cabaretera colombiana, que era la sensación del momento, sus bailes giratorios, su contorneada cintura, y sus esculturales y grandes senos, traían a todos a mal andar. Es que "La Indomable" además tenía un manejo escénico impecable, no era solo cuerpo sensual listo para saciar, era elegancia, pulcritud hasta para discurrir con poca ropa.

En el lado de enfrente, en la paz de los hogares que a esa hora dormían, Pablito no podía conciliar el sueño, su padre hacía pocos días había partido otra vez al Oriente. Lo extrañaba, su madre dormía plácidamente, el trabajo en el restaurante la tenía siempre asediada, llegaba, saludaba a su hijo, comía, se bañaba, y luego de conversar unos minutos con su vástago se dormía. Era viernes y la noche de verano quiteña no estaba tan fría como de costumbre, así que Pablito se colocó una manta, se puso sus sandalias y salió al pasillo a divisar la noche estrellada. Mientras miraba las estrellas galopantes que cubrían como un la ciudad, escuchó un ruido lejano que venía de atrás, a él le pareció melodioso, una combinación rara entre tango y rock. Su curiosidad no pudo más, bajó las escaleras suavemente y como si una hipnosis se hubiera encargado de él, avanzó raudamente hasta el patio de atrás, allí estaba la pequeña casa, unas luces de colores embellecían el lugar, focos de color rojo y azul daban la bienvenida, no había rótulos.

La curiosidad ahondó más cuando Pablito escuchó la música con mayor claridad, era una polka checa de mucha distinción, los aplausos y griteríos no faltaron. Pero el niño quería entrar, y era consciente que no lo podía hacer por la parte de en frente, le daría vergüenza que un niño en pijama entrase a un lugar de gente desconocida para él. Buscó por la parte de atrás un ventanal o algo parecido, hasta que encontró el sitio perfecto para curiosear, lo que sus ojos vieron lo dejaron marcado para toda la vida.

Una mujer adulta con muy poca ropa bailaba al son de esa música rara para el muchacho. Alrededor, muchos hombres gritaban y aplaudían sin cesar. Otras mujeres desnudas contorneaban sus finos cuerpos al son de la melodía en la parte de atrás del escenario, sus senos perfectamente contorneados colgaban desnudos. Solo una pequeña tela cubría los genitales.

Pablito comenzó a sudar, sentía como sus respiraciones se aceleraban en sincronía con los latidos de su corazón. Nunca había visto tal espectáculo a pesar de haber vivido por muchos años cerca de aquel. A pesar de su corta edad, esas imágenes lo comenzaron a inquietar. Sus genitales comenzaron a humedecerse y una leve erección estaba por ascender, sus manos también estaban sudorosas y resbalosas, trataban de agarrar el vidrio del ventanal, lo que era casi imposible. Su cuerpo se aferraba sujetándose a la pared, por inercia su pene casi erecto frotó directo hacia la muralla fría que lo atajaba, las sensaciones que experimentó en ese momento fueron únicas, era la primera vez que su cuerpo se autoexploraba con el roce de una estructura dura y fría, le gustó mucho y el frote lo repitió una y otra vez mientras observaba el circo de las meretrices.

Al interior de la casa de citas, la fiesta estaba ardiendo, varios clientes entraban como en procesión uno a uno con las chicas a sus habitaciones. La Indomable, por su parte, seguía deleitando al público, Pablito también se amenizaba a su manera, fue tanto el desparpajo que el niño dio un mal paso, resbaló y una pequeña caída le provocó un fuerte trauma en el tobillo. Un grito desesperado retumbó el lugar, miró arriba mientras se revolcaba del dolor en el piso, Don Pascual lo miraba como una sombra entumecida por el frío. De inmediato agarró al muchacho y se limitó a decirle:

-No le digas a tu madre lo que estabas haciendo, pero no lo vuelvas hacer, eres muy pequeño para observar esto.

Don Pascual llevó al niño hasta su habitación junto a su madre, ella adormilada preguntó por lo sucedido:

-Es solo un golpe, ponle hielo, ¡estará bien! -le contestó Don Pascual, retirándose a continuar en sus labores-.

El resto de la noche fue interminable para Pablito, en su mente flotaban las imágenes impúdicas que jamás había observado. Esos senos globosos y atractivos, esos cuerpos estructurales, esos bailes eróticos, todavía no podía entender esa realidad a la que algún día iba a estar abocado; de todas maneras, lo que vio esa noche no podía sacar de sus pensamientos. Su madre le colocaba el hielo casi dormida, hasta que el dulce sueño los acobijó a ambos hasta el amanecer.

CAPÍTULO 35

Al día siguiente, don Pascual quien había tomado el control del niño, en especial cuando no estaba el padre, le pidió permiso (como pura formalidad) a Angélica para llevarlo al parque, en realidad lo llevaría donde el padre Hermidas, el niño tendría que ser perdonado, por el pecado de fisgonear, de observar cuerpos desnudos y de llevarlos a un pensamiento lujurioso. El chico arrepentido sería lavado con el agua bendita para su salvación. Pablito, quien con nueve años, era fácil de doblegar, siempre era coartado para no contarle nada a nadie, en especial a sus padres de sus andanzas con el prelado y con don Pascual. A pesar de la reprimenda sacerdotal, no pasó ni una semana y el muchacho quería volver a curiosear, por su mente no dejaban de pasar aquellas imágenes sensuales que lo cautivaron. Esperó otra vez que su madre se durmiera y enseguida empezó el trayecto, ese trayecto que lo llevaría a sentir sensaciones que las descubrió exquisitas y relajantes. Era viernes y esta vez, lo que vio por la ventana no era tan pomposo como la primera vez, sin embargo observó el baile sensual de una docena de mujeres casi desnudas, una más hermosa que otra que al bailar desplegaban erotismo y desenfreno rijoso en los libidinosos. El niño se posó en el mismo ventanal que le había acogido la vez primera, en el mismo lugar que por accidente se golpeó el tobillo, otra vez sintió el frote de sus genitales…hasta que…

-¡Auxilio! ¡Auxilio! ¡Que alguien me ayude! -gritó don Pascual, escandalosa y desesperadamente desde su departamento-.

-Mi mujer se muere, necesito un doctor ¡Auxilio! ¡Auxilio!

En ese momento acudieron en su ayuda, encontraron a Don Pascual llorando, abrazando a su esposa inconsciente, cianótica y sudorosa, ya no respiraba. Se acercó uno de los acólitos del viejo para tratar de verificar si había vida todavía, le fue imposible, los nervios del momento le atosigaron. Llamaron al doctor González, quien vivía a una cuadra, este en pijama y con los pelos de punta, fue de inmediato donde la moribunda. Allí encontró lo que el médico recordó después entre copas y amigos, el cuadro de un hombre duro, pero devastado y frágil, caído por primera vez a los designios de la desgracia, su mujer había muerto.

Pablito, quien se encontraba afuera en el patio junto a los infaltables curiosos y buenos samaritanos, estaba junto a su madre esperando el desenlace. *Él* lo intuía, estaba serio y mirando fijamente la puerta donde vivía esa anciana que lo había cuidado y protegido durante años, que le brindó siempre una sonrisa y sus palabras vertían bálsamos de manzanillas que le relajaban su alma. Pocos minutos después, un mar de lágrimas regó el lugar, desde el departamento donde vivía doña Margarita salieron varios quejicosos con lágrimas en sus ojos, y a la vez entraron otros, entre ellos Angélica, quien verdaderamente sintió el dolor de la pérdida de la mujer. Se acercó a su cuerpo y abrazó a don Pascual, dejó entonces caer el regazo de su llanto en el cadáver de la matrona. Pablito no quiso entrar, sabía que estaba muerta, era consciente de aquello, pero corrió despavorido a su dormitorio, abrazó una almohada y no quiso salir de ella durante horas.

La muerte de doña Margarita le afectó sobremanera a Pablito, probablemente más que a su propio marido, quien pocos días después disfrutaba de las delicias del placer y continuaba libremente con sus negocios, y quien nunca contó a nadie que minutos antes de que falleciera su mujer, habían tenido una fuerte discusión. Ella se había enterado que era dueña de un prostíbulo sin saberlo, que el cuento del alquiler, era eso, un cuento de don Pascual que había fraguado con desfachatez y sin escrúpulos. La discusión subió de tono y la señora se desmayó para nunca más levantarse.

Jhon, que se había enterado de la muerte de Doña Margarita en el Oriente, estaba también compungido. Le preocupó que su hijo estuviera varias semanas sin comer bien y decaído. Mandó una carta a Angélica, en donde les proponía que le visitasen en tierras amazónicas. El viaje sin duda les daría nuevos aires.

El corazón de Pablito latía a mil, la emoción de conocer tierras lejanas le alucinaba. Había leído y escuchado del vulgo impiadoso de la gente que en el Oriente ecuatoriano, existían grandes árboles que acariciaban los cielos, que animales salvajes de diversos colores y tamaños amenazaban a la gente y que tribus de aborígenes con lanzas y semidesnudos estaban esperando carne mestiza para devorarla. En realidad, él no creía en muchas de esas fábulas, ni siquiera la muerte de doña Margarita lo tenía tan aletargado como para dejarse embaucar en mitos. Mientras el bus penetraba la densa selva, quería por sí mismo descubrir todo lo que había leído o escuchado, o lo poco que le había conversado su padre. El camino no era liso y los baches balanceaban el vehículo de un lado a otro. El chofer del bus tuvo que por varias ocasiones oprobiosamente bajar la velocidad para mantener el control. Esos detalles al joven le tenían sin cuidado; su mirada estaba dedicada a mirar el espectáculo selvático como si estuviese hipnotizado, no pestañeaba, su nariz engrasada apretaba los vidrios de los ventanales, hasta que por fin pudo observar los primeros animales: loros, iguanas, guacamayos, monos, y la densa humedad que empezaba a cobijar su piel.

En el pueblo, Jhon los esperaba con emoción, era la primera vez que su mujer y su hijo les visitaba en aquel lugar inhóspito. Había arrendado un pequeño departamento por un par de meses, el tiempo de vacaciones de Pablito. Angélica regresaría antes para laborar en Quito. La llegada fue enternecedora, un abrazo efusivo y cálido como el clima los encontró.

-*¿Qué tal el viaje?* -preguntó Jhon-.

-*Desesperante y tedioso* -respondió Angélica a su esposo-.

-*¿y a ti hijo?*

-*Fue emocionante, nunca había conocido unos paisajes selváticos, mucho menos estos, son tan hermosos, tengo curiosidad de adentrarme al interior y conocer de cerca toda su exquisita flora y fauna silvestre…es impresionante.*

Jhon no sabía si asustarse o enorgullecerse de la valentía de su hijo, pues aunque había aprendido a lidiar con muchos de los animales salvajes de la zona, sabía que no era un juego tratar con animales agrestes, pero estaba dispuesto a enseñarle el lugar al niño.

Pronto se acomodaron en el departamento, fueron a comer algo, y luego harían un viaje de unos treinta minutos hacia el campamento donde trabajaba Jhon. No solo la familia Scott había decidido pasar vacaciones en aquel lugar, otras familias emulaban lo mismo. Así que había otros jóvenes como Pablito, posiblemente igual que él, ávidos de aventuras y expectativas, el lugar era toda una fortaleza, al interior se encontraban grandes máquinas perforadoras, tubos enormes que salían de la tierra, y tanques morrocotudos como las torres de la Iglesia de la Compañía en Quito, todo eso se podía observar, era admirable a la mirada de cualquier curioso. Sin embargo, los visitantes tenían restricción para entrar a esas dependencias y contaban con un espacio solo para ellos, allí había juegos infantiles y juveniles, entretenimientos de mesa y libros. Todo un pequeño parque de diversiones, canchas de vóley, básquet, indor fútbol, incluso una cancha de tenis adornaba el lugar, posiblemente para los ejecutivos, pues a casi nadie le interesaba el deporte blanco.

Pablito hizo rápidamente amigos, Eduardo, Marcelo y Samuel, mientras sus padres disfrutaban de plácidos momentos de parejas, ellos decidieron explorar el campamento hasta "donde se les permitiera". Al interior ya no encontraron nada divertido, aunque lo hubiera, así que decidieron dar un vistazo al exterior, la selva misteriosa. Posiblemente el más interesado, en búsqueda de aventuras, era Pablito, pero Marcelo no se quedaba atrás. Eduardo y Samuel los seguían con cierta prudencia.

-¡Vamos muchachos! Avancemos por aquí, hay un camino despejado, tal vez si lo seguimos nos llevará a algún lugar -les dijo con emoción Pablito, quien dirigía el grupo-.

Ya era tarde y cada vez se alejaban del campamento, el intrépido Scott pudo observar muy de cerca a varios loros de plumaje verde con amarillo en la frente que cantaban en las ramas de un frondoso árbol de chuncho. Por sus pies pasaban azorados unos roedores de medio metro de longitud y cola de casi tres centímetros, llamados guanta; más allá se escuchaban los gemidos de un tigrillo, animal parecido al tigre, pero de menor tamaño, cuyo nombre científico era el *Leopardus tigrinus,* allí Pablito puso un freno a su furor, y les dijo a sus acólitos.

-No hagan ruido, este animal parece ser un tigrillo, generalmente es nocturno, pero por alguna razón que desconozco está despierto y anda suelto por aquí, quedemos quietos un rato...

Ese momento de calma era necesario, el temor a un ataque felino era real, casi ni respiraban, sus ojos estaban muy abiertos, los corazones latían a mil. Una vibración tenue se escuchaba en el piso, de inmediato un grito despejó la quietud, el tigrillo huyó del lugar, Pablito chilló con estruendo, algo le picó, algo le mordió, su tobillo derecho sangraba con vigor.

CAPÍTULO 36

Una serpiente café oscura acechaba el lugar, los colmillos filosos de la víbora habían penetrado la piel de Pablito quien lloraba del fuerte dolor. Los muchachos asustados no tenían tiempo para contemplar el burdo acto, llevaron a su amigo al campamento que se encontraba un poco alejado. El camino de regreso se hizo interminable, lo llevaron entre sus brazos, evitando sucumbir ante el cansancio y la perplejidad.

Ya cerca del campamento gritaron desesperados

-¡Auxilio! ¡Auxilio! ¡Necesitamos un médico!, una serpiente le mordió a nuestro amigo….

El niño Scott fue llevado al punto médico, inconsciente tal vez por el dolor o por la acción del posible veneno, en el consultorio estaba el doctor Esparza, quien muy prolijo le tomó los signos vitales y comenzó a colocar una vía intravenosa. Mientras atendía a su paciente preguntó a los jóvenes las características del reptil.

-¿Cómo era la serpiente, jóvenes? ¿Color, grosor? ¿Cuánto media de largo? ¡Vamos, es necesario que recuerden bien! ¡rápido! se nos muere su amigo -gritaba el doctor Esparza, perdiendo la compostura necesaria en esos momentos-.

Mientras los muchachos se consumían en el miedo. Marcelo dio luz de algo, aunque lo dijo con inseguridad.

-Me parece que era de color café verdoso con manchas oscuras, creo que de color café, había trapecios o triángulos en su piel, media un metro, o un poco más, tenía muchas escamas…

-*¡maldición!* - exclamó el médico, preocupado-.

-*Es una serpiente equis, la más venenosa de la región, mierda hay que conseguir suero de inmediato o este chico morirá.*

De prisa el médico hizo una llamada telefónica, sudaba prolijamente no por el calor exuberante del ambiente, sino por el miedo a la situación que enfrentaba, generalmente esas mordidas tenían gran mortalidad. Hacía un mes un obrero recién llegado del interior del país sufrió una mordida por una serpiente venenosa, perdió su extremidad superior. Otro obrero tuvo peor suerte y murió antes de llegar a Quito, su brazo se hinchó tanto que en la ambulancia tuvieron que amarrarlo con esparadrapo al tórax, el descomunal dolor le dejó inconsciente.

El doctor Esparza tenía la esperanza de contar con los frascos suficientes de suero antiofídico en la bodega, allí un sistema de refrigeración los mantenía a buen recaudo, así que marcaba insistentemente por teléfono para enviar por ellos.

La puerta del consultorio fue irrumpida abruptamente, Jhon y Angélica se habían enterado y querían saber cómo estaba su hijo.

-*¡Doctor! ¡Doctor! ¿Cómo está mi hijo? soy su padre* -clamaba Jhon con desesperación-.

Angélica lloraba, y abrazaba el cuerpo casi inconsciente de su hijo acostado en la camilla.

El doctor Esparza sudoroso y sofocado colgó el teléfono y pidió calma a los progenitores.

-*El joven ha sido mordido por una serpiente equis, es venenosa, necesito colocarle el suero antiofídico y llevarlo a*

Quito en helicóptero. ¡Señor Jalil! -le dijo a su ayudante- *vaya de inmediato a la bodega, nadie contesta el teléfono, pregunte cuántos frascos de suero antiofídico hay y llámeme de inmediato.*

El médico les explicó a los Scott que si el veneno hacía su efecto solo bastaría unas cuantas horas para que provocara serios problemas cardiovasculares, nefrológicos y otros.

-Pero por ahora estamos colocando solución salina intravenosa, para controlar presión y flujos, apenas llegue el suero, le colocaremos y su hijo vivirá.

El doctor Esparza trataba de ser optimista, pues eso le daría tiempo hasta que llegue el suero de la bodega, cuando de repente escuchó la noticia que no quería escuchar...

-¡Doctor! ¡Doctor! -gritó el señor Jalil-.

-No hay suero, los últimas 10 frascos se los llevaron hoy a una expedición que tenían en uno de los campos a diez kilómetros de aquí.

No pudo haber un momento tan desconcertante como ese, era como si de un momento a otro el doctor Esparza estuviese con las manos atadas. Después de casi una hora del accidente, Pablito no recibía aún el suero antiofídico. El galeno pidió ayuda para que un helicóptero lo llevara a un hospital en Quito, en una hora estarían allí, y con las justas alcanzaría a recibir el antiveneno, pero otra noticia haría tambalear la vida frágil del joven. El helicóptero más próximo estaba en Loja (frontera con Perú) tardaría unas tres horas hasta cargar combustible y regresar al campamento. La suerte estaba echada, el joven no sobreviviría.

Lágrimas y desconsuelo emergían de Jhon y Angélica, su hijo yacía inconsciente en una camilla de un punto médico alejado de la civilización, el doctor Esparza con impotencia esperaba el desenlace.

El ruido de las elipses brotaron en los aires, dejando caer su sonido ensordecedor a los mortales que estaban desalentados en las cuatros paredes del consultorio *médico*.

-*¿Qué es ese ruido?* -se preguntó Jhon-.

Salieron todos, vieron aterrizar de los aires un helicóptero blanco con rayas negras, no era ninguno de los que el doctor Esparza conocía de propiedad de la empresa o del Ejército ecuatoriano.

¿Serán helicópteros colombianos o peruanos? se preguntaron con perplejidad.

Un par de hombres vestidos de blanco bajaron del mismo, uno de ellos llevaba en su mano derecha un termo.

-*¿Quién es el médico?* -preguntó uno de ellos-.

-*Yo, yo soy el médico, alzo la mano presuroso el galeno.*

-*Tenga doctor, en este termo encontrará veinte frascos de antiveneno del que usted necesita, inicie el proceso de colocación, hasta eso lo llevaremos a Quito.*

El momento fue muy gratificante, los Scott irrumpieron de alegría y el doctor Esparza comenzó a realizar su trabajo, el joven fue subido al helicóptero y llevado a Quito, los dos hombres condujeron el helicóptero hasta el Hospital Eugenio Espejo de la capital, no contestaron ninguna pregunta en el viaje a pesar de la insistencia de Jhon, Angélica y el doctor Esparza. Una vez que aterrizó el aparato, se fueron como vinieron, nunca se supo de dónde provenían, ni quiénes eran, lo importante era que Pablito se reencontró con la vida, como sus padres tanto habían suplicado.

¡*A ver!*, un *momento*, hay algo que veo como mucha frecuencia ¿Quiénes son esos hombres de blanco? *¿Por qué han salvado la vida de* Charles, y la de Jhon? tú que me estás contando esta historia ¡dime!... ah te quedas callado. Hombres de blanco, ¿serán como tú? ¡Tú también estás vestido de blanco! ¿Por qué has cerrado la boca? Bueno, bueno no te enojes, tus arrugas se exacerban, dame unos minutos, tengo que trazar unas líneas…

Sra. Doctora Martina de la Fuente
DIRECTORA DE PROYECTOS DE LA SISTAR

En virtud de los hechos acontecidos durante mi estancia de trabajo de campo en tierras esmeraldeñas tengo a bien informar:

El día 20 de febrero de 2017 mientras recorría el barrio "el Salserito", en la casa con censo 45 y en donde viven 7 personas, las condiciones de salubridad eran deprimentes, no solo en la casa que visité, sino en todo el barrio, en ese pequeño segmento del barrio hubo en dos semanas, 32 casos de Zika, entre ellas una mujer embarazada que se encuentra en observación en el hospital de la ciudad. El día en mención, acudí a la casa enunciada anteriormente pues me llamó la atención que 6 de los 7 miembros habían adquirido la enfermedad. Hecho verificado con las muestras de suero que recolecté anteriormente y fueron analizadas en nuestro laboratorio satélite. Al ingresar en la casa solo había dos personas, la señora Filiberta Zambrano de 67 años y su nieto de 4 años de edad. El resto que enumero a continuación estaban trabajando o estudiando, el señor Mauricio Barre Zambrano de 45 años, la señora Verónica Barre Zambrano de 41 años, la señora María Barre Zambrano de 37 años y los jóvenes Justin Hurtado Barre y Olivia Hurtado Barre de 11 y 13 años respectivamente, hijos de María. La señora Zambrano me atendió cordialmente y me invitó a pasar. Le informé sigilosamente caso por caso y los resultados adquiridos. Me comunicó que todos se encontraban bien de salud y que el virus solo dejó vagas secuelas… Esto no sé si ponerlo en la carta, la señora Zambrano…

Perdón amigo de blanco, continúa esta curiosa historia.

CAPÍTULO 37

Pablo ya no era Pablito, tenía doce años y su madre enfrentaba a diario los cambios que su hijo desafiaba todos los días, la adolescencia no pasaba desapercibida. Pocas semanas después de salir del hospital, cuando los galenos le dieron de alta luego de la letal mordida de serpiente, Angélica llamó a su hijo *¡Pablito!*, el muchacho reaccionó negativamente como que si le hubieren ofendido de por vida.

-*¡Ya no llames Pablito!, me llamo Pablo* -exclamó el muchacho-.

Aunque Angélica se sintió ofendida por la forma grotesca de expresarse de su hijo, entendió que el pedido era justo y debía aceptar. Para Pablo los diminutivos se convirtieron en sinónimos de inferioridad, en especial cuando ya no era un niño y los pocos pelos en la cara le daban según él, la autoridad para ubicarse en el sitio de los "más grandes". Además entre sus congéneres había una disputa vana por aparentar masculinidad y adultez. Una vez una mujer llevó a su hijo al colegio, entró al aula y le dio un tierno beso de despedida, las burlas no se hicieron esperar, el muchacho avergonzado empezó a llorar, pero las ridiculizaciones continuaban y en vez de sosegarse, los chicos lo hacían con más cizaña. Pablo puso un pare a la situación.

-*Suficiente ¡basta! Ya no molesten a Carlos* -les dijo con fuerza-.

El molestoso que dirigía la juerga, no tomó importancia a las palabras de advertencia de Pablo, y continúo ridiculizando al púber. Pablo invitó a Carlos a salir al patio hasta que llegase el profesor, pero el terrible e insoportable niño se había empecinado en fregar la paciencia hasta el final, colocando el pie a propósito provocando una caída estrepitosa al joven acosado. Pablo encontró límite a su paciencia y propinó un golpe en el abdomen al fastidioso, lo dejó noqueado por unos momentos, nadie más quiso meterse en el embrollo. Era el primer día de clases de Pablo en el colegio y esa acción sin lugar a dudas le sirvió para ganarse el respeto de todos y también obtener una sanción por parte de las autoridades.

Al día siguiente su madre acudió al rectorado de la institución para recibir de boca de la máxima autoridad la sanción a su hijo. El padre rector era un sacerdote de amplia experiencia en el ámbito educativo, era amigo de don Pascual, que esta vez pudo convencer a Jhon para que colocase a su hijo en una institución católica. El padre rector que de cariño le llamaban, padre Ernestito, trataba de encontrar una explicación a las actitudes ruines y malsanas que podían tener sus alumnos, la que le dio Pablo era coherente, pero para la opinión del sacerdote un golpe no debió ser la solución. De todas maneras la sanción fue para los dos, la misma que repercutiría en la calificación de conducta, al final de ese año.

Angélica consideró justa la sanción y tuvo esa noche una larga conversación con su hijo. Don Pascual también intervino, pero mientras apoyaba las reprimendas de la madre, a solas le daba otro discurso al joven.

-Hijo (así lo llamaba a solas). En realidad no quiero reprimir tu accionar, dejaste una buena impresión a los compañeros de tu clase, así tienes que imponerte, pero tienes que aprender a hacer las cosas sin que precisamente te vean. Es decir, tienen que saber que eres tú, pero sin dejar huellas. ¿Me entiendes?

-Sí padrino, tomaré en cuenta eso -le contestó solemnemente Pablo, como si sus palabras fuesen determinantes-.

La influencia que tenía don Pascual sobre el joven fue decisiva para el resto de su vida.

-Ahora hijo, igual que en la escuela debes ser el mejor -terminó diciéndole don Pascual-.

Las siguientes semanas en el colegio fueron intensas, los maestros al inicio no tenían una buena impresión de Pablo, un chico que al primer día golpeaba a otro, no era digno de admiración. Pero el joven Scott tenía talento, había terminado en su escuela con las más altas calificaciones, conservaba una oratoria prodigiosa y muy pronto impuso esas condiciones.

El maestro padre Eduardo fue el primero que vio en el muchacho sus virtudes. Como parte de su clase de literatura envió a los jóvenes a realizar un ensayo sobre el aborto establecido en la encíclica Humanae Vitae de Pablo VI. El ensayo debía ser realizado por un grupo de cinco estudiantes, y luego debía ser disertado por un orador, Pablo no solo que se ganaba el galardón de orador, sino que influyó profundamente en la realización del documento, dejando deslumbrado al padre Eduardo.

La encíclica resumía en pocas palabras la aberración que era el aborto y de igual forma todo tipo de anticonceptivos modernos. La familia, la unión de la misma era un compromiso de fidelidad que no aceptaba el control de la natalidad, en especial por métodos de planificación modernos. Pablo había elaborado un ensayo que asumía a la anticoncepción como algo abominable, posiblemente don Pascual tuvo algo que ver esas posiciones, lo que sí era seguro que Angélica y Jhon estarían totalmente en desacuerdo.

CAPÍTULO 38

Pablo encontró un cuaderno en una envoltura, un diario para ser exactos, un día en que su madre no estaba, abrió la funda y leyó entretenidamente una historia muy cercana a su familia, escrita por su padre Jhon:

Charles mi abuelo crecía en medio de aventuras y esperanzas, era un joven audaz, crítico y a veces zoilo, tal vez esto le permitió vencer con propiedad cada uno de los obstáculos que se le cruzaban.

Mientras Bryan mi bisabuelo, Peter y el resto de sus hermanos se dedicaban a las labores del campo, Charles rompía con esa tradición, su padre había insistido en incluirlo al contingente de diestros campesinos en la familia, pero el joven era un hueso duro de roer, no prefería las labores directas del campo, para 1886 y con veinte años de edad se encargaba de llevar la cosecha al pueblo junto a su padre, negociar el precio y acordar las entregas, su única labor productiva. El matrimonio no era parte de sus proyectos, igual que para una jerga de amigos con los que frecuentaba, apenas había tenido un par de aventuras amorosas y sexuales, de las que había salido bien librado, gracias a los consejos de su hermano sobre los métodos para no procrear.

Por aquella época llegaban al pueblo muchas hermosas mujeres, en especial del este, la población femenina en el viejo oeste escaseaba, así que estas féminas venían a dar un poco de alegría y goce, se dedicaban a bailar en ciertos bares, y otras a dar placeres a los ansiosos clientes, no dejaban de faltar los típicos dueños de harenes que se privilegiaban del dinero que emanaban esas fastuosas mujeres. Ellos se encargaban de ubicarlas en bares y burdeles dándoles protección de uno que otro morboso que quería sobrepasarse, las meretrices eran hermosas, sensuales y muchas refinadas, aunque una de ellas llamada Sara era la sensación, su cabello negro como el azabache, sus ojos café claros, la piel dorada y sus piernas largas y contorneadas mantenían sin parpadear a los espectadores, entre ellos, en primera fila, a Charles y sus dos buenos amigos Santiago y Frank.

La concurrencia de Charles a dicho bar se hacía más frecuente, la taberna se conocía como "las Isabelitas" porque el antiguo dueño tenía como esposa y como amante a dos mujeres que por coincidencia se llamaban Isabel. El pretexto de ir a dejar la mercancía ya no era suficiente, Charles buscaba siempre alguna excusa en la granja para salir al pueblo y como nunca llegaba ebrio no despertaba sospecha, la bailarina y meretriz Sara era la causa de este desenfreno. Esa mujer le causaba una hipnosis que le afligía, el ensueño que le abatía, la matrona que lo enloquecía aunque para estar con ella debía pagar un alto precio. Mike "el demente" Look, era el dueño del harén, un tipo elegante, quien no perdía el gusto por la ropa fina, la buena vida, aparentaba modales acrisolados, pero cuando se le atravesaba alguien en su camino, acostumbraba a agarrar al incauto junto a sus esbirros, llevarlo a la calle, desnudarlo, darle una golpiza hasta casi matarlo, de allí su apodo de Mike "el demente" Look.

En el bar las chicas eran cotizadas siempre y cuando hubiera el dinero para adquirir sus deleites, Sara era el trofeo que el joven Scott estaba dispuesto a pagar por ese placer...

Se acercó a ella muy meticulosamente, de todas maneras experiencia no era lo que le sobraba.

-¡Hola! ¡Podemos subir! -dijo el joven con voz recelosa y reservada-.

-Si tienes el dinero ¡por supuesto! -Contestó cariñosamente la mujer-.

Subieron las escaleras mientras se alejaban del mundanal ruido, de la música del bar y los griteríos de los vaqueros ebrios, entraron a una habitación pequeña, un poco oscura y nada ventilada, el muchacho tomó la iniciativa, por alguna razón, Sara no cobró por adelantado su jornal como lo solía hacer, y se dejó llevar por las caricias de Charles. Tal vez, el joven estaba dispuesto a entrar en una relación de amor, ella iba al punto, no le importaba en absoluto situaciones de cursilería improcedentes, una relación sin dotes de romanticismo y sexo a granel. Él se había imaginado por varias semanas ese momento, le tomó sus senos y los acarició con afabilidad, la mujer ya casi desnuda comenzó a respirar con mayor profundidad, y el calor de la habitación inducía una profusa sudoración, muy pronto sus largas piernas se entrecruzaban con las de él, el roce de la piel sudorosa hacía brotar más calor, la cama donde se tendían los cuerpos movía sus cimientos con perfecto compas, ella abajo, él encima continuaban la danza como la de las farotas llevando al clímax el furor de la pasión, pura pasión, solo pasión...

Una vez terminada la sesión, la mujer extendió su mano para recibir el pago, Charles buscó sus pantalones y sacó una bolsa donde guardaba lo recaudado, ¡no era posible! pensó, no tenía un centavo, por alguna razón no estaba el dinero, no sabía si lo había perdido en el camino a la habitación, o se lo habían robado. Presuroso se vistió el Scott asustado, inmediatamente la mujer se ofuscó pensando en que era un artificio del muchacho para no pagar, el joven Scott le juraba que cargaba el dinero, pero ninguna explicación sedujo a la mujer, quien salió de la habitación y llamó a uno de los hombres de Mike. Charles estaba preocupado pues conocía de las consecuencias de no pagarle a una meretriz mucho más si era de Mike "el demente" Look, intentó salir de la habitación para tratar de resolver el problema, pero tres hombres le cortaron el camino, detrás de ellos Mike...

-¡Con que no tienes dinero jovencito! -dijo con voz desabrida Mike-.

-Señor, juro que lo traía en mis pantalones -contestó con voz exigua el desafortunado-.

-Vamos muchachos hagan el trabajo, lleven a este holgazán a la calle - ¡ordenó Mike!-.

Para Mike no había intermedios, era blanco o negro, ¡o pagas o le pagabas!

Charles fue sujetado por los tres hombres, al principio no opuso resistencia, sabía de la dificultad para zafarse de esa situación, lo bajaron por la escalera, mientras miraba con ojos de enfado a la mujer que lo puso en esa situación, pensaba que pudo haber negociado directamente con ella y pagado con creces el valor, pero ella no le dio la mínima oportunidad. Una vez en la puerta de la salida interna, los hombres de Mike empezaron a retirarle la ropa para desnudarlo y luego darle la golpiza de rigor, vergüenza que Charles no estaba dispuesto a pasar.

-¡Ya saben muchachos! Quítenle la ropa, y hasta nos podría servir para recuperar algo de mi dinero, esas botas están nuevas y están hechas de terciopelo -Ordenó Mike-.

Mientras Mike observaba cómo sus hombres cumplían su orden y el resto miraba la escena como cual espectáculo perverso. Charles logró dar un golpe a la mandíbula a uno de sus captores noqueándolo de contado, con sus pantalones puestos todavía lanzó un golpe de puño a otro de ellos, esta vez no tuvo suerte, y recibió un porrazo en la espalda doblegándolo enseguida, pero el joven insistía, y desde el piso improvisa una llave con sus piernas sometiendo a uno de los bandoleros, Santiago y Frank sus amigos entraron en la escena a defenderlo, pero ya era tarde, Mike, quien sorprendido veía cómo, el joven ponía resistencia (algo que casi nadie se atrevía), sacó su pistola Colt Walker y apuntó a Charles con la firme intención de dispararle, pues ese agravio no la podía aceptar, todo estaba definido, el joven Scott tenía que pagar con la muerte su osadía.

Sin embargo, esa tarde Charles no tenía que morir, desde una casa contigua varios disparos como ráfagas de aves cayeron sobre la figura de Mike, este sin saber lo sucedido pereció de contado, su arma se desentonó de su mano y el público atónito contempló cómo el legendario Mike, "el demente" Look yacía en el piso de la entrada del bar "las Isabelitas". Unos se escondieron detrás de las paredes, otros solo alcanzaron a tirase al suelo, hubo alguien quien subió aquel lugar de donde salieron las balas asesinas, no encontró a nadie. Charles obnubilado por lo sucedido salió junto a sus amigos de inmediato del lugar, caminaba rengo como recién concienciado de los golpes que recibió, nunca supo quién de la divina providencia le salvó la vida; solo sacó una lección, nunca más regresar por aquellos lugares.

Alguien viene, era Angélica. Pablo regresó el cuaderno a la funda.

CAPÍTULO 39

Jhon regresó del Oriente ecuatoriano, quiso aprovechar como siempre los ocho días de descanso para pasar un buen rato con su familia, organizó con Angélica y Pablo una salida a un campo silvestre en las cercanías de la ciudad. El lugar escogido se llamaba Machachi; en las afueras había una hacienda de las muchas que existían en la zona, ese prodigioso lugar les acogería ese fin de semana. Machachi, un pueblo rural que se caracterizada por ser uno de los mayores productores de leche y pastizales de la serranía, el clima muy frío, la gente usaba bastante ropa para abrigarse, pero el paisaje era impresionante. Muchos volcanes se veían desde aquel lugar, el Cotopaxi, el Atacazo, el Rumiñahui, entre otros, esta vez no tendrían que lidiar con serpientes venenosas, ni tigrillos peligrosos. Muy por la mañana salieron en un bus desde Quito que hacía el recorrido hacia el lugar, tardarían más de dos horas en un periplo lleno de placer y regocijo.

La quietud del viaje era la oportunidad para dejar volar la mente, los pensamientos fluían en cada uno de los ocupantes del bus como tratando de escapar y divagar en el espacio, en el puesto cuatro, adelante, un gordo que ocupaba casi dos asientos recordaba esa noche placentera de sexo que tuvo con su amiga de la infancia, no se habían visto ni hablado casi por diez años, pero al encontrarse descubrieron que por lo menos para el sexo contaban con una enorme atracción, al final del encuentro social, no sabía en qué nivel exponencial quedaría la relación, las reflexiones de cómo descifrar su propio enigma no lo dejaban en paz. Muy afligido en el asiento diez, un poco más atrás un hombre joven pensaba vagamente cómo contarle a su esposa que lo habían echado otra vez del trabajo por haber llegado borracho. Ella le había dado un ultimátum, el infeliz no sabía si llegar a su casa y recibir una paliza o tirarse del bus. Un poco en el medio un par de tórtolos dormían abrazados, se habían pasado besando todo el viaje hasta que Morfeo se los llevó a sus dominios, aunque en cada bache despertaban momentáneamente, soñaban cada uno en una novela de amor. Casi al lado una mujer adulta contaba los días imaginándose cómo sería su nueva vida, Pedro, el vecino, le propuso matrimonio luego de nueve años de noviazgo, le había dicho que sí, estaba emocionada aunque le causaba zozobra imaginarse cómo sería la vida compartida con una persona a diario. Atrás en los últimos puestos la familia Scott, no guardaba silencio, se sumergían en un vertiginoso diálogo en el que Pablo no quería intervenir.

-*¿Has escuchado Angélica? ¿La iglesia está cuestionando la entrega de anticonceptivos?*

Angélica, que entendía el tema, le comentó a su marido.

-*Es absurdo, estamos en los sesentas, y esta gente no entiende que lo mejor que le ha podido suceder a la humanidad es la posibilidad de controlar la natalidad, pero a pesar de aquello la iglesia ecuatoriana no es tan reaccionaria como la colombiana.*

-*¿A qué te refieres?* -preguntó curioso Jhon-.

-*Supe que en Bogotá y en Medellín la Curia organizó marchas rechazando la presencia de la anticoncepción moderna, incluso me contaron que frente a una iglesia en un parque quemaron condones y píldoras anticonceptivas a vista y paciencia de la policía, que no había hecho nada para evitar ese disparate.*

Jhon quedó estupefacto, en Ecuador los niveles de rechazó de la iglesia Católica no llegaban hasta ese punto. Pablo escuchaba como desentendido la conversación de sus padres, no quería opinar en absoluto, deseaba evitar una discusión de probables apologías catastróficas con sus progenitores. Aunque esa contención no duró lo suficiente.

Jhon tocó la tecla que faltaba, le preguntó a su hijo, que continuaba haciéndose el distraído.

-¿Han hablado sobre el tema en tu colegio? Don Pascual me juró que a pesar de ser una institución católica, había libertad de pensamiento.

¡Allí empezó la contienda!

-¿Qué es para ti, libertad de pensamiento? -Le preguntó Pablo a su padre, mientras lo miraba de frente con sus ojos claros penetrantes-.

Jhon fue sorprendido por la inquietud, aunque perfectamente hubiera respondido ese tipo de pregunta en otras situaciones, la rapidez del muchacho le obnubiló. Pensó que lo tenía de su lado, que como todo Scott el tema de libertad de pensamiento y su lucha por la anticoncepción era algo innato.

La respuesta no se hizo esperar, pero no de Jhon, sino como respuesta del propio muchacho.

-Crees que libertad es entregar su cuerpo cual trofeo a quien se pase por tu lado y luego sin la mayor pureza de alma usar una barrera que impida que dejes huella de tus actos obscenos.

¡Dios no perdona el pecado!

En ese momento Jhon se quedó perplejo, su propio hijo de trece años lo contradecía de una manera insolente e irreverente. La respuesta fue irascible.

-¿Dónde has aprendido eso? ¿Ese maldito colegio de monaguillos o el curuchupa de Don Pascual?

El poco tino de Jhon exasperó al muchacho.

-¡Estás ebrio! No hables así de mis maestros -gritó Pablo-.

Los tonos de voz fueron tan fuertes, que el gordo libidinoso despertó de su sueño pasionero, el esposo borracho dejó de pensar en la paliza que su mujer le daría, los tórtolos enamorados despertaron de un santiamén asustados por el bullicio, y la novia que soñaba en casarse se alejó por un momento del cuento de hadas en el que deliraba. Los gritos dejaron de escucharse hasta que el bus paró súbitamente.

CAPÍTULO 40

Esa noche en la hacienda de Machachi no hubo disculpas, Jhon y Pablo no se hablaron, Angélica sin proponérselo tenía el papel de mediadora, estaba en el medio entre su esposo y su único hijo. Fue quien intercedió para que el conductor del transporte no los echara del bus o llamara a la policía por escandalosos. Al ser incompatible un conflicto familiar con el hermoso y tranquilizador paisaje de las montañas andinas, en el momento de la cena Angélica les suplicó enérgicamente.

-No les pido que hoy resolvamos este conflicto, ¿pero es posible que procedamos con las normas mínimas de convivencia de un paseo familiar?

-Por favor ustedes se aman, son padre e hijo, podemos resolver esto cuando estemos en Quito.

Las palabras y las locuciones faciales que expresaban angustia en Angélica dieron resultado casi de inmediato.

-Padre, creo que me excedí en mis palabras y en el tono de mi voz, ¡discúlpame! -dijo con tono amable, esta vez el joven-.

Jhon un poco más parco asintió con su cabeza y le dijo al muchacho

-No te preocupes por ahora, pero eso sí, en casa conversaremos.

Angélica consiguió su propósito, sabía que su marido era difícil de convencer y esta vez logró contenerlo, por lo menos hasta llegar a la capital. La noche trascurrió entre un cordero asado con papas, ensaladas de cebollas con tomates y varias copas de vino o agua. La administración de la hacienda había preparado bailes y comparsas en medio del patio central, donde una fogata daba la bienvenida a los alojados. Tenían caballos que serían empotrados y montados para el *día siguiente*.

La danza empezó, desde Riobamba un grupo entonaba con alegría una capishca, música propia de los Andes, el baile era alegre y zapateado, los danzantes utilizaban trajes vistosos, en donde la mujer usaba doble falda de color rojo con azul para lucir el baile y el hombre con su movimiento de galanteo esgrimía unas zamarras vigorosas, las parejas con zapatos de cuero de color negro le daban al baile distinción y tradición. En el grupo femenino una mujer de cabello negro, ojos grandes, piel trigueña llamaba sobremanera la atención, para Pablo que nunca había expresado atracción por una mujer todavía, experimentó algo distinto frente a la fémina. No dejaba de mirarla, no era lo suficientemente bueno para disimular, hasta su madre Angélica se percató de las miradas descollantes que derrochaba su hijo de vez en cuando. La mujer se llamaba Ana María, de cariño le llamaban Anita, tenía 18 años, había aprendido a bailar en su natal Riobamba desde muy niña, su madre, quien también era bailarina, le enseñó con prolijidad, como un legado que necesitaba entregarlo solícitamente a su hija. Por eso lo hacía muy bien y obnubilaba con su esplendor a cuanto espectador la observase.

El instante de regocijo se dilataba, los huéspedes disfrutaban de la velada hasta pasada la medianoche, Jhon y Angélica estaban cansados y decidieron ir a dormir, pero no deseaban dejar solo a Pablo quien continuaba observando el espectáculo, pero especialmente a esa mujer que emanaba belleza y sensualidad.

-¡Pablo! ¿Quieres dormir? -le preguntó Angélica a su hijo-.

Ella no esperaba una respuesta positiva de su hijo para ir a visitar a Morfeo, le bastaba solo con observar sus pestañas que ni siquiera las movía ni para sortear el tenue viento de la noche, pero de todas maneras quiso hacer el intento, porque a ella el cansancio y el sueño la adormilaban.

-No madre, estoy fresco todavía -contestó el muchacho, mientras no dejaba de mirar al centro del escenario y la fogata que les brindaba algo de calor-.

Angélica y Jhon no quisieron desencantar el buen momento que estaba pasando su hijo, quien ya había recibido sonrisas directas de la mujer, y le pidieron que una vez tenga sueño, se marchara a la cabaña que lo esperaban para dormir.

En efecto luego de pocos minutos el espectáculo terminó, los músicos y bailarines recogieron sus cosas y fueron a ocupar las cabañas asignadas, Pablo se quedó sentado mientras observaba la retirada, pasó por un momento de incertidumbre de pocos minutos, no deseaba que la noche acabara con el silencio de las guitarras y los violines. Decidió seguir a Anita, quería verla más cerca, o por lo menos saber dónde pasaría la noche, de allí en adelante no tenía idea de lo que realmente quería, tal vez en la mañana darle una rosa o invitarla a pasear por el bosque. La siguió, no estaba lejos. Un perro con su ladrido inoportuno lo mantuvo ocupado unos instantes, mientras sujetaba un palo para tratar de esquivarlo; casi pierde el rastro. Pero allí estaba la cabaña, una luz apacible iluminaba el interior, alrededor un par de árboles de pino acobijaban el techo de paja. Pablo se acercó muy sutilmente, ya era experto en dar pasos silentes, sin embargo esta vez no existían ventanas para observar, pero sí una pequeña claraboya en la pared de la cabaña, en la que cabía un par de dedos. Aproximó uno de sus ojos y lo que miró lo dejó atónito.

Anita no estaba sola, encima de ella estaba un hombre corpulento, casi era el triple de grosor que no se compadecía con el cuerpo fino de guitarra que ella tenía, su falda estaba alzada, mientras la besaba en el cuello dejando su asquerosa saliva por su piel, el hombre se bajó sus pantalones, buscaba su falda para bajársela aún más; aunque el furor se hacía cada vez más elocuente, el frío del lugar todavía ganaba la partida y la desnudez total no era la vencedora. Pero el clima se comenzó a calentar, Pablo seguía observando, su miembro viril se acomodaba también a la excitante situación. Anita por fin se sacó el vestido y el grotesco hombre le besó los senos, mientras ella montada era penetrada al vaivén del momento, no dejaba de gemir, y abrazar al hombre con tenaz fortaleza. Antes de que terminará el acto, Pablo ya había mojado sus pantalones, un instinto de indecencia atormentó su cabeza, salió de inmediato del lugar tratando de ocultar la humedad en sus calzones. Regresó a la cabaña, se cambió de ropa y esas pestañas que no habían parpadeado observando a la bella danzante, no se cerraron en toda la noche.

CAPÍTULO 41

Al día siguiente Pablo despertó con los ojos hinchados y rojos como la remolacha, parecía un zombi recién salido de algún sarcófago, Jhon fue el primero que lo vio cuando zigzagueante entró al baño, pensó que había pasado toda la noche observando el espectáculo o tal vez que no pudo conciliar el sueño por el extenuante frío que abrigó la noche. Eran las siete de la mañana y la jornada estaba por empezar, los administradores de la hacienda habían organizado un recorrido a caballo a lo largo de treinta hectáreas, la familia Scott se había apuntado afanosamente al periplo, no querían perderse la experiencia de visitar paisajes fastuosos que incitaban a los ojos del visitante a quedarse y tomar una postal. Todos los domingos se hacía este recorrido. Pedro y Ernestito eran los guías, conocían muy bien el lugar, casi nacieron allí, sus padres fueron peones en la hacienda por más de cincuenta años. Pedro, el más antiguo de los dos, los aguardaba en el patio central, quince caballos ensillados esperaban a los cabalgadores, uno a uno iban llegando y tomando su corcel, eran casi del mismo tamaño, de varios colores y edades, el pelaje de los animales suave y bien cuidado, sus dientes lisos y pulcros, sus músculos cabalmente contorneados. Sin embargo uno de los caballos tenía un pequeño problema en una de sus patas traseras, hacía poco le habían diagnosticado una tendinitis equina y tuvo que guardar reposo varios días, la lesión no estaba completamente curada. El caballo se llamaba Espigón, ya que cuando era potrillo, crecía como la espiga del trigo o el maíz, de todas maneras esa mañana decidieron montarlo.

Todos estaban en el patio listos para partir, solo faltaba un jinete más, o en este caso una jinete; Anita. Pablo, quien la vio llegar sorprendido, no le quitó un ojo de encima. Su mente trajo recuerdos frescos, no le acompañaba el hombre grotesco y gordo con el que fornicó la noche anterior, dejó su mente que evocara plácidamente esas reminiscencias, mientras Ernestito, por orden de Pedro, les dio a todos indicaciones básicas para evitar algún contratiempo en el montaje de los caballos.

-Deben acercarse a sus caballos tranquilamente, denle con su mano una suave caricia en el cuello, háganlo por el lado izquierdo, por allí es donde luego deben subir. Es importante no demostrar nerviosismo hacia el animal. No debemos separarnos del grupo, todos deberíamos ir al mismo paso.

Ernestito insistió en no realizar movimientos bruscos, y guardar una distancia mínima de dos metros entre cada caballo una vez empezado el recorrido. Recordaba que hacía un par de meses por no guardar esa prolija distancia, un potro se había excitado, corrió con su jinete una prolongada distancia que se adentró al bosque pantanoso y se había perdido. Luego de una búsqueda de dos días fue encontrado el caballo exhausto con el jinete deshidratado y casi inconsciente. Todos estaban listos y la aventura empezó. Adelante encabezaría Pedro y en la retaguardia lo haría Ernestito, los caballos debían caminar con prudente lentitud, los guías darían la orden donde todos podrían acelerar el paso. Pero Pablo, quien se ensombreció con los pensamientos de Anita, no había escuchado las instrucciones de Ernestito, además la falta de sueño lo tenía aletargado, su caballo fue desacelerando el paso muy exageradamente quedando muy atrás del grupo. Ernestito le encaminó a avanzar hacia el grupo y Pablo arreó al caballo, regresando a sus camaradas. Esta acción de entrar y salir del grupo fue realizada varias veces, lo que estaba poniendo de mal humor a Ernestito, la desconcentración de Pablo entorpecía el fluido y alegre viaje.

Llegaron al primer punto de descanso, una pequeña cabaña en donde tenían a disposición agua, café y chocolate caliente. A esas alturas del tramo, se podían observar las llanuras, el verdor del páramo y el cielo despejado de verano que los acompañaba, el vuelo de un cóndor los enloqueció a todos. Las grandes y densas alas surcaban los cielos desplegando su señorío; el cóndor les daba la bienvenida, el flash de las cámaras hizo sus mejores tomas. Un turista alemán expresó su beneplácito, su sueño se había cumplido, observar el ave no marina de mayor envergadura del mundo. Dejando por un momento el majestuoso momento Jhon conversó brevemente con su hijo, mientras su vástago seguía observando de entre ojos a Anita.

-*Por favor Pablo debes estar más atento, no es bueno que te separes del grupo de esa manera.*

-*Yo trataré de estar cerca de ti, por si es que necesitas algo* -le dijo con preocupación Jhon-.

El recorrido debía continuar, en dos horas más estarían en una laguna, allí pernoctarían, Pablo siguió con su tortuosidad, ni las reprimendas de Ernestito, ni las recomendaciones de su padre surtieron efecto. En un descuido Pablo dejó de sujetar las riendas de su caballo, Espigón, y este hizo un leve movimiento brusco que provocó un golpe de su pata trasera con una enorme piedra que se encontraba en su camino, el porrazo levantó al caballo y Pablo sujetó nuevamente con fuerza las riendas y presionó con más ímpetu sus pies sobre los estribos. Espigón corrió como una ráfaga hacia el horizonte, mientras Pablo trató de sujetarse con potencia evitando una inminente caída. Al enardecido animal, no hubo quien lo detenga; Pedro y Ernestito trataron de contenerlo y lo siguieron. Sin embargo, Espigón ya había tomado una gran ventaja, surcó un camino formado por colinas vertiginosas, a cada lado solo había precipicios. Pablo se resistía a abrir los ojos, el vértigo lo aturdía, el camino se hacía más estrecho y el caballo no bajaba la velocidad de su galope. De pronto, el camino terminaba en un declive. El caballo frenó de inmediato sin dar tiempo a 'Pablo a tomar previsiones, el muchacho voló por los aires hacia el abismo, era una caída mortal. Sus ojos se abrieron en segundos, gritó de pavor, sus brazos y piernas se extendieron como mariposas, doscientos metros de tierra firme le esperaban, no quedaría ni un solo hueso indemne. De los cielos un ave más grande que un cóndor se dirigió fulminante hasta donde Pablo, encima del pájaro un hombre vestido de blanco y con gafas oscuras lanzó un cabo, sujetando firmemente al joven en los aires. Solo faltaban unos diez metros para caer a tierra firme. El hombre de blanco miraba al joven tratando de levantarlo del letargo, su misión evitarle una caída mortal, lo logró, lo dejó en el piso todavía con la cuerda agarrada entre sus piernas, el polvo se levantó luego de la maniobra, se fue tan pronto como vino con la gigantesca ave. Su misión fue cumplida, salvó al muchacho de una estrepitosa muerte. Pablo lo vio surcar por los cielos sin comprender lo sucedido, cuando el ave y el hombre desaparecieron por los cielos, cerró los ojos y los volvió abrir para ver si no era un sueño, nunca contó lo sucedido. Encontraron primero al arisco Espigón y luego al joven Scott.

CAPÍTULO 42

De regreso en el bus a Quito, la familia Scott estaba en un impenetrable silencio, al contrario del viaje de ida los únicos que guardaban mutismo total eran ellos. Angélica pensaba en el alivio que sostenía al tener a salvo a su hijo; por minutos pensó en lo peor. Pablo cavilaba alucinado con los ángeles que le salvaron la vida, no deseada contarle a nadie lo que sucedió con el hombre de blanco montado en un ave, creerían que estaba maniático y de seguro terminaría en un hospital psiquiátrico. Pero Jhon, él sí tenía un rollo en la cabeza. Las ideas sociales que tenía Pablo lo tenían aturdido en un revoltijo de indecisiones. Llegaría a Quito y hablaría inmediatamente con don Pascual o iría al colegio de su hijo y discutiría con el padre rector, le pondría las cosas claras y luego retiraría al muchacho de la institución; pero Pablo, ya no era solo un niño, pondría el grito en el cielo y tendrían un conflicto de inmensas proporciones. En realidad Jhon no estaba seguro de qué hacer *¿No fue un error haber aceptado que su hijo estudiara en un nido de conservadores y curuchupas? ¿Qué esperaba? ¡Si del cielo le caen naranjas! ¿hacer jugo de papaya?* De lo que sí estaba seguro es que pronto se cambiarían de casa, ya tenía reunido el dinero suficiente para comprar una casa o por lo menos una parte. Todavía no había conversado con Angélica, pero ella estaría gustosa de conocer la idea. Jhon estaba dispuesto a dejar de vivir en el centro histórico, a renunciar su embelesado encanto, con tal de alejarse de don Pascual y de los curuchupas que atosigaban a su familia.

Llegaron a Quito en una fría tarde, el momento ameritaba una taza de café o un vaso de leche tibia. Se sentaron los tres en la mesa de su pequeño departamento, por fin cruzaron palabras y dejaron ese hermético silencio.

-*Les quiero contar algo* -dijo con tono apacible Jhon, mientras Angélica y Pablo lo miraban atentos-

Estos años de arduo trabajo y sacrificio para todos no han sido en vano, hemos logrado reunir la cantidad suficiente de dinero para tener nuestra propia casa, muy pronto nos iremos de aquí.

-*¿A dónde nos iremos?* -preguntó con inquietud, Pablo-.

-*Nos iremos a vivir a Lago Agrio, es una ciudad tranquila, allí hay colegios, tengo empleo seguro, ¡cambiaremos de vida!* -respondió decidido Jhon-.

Las palabras de Jhon le cayeron a Pablo como un balde de agua fría, quien inmediatamente reflejó en su rostro una expresión de incredulidad y espanto. Angélica también expresó su desencanto, en especial porque Jhon no comunicó esa idea antes, Pablo se levantó de la mesa y le dijo a su padre:

-*Papá, ¡no quiero dejar mi colegio! Y mucho menos dejar Quito.*

-*Viviremos mejor en Lago Agrio, ya lo comprobarás*-le dijo Jhon a su hijo-.

Pablo volvió a expresar su inconformidad y alzó el tono de su voz.

-*¡Es una idea absurda! ¡No tienes derecho a manejar mi vida como quieras!*

Jhon se puso de pie, el muchacho le tenía harto, los dos se pusieron a discutir con efervescencia, Angélica sentada en medio se mantenía tensa. La discusión estaba encendida, ninguno de los dos estaba dispuesto a recular en ese momento.

-¡*Eres un insolente!* -le replicó con dureza Jhon-.

Pablo contraatacó:

-*Nunca estás aquí, has pasado años en esa selva atroz, y ahora nos quieres llevar a ese mundo salvaje. ¡Eres un estúpido!*

El desbocado muchacho recibió de su padre un manotazo. La bofetada tuvo tal fuerza que sentó a Pablo en la silla que estaba justo detrás de él, Angélica se levantó a sostener a Jhon para evitar una nueva manotada, el ambiente era deprimente y vergonzoso. Pablo se volvió a levantar con el pómulo izquierdo enrojecido y la mirada penetrante de odio hacia su padre, salió de la circunferencial mesa y se fue. Jhon se quedó impávido, tal vez conteniendo el exagerado enojo o el arrepentimiento de su accionar violento. Angélica siguió a su hijo pero era tarde, no dejó rastro de su andarivel.

Minutos después Jhon no salía de su descomposición emocional, en ese momento sus pensamientos buscaban culpables a tal punto de no estar preocupado por su hijo, Angélica había ido en busca de él. Pero a un culpable tenía muy cerca, don Pascual; fue en busca del anciano para enfrentarlo, quería desfogar en él su frustración por el comportamiento de su hijo.

-¡*don Pascual! ¡don Pascual! Quiero hablar con usted* -gritó Jhon desde afuera de su habitación, golpeando la puerta con ahínco- .

Eran las seis de la tarde, un despeinado y mal humorado don Pascual salía de su cueva, había permanecido toda la noche en su antro, borracho fue a parar a su cama.

-*¿Qué quieres? Estas no son horas de molestar a nadie* -le dijo grotescamente el longevo-.

<Gringo hijo de puta > pensó en sus adentros.

Jhon entró de sopetón y agarró al hombre del cuello.

-*Viejo de mierda, ¿qué ideas conservadoras le has metido a mi hijo?*

Don Pascual observó muy alterado a Jhon por lo que decidió tener un tono conciliador. Le pidió amablemente que lo soltara, le dio la razón y le explicó lo sucedido. Le dijo que en efecto él respetaba su posición agnóstica, y que le decía constantemente a Pablo que respetara a su padre y a sus ideas.

-*Tú sabes que soy católico, pero jamás he inducido a tu hijo a que tenga esas ideas conservadoras que tú dices. Probablemente en el colegio alguien se las ha inducido, pero de mí no han venido esas desavenencias* -le dijo Don Pascual en tono apacible-.

Jhon se tranquilizó, le soltó del cuello, le pidió disculpas y se fue. Si Jhon hubiese conocido la verdad: el bautizo de Pablo, las reuniones secretas con las sectas católicas y el constante adoctrinamiento religioso de Don Pascual a su hijo, le habría roto el cuello allí mismo, pero el macabro anciano otra vez se había salido con las suya, aunque lanzó la pelotita de la discordia a sus amigos jesuitas.

CAPÍTULO 43

Pablo se refugió en el patio trasero, era domingo y ese día las chicas de don Pascual decidieron tomar un descanso, la noche anterior trabajaron hasta muy tarde. Había mucho silencio, solo se escuchaba entre sollozos el llanto del joven Scott, su madre lo encontró y lo abrazó. Le invitó a que subiera a su dormitorio, se bañara y se acostara a dormir, al día siguiente tendría una extensa jornada escolar. Entraron juntos a su departamento con resquemor, como sintiendo cada paso a dar con pulcritud, ventajosamente no estaba Jhon, el enfrentamiento estaba todavía muy fresco y lo mejor era dejar pasar un poco de tiempo para aliviar asperezas. Pablo estaba más tranquilo, ya no brotaban de sus ojos esas lágrimas desconsoladas, se aseó, se despidió de su madre y se fue a dormir. Angélica se sentó en la pequeña sala, agarró un libro de Gabriel García Márquez que recién había comprado y mientras leía esperó a su marido, deseaba tener una larga conversación con él.

Una hora pasó y terminó la espera, en ese tiempo de fructífera lectura "José Arcadio Buendía pedía la mano de Remedios Moscote para su hijo Aureliano y el anciano Melquíades había fallecido en el pueblo de Macondo", *Cien años de soledad*, la novela de García Márquez la tenía fascinada. Pero llegó Jhon y tenía que poner las cosas claras, dejó el libro en el sillón y se levantó a recibirlo.

-*¿Cómo estás?* -le preguntó con prodigiosidad la mujer-.

-*Creo que más tranquilo, pero no veo el momento de irnos de este lugar* -contestó Jhon Scott, con tono suave pero sin vacilaciones-.

-*Ven, te sirvo un café, lo debes necesitar, luego quiero que tengamos una conversación en el patio*-le dijo Angélica- .

Mientras señalaba con sus ojos hacia la habitación de Pablo, insinuándole que deseaba conversar a solas con él.

Jhon accedió, se tomó el último sorbo de café y bajó primero las escaleras, le siguió Angélica y se sentaron en la pileta del patio a dialogar. La mujer tomó la posta.

-*Debes ser consiente que no estás manejando adecuadamente la situación, ¿no crees que debiste primero conversar conmigo con respecto a irnos de aquí? ¿Qué te pasó?, tú eres muy coherente y tranquilo para solucionar los problemas y ahora te saliste de casillas...*

Jhon se quedó unos segundos en silencio, y luego de un suspiro refutó.

-*Entiendo que he actuado muy ofuscado. Toda mi familia, desde mis abuelos hemos luchado contra estos conceptos absurdos de discriminación, hemos derramado nuestra sangre por liberar a la humanidad de la opresión de estos grupos conservadores y ahora nuestro propio hijo comulga con esas ideas, a las que hemos combatido por generaciones.*

-*Ese colegio de curuchupas es el responsable, me lo dijo Don Pascual. Por eso lo mejor que podemos hacer es irnos de aquí.*

Angélica le expreso sutilmente:

-*Jhon, querido esposo, recuerda que tú aceptaste la beca que nuestro hijo ganó para ese colegio, Pablo es muy inteligente y sigue ocupando los primeros lugares. ¿No crees tú que lo mejor es conversar con él? ¿Cuantas veces nos hemos sentado a conversar con él sobre nuestras peripecias en México? ¿Él sabe el aporte inmenso que dieron sus bisabuelos y abuelos en Nueva York? que incluso su abuela Polly ofrendó su vida por la causa anticoncepcional.*

Las palabras de Angélica sirvieron de remanso, fueron precisas y muy obvias. Jhon no las pudo rebatir, no dijo una palabra más al respecto, *¡debía descansar!*, al día siguiente volvería a su trabajo en Lago Agrio, a su vuelta en veintidós días, tendría la oportunidad de resolver el embrollo. Entró al dormitorio de Pablo quien se encontraba sosegadamente dormido, le dio un beso en la frente y se fue a dormir con su mujer. Horas después el bus salió de la alborotada terminal con él, a las cinco de la mañana hacia el Oriente.

CAPÍTULO 44

El joven Pablo deseaba con ímpetu seguir ojeando el diario de su padre, apenas llegó del colegio, fue en busca del cuaderno, leyó por lo menos un par de horas sin cesar:

La gran metrópoli de Nueva York se fue convirtiendo de a poco en un lugar de seducción para los jóvenes tucseños, entre ellos mi abuelo Charles. Las noticias que procedían de allá les llevaban a veces hasta alucinar sobre las aventuras que podrían vivir, sobre la gente que podrían conocer, estaban al tanto de aquella ciudad, sabían su superficie, su clima, sus barrios, incluso los viajes que desde allí partían hasta el Atlántico, en especial hasta el Reino Unido.

Muy pronto apareció la idea de emprender el viaje, Santiago era un joven de origen mexicano que desde niño había sido errante, su familia cruzó la frontera desde Ciudad Juárez hacía unos 40 años buscando fortuna, luego se quedaron en Phoenix donde nació Santiago hasta radicarse en Tucson, así que la idea de viajar y buscar aventuras la tenía en su sangre. Frank, quien había conocido varias ciudades del Pacifico, tenía la aspiración desde niño de conocer a su tío de Nueva York a quien solo lo conocía en cartas. Su padre le había dicho que cuando llegaron a la gran manzana desde Irlanda, el insensato de su tío no quiso seguir el viaje hasta el viejo oeste y prefirió quedarse.

Para Charles, se presentaba la oportunidad de salir de Tucson, estaba cansado de sus calles polvorientas, aburrido del áspero algodón y de la carne de res que tenía que vender, del talaje insoportable que le provocaba prurito, pero sobretodo de no poder salir libremente a divertirse sin el riesgo de ser atacado por un pistolero, claro estaba; New York no era un vestigio de paz, lo sabía por las cartas que leía con sus amigos; pero poco le importaba, New York lo había embaucado, lo había seducido.

Pero *¿qué pensaría Peter?*, su hermano, de esa absurda idea de ir a Nueva York.

Estaba atardeciendo y una puerta de pino asediaba la entrada a la sala de la cabaña de Peter, Charles golpeó la puerta solicitando permiso para entrar, mientras su hermano se encontraba sentado en su silla preferida cansado luego de una jornada más de trabajo. Tomaba un vaso de agua y comía un trozo de pan.

-*Hermano ¿Puedo pasar?*

-*Por supuesto entra... ¿Qué sucede?*

-*¡Me quiero ir de Tucson!* -dijo Charles sin entrar en detalles-.

A Peter no le sorprendía lo inexpresivo y directo que podría ser su hermano, sabía que era directo, no tenía tapujos. Recordaba cuando le contó sin preámbulos que por error había visto a su padre y madre tener sexo, se lo dijo tan natural y sin sonrojarse que no dudó en creerle.

-*¿Por qué hermano? ¿Por qué quieres dejar tu paraíso terrenal?*

-Son muchas razones, pero la principal para mis amigos y yo es que queremos otros senderos, otras vivencias y Nueva York es la fuente de inspiración para eso.

Peter no encontró en su fuero interno una transcendente razón para decepcionar a su hermano de semejante travesía, se limitó a decirle que la vida se conformaba de determinaciones y momentos concretos, lo importante debía ser tomar la decisión oportuna. Charles ya había crecido y como hombre soltero, joven, vigoroso podía decidir si no deseaba quedarse en Tucson, lo extrañaría pero lo apoyaría con la bendición que un hermano mayor puede entregar, sin embargo conversar con sus padres no era una opción, a ellos tal vez no les gustaría la idea de que su "pequeño" benjamín se fuera a buscar aventuras a lugares lejanos y peligrosos, pues Bryan conocía lo convulsionada de la ciudad de Nueva York en especial por las pandillas y las disputas raciales. Peter le dio un abrazo a su hermano y le colmó de dicha, no dejaron de brotar unas pocas lágrimas entre ambos.

Los tres muchachos empezaron a planear el viaje, lo harían por tren, llegarían donde el tío de Frank, no lo conocían en persona, las cartas fueron su único nexo en los últimos dos años. Una vez instalados donde él, buscarían empleo, había mucho que hacer, una gran ciudad como Nueva York necesitaba urgente mano de obra. Llegar donde el tío Frank iba ser difícil pues no tenían una dirección exacta, en las cartas solo decía "Fifth Avenue", de todas maneras la aventura estaba dicha, saldrían en el primer tren de una mañana de abril de 1886. Aunque todavía faltaba un detalle, Charles tendría que decirles a Bryan y a Maryland, no le incomodaba conversar con ellos su irresoluta decisión, pues ya era mayor de edad y no tenía que pedir permisos, pero sabía que a ellos no les causaría alegría, una vez en la granja de su padre fue igual de directo que al hacerlo con Peter.

La reacción fue distinta a la del hermano mayor, Maryland soltó en llanto, lo agarró de sus pantalones y casi arrodillada le suplicó que no se fuera, Bryan, erguido con el semblante más serio, le dijo a su hijo que desistiera de esa idea, Nueva York era una selva de cemento y no buena para prosperar le gritó su padre; sin embargo, ningún argumento ni postura dramática doblegaron a Charles.

Amaba a sus padres, pero el emprendimiento de joven empedernido le dominó, la decisión era insalvable, en dos días viajaría a Nueva York. Abrazó a sus padres, un suave beso le dio a su madre en la frente, luego salió de inmediato evitando una nueva perorata.

Pronto iniciaría el viaje junto a sus amigos.

CAPÍTULO 45

El ruido y el humo delataban la presencia del ferrocarril en la pequeña estación de trenes de Tucson, el monstruo de acero haría una primera parada en Chicago, ciudad que se convertiría en la puerta del este Norteamericano con el viejo oeste. Los chicos tendrían que pasar allí solo unos días hasta volver a emprender viaje a Nuevo York. Desde Tucson hasta Chicago, fue una larga travesía de más de 2800 kilómetros, que estuvo acompañada de varias paradas y de bellos paisajes.

Chicago era una ciudad enorme muy diferente a Tucson y en ella se fraguaban todo tipo de luchas sociales y reivindicaciones, los jóvenes tenían que pernoctar varios días antes de que saliera el siguiente tren a Nueva York. Con el poco dinero con el que contaban decidieron dormir en una tétrica estancia, el olor era repugnante y la humedad atosigante. Salieron del cuchitril a dar una vuelta por la ciudad, amplias calles, edificios de más de cinco pisos, comerciantes en las veredas, grandes locales comerciales evidenciaban la gran diferencia con el pequeño pueblo de Tucson. Al caminar por una calle inundada de prostíbulos cerca del hotel comenzaron a sentir los desaires con los que se podrían encontrar en ciudades convulsionadas como Chicago, al pasar por una esquina de regreso al hotel, un rufián de los que nunca faltaban, trató de llamar la atención de Santiago increpándole por su obvio fenotipo latino.

-*Fuera de aquí, ándate al sur con los cerdos* -le gritó el xenófobo-.

-*¡Maldito hijo de puta!* -le contestó con repudio el joven de origen mexicano-.

Era evidente que una riña estaba por empezar, los dos se agarraron a puños en el polvoriento espacio de la calle frente a la pocilga que llamaban hotel, un efusivo puño ensangrentó la cara de Santiago, y este respondió con una patada en el abdomen de su oponente. Charles y Frank sabían que inmiscuirse en una pelea de dos, hombre a hombre, era algo que no estaba en su escala de valores, pero permanecían muy atentos, si es que la pelea se salía de control, y lastimara considerablemente a su amigo.

Pocos minutos después, dos tipos con palos gigantes se inmiscuyeron con la intención de golpear a Santiago, Charles y Frank ingresaron al ruedo, puños iban, puños venían… y como cuando un águila agarra a su presa, son sorprendidos por cinco hombres al mando del alguacil, quien se vió forzado a disparar al aire, e increpó a los revoltosos a dejar de pelear.

-*Paren desgraciados* - dijo con vehemencia el alguacil Carter-.

Carter era un hombre fornido, de buena estatura, acostumbrado a lidiar con bandas de malhechores, por lo que la riña de estos principiantes no le hacía ni cosquillas, estaba consciente de que el rufián provocador había empezado la gresca, quien tenía un expediente extenso de provocador y sanguijuela. Al parecer el alcohol lo tenía siempre exaltado en vez de inhibido.

De todas maneras fueron detenidos y llevados a la pequeña penitenciaría de la ciudad, una cárcel repugnante, pequeña, sombría, donde no cabía un preso más a pesar de tener tres celdas; el baño, si es que se le podría llamar baño, era un hueco de tres metros rodeado de cuatro enormes tablones, el olor era nauseabundo, los reclusos preferían recibir un golpiza y quedar inconscientes por varias horas a permanecer en esa escabrosa cárcel.

En aquella época Chicago y otras ciudades norteamericanas con frecuencia eran testigos de revueltas por diferentes tipos de reivindicaciones sociales, una ellas la exigencia de la jornada de ocho horas laborales, pues se trabajaba de diez a catorce horas en condiciones paupérrimas. La inmensa mayoría de trabajadores no estaban conformes y declaraban huelgas en fábricas haciendo pasar malos ratos al empleador. La agitación social determinó que al fin, el presidente Andrew Johnson, promulgará la *ley Ingersoll* en la que se decretaba el ansiado pronunciamiento de la jornada laboral de ocho horas, pero los estados armaban cualquier subterfugio para pasar por alto esa ley.

En virtud de que no se había solucionado el problema, el primero de mayo fue convocada una huelga general en varias ciudades de los Estados Unidos, Chicago no fue la excepción, más de cincuenta mil trabajadores se expresaron en las calles pidiendo mejoras en sus condiciones laborales, justo un día antes los jóvenes de Tucson habían sido encarcelados por el alguacil Carter. El alguacil estaba preocupado por la convulsión social que se veía venir, consciente de que las cárceles se iban a colapsar más de lo que estaban.

Las protestas aumentarían durante los siguientes días, así como también la compañía que recibían los jóvenes, poco a poco las celdas que ya estaban copadas se iban llenando de obreros que habían participado de las protestas, Charles escuchaba cómo uno de los nuevos prisioneros decía:

-*Malditos imbéciles, no nos ganarán esta pelea, seguiremos beligerantes ¡nuestra lucha tendrá éxitos!*

Al otro lado de la celda otro enardecido obrero gritaba de indignación

-*¡Mataron a Garry!. Yo vi su cara ensangrentada y no pude hacer nada por mi amigo*

Lloraba sin consuelo mientras Charles asentía con su mirada con claros signos de solidaridad, pero sin conocer con detalle los hechos.

En efecto varios obreros fueron asesinados el día tres de mayo por la policía y por la guardia de choque contratada por la patronal, eso había hecho caldear los ánimos y habían convocado a una concentración para la jornada siguiente (cuatro de mayo) en horas de la noche.

Al siguiente día a pesar de la ardua vigilancia y zozobra la concentración había sido un éxito, la policía tenía la orden de dispersar. Alguien lanzó una bomba y mató a un policía, esto fue la excusa perfecta y perversa para arremeter con ráfagas de balas a los miles de trabajadores apostados. Los heridos y cadáveres se esparcían en las calles, el espectáculo era macabro, las calles se mancharon de sangre y el desconcierto lúgubre se hacía evidente, la llamaron la revuelta de *Haymarket*. Mientras eso ocurría en las calles, Charles, Frank y Santiago en la cárcel atestiguaban los ruidos ensordecedores de las balas y los gritos que hasta allí se escuchaban desde la parte exterior, mientras les afligía la incertidumbre.

Uno de los obreros compañeros de celda de Charles se acercó a conversar con él.

-Te parece justo que cuatro bribones se aprovechen de nuestro sudor para explotarnos

Charles asintió con recelosa convicción.

-¿Cómo te llamas? -le preguntó el obrero-.

-Charles, señor,

-Mucho gusto, soy August -le dijo amablemente el obrero, mientras saludaba con un apretón de manos-.

August trabajó años en una fábrica de acero en su natal Chicago, allí perfeccionó sus destrezas en la transformación del metal y también sus manos callosas y sus uñas ásperas, después del gran incendio de 1871, la ciudad prácticamente había prohibido que las nuevas construcciones fueran de madera y los arquitectos tuvieron que valerse de otros materiales de construcción entre ellos el acero, así que August, como otros obreros, era muy diestro en la manufacturación de este material.

-*¿Y tú que haces aquí?* -preguntó August-.

-*Una riña callejera* -contestó Charles-.

Frank continuó -*ese alguacil es un imbécil, no nos permitió defendernos, no fue nuestra culpa y estamos aquí.*

-*¿No parecen de aquí jóvenes amigos?*

-*¡Así es! Somos de Tucson* -contestó Charles-.

-*¿Y qué hacían en Chicago?* -preguntó August-.

-*Íbamos a visitar a un amigo a Nueva York....*

En aquellos días la euforia de los trabajadores era pertinaz y más aún la represión de la patronal y el gobierno federal, las cárceles no daban abasto y los presos gritaban por justicia, pasaban horas, el frío y el hambre hacían mella a los detenidos, quienes solo esperan un descuido pues la única opción era salir de aquel atolladero.

Y ese descuido llegó.

El alguacil Carter salió del presidio, por una semana que no veía a su madre, dejó para suerte de los presidiarios a un ayudante novato y un poco estúpido a cargo de las tres celdas contiguas. August hizo que uno de los neófitos adeptos al sindicato de los obreros textiles, fingiera un fuerte dolor abdominal, el desgraciado guardián abrió sin precaución la celda, enseguida arremetieron contra él, lo tumbaron contra el escritorio que estaba junto a la gran celda, lo dejaron inconsciente. Lograron quitarle las llaves, abrieron las puertas y junto a estos salieron los muchachos tuscseños libres sin mirar atrás. A lo lejos vio Charles cómo August no salió hasta esperar que saliera el último de los prisioneros.

Otra vez el sonar de la puerta le interrumpió, su madre Angélica había llegado.

CAPÍTULO 46

Jhon llegó a Lago Agrio y en su mente flotaban los amargos recuerdos de su confrontación con Pablo, rumiaba constantemente sobre el contrabando ideológico al que era arremetido su hijo, sabía que apenas colocase un pie en Quito la próxima vez, acudiría al colegio de los Jesuitas, <tendré un pugilato de ideas con los curas "hijos de puta" y sacaré a mi hijo de ese convento medieval>. Para Jhon las palabras de Angélica solo fueron una suerte de contención momentánea. Esos *días de separación con la familia l*e pusieron más preocupado y con una suerte de confrontación imaginaria sin cuartel en contra de la curia. Deseaba que pasaran esos veintidós días en el Oriente a la velocidad de un águila, prefería que su mente pasara ocupada ayudando hacer cuentas en el departamento de contabilidad, que caminar por todo el campamento observando alguna novedad, tenía autoridad para desviarse un rato de sus principales responsabilidades. Era muy bueno para los números así que el sumar, restar y multiplicar lo alejaban de sus infructuosos pensamientos.

En Quito, lejos de amilanarse por las refriegas de su padre, Pablo muy conscientemente se comprometía aún más con la doctrina católica, leía con exaltación la encíclica Humanae Vitae de Pablo VI, pero no solo la ojeaba, la entendía, la desmenuzaba prolijamente, la hacía suya, dejó de ser una mera tarea de literatura, para convertirla en una bandera de vida. El padre Eduardo veía a Pablo con entusiasmo, porque expresaba una oratoria fina para defender sus ideas, veía en el muchacho un líder que desde los feligreses aportaría significativamente en propagar la doctrina de la iglesia. Por esos días las instituciones públicas y las organizaciones privadas sin fines de lucro arremetían con fuerza la modernidad de la anticoncepción, aparecieron con ímpetu otras iglesias, el nerviosismo hacía mella en los grupos conservadores, los militares habían dejado el poder y se disputaba la presidencia del país un joven guayaquileño acusado de izquierdista que supuestamente estaba dispuesto a poner en su sitio a una iglesia solapadora y responsable de la miseria y aún conservador ex alcalde de Quito que tenía fama de mujeriego. El clérigo estaba atento y con expectativa 'pues de esa elección podría depender el rumbo de la Iglesia católica en el Ecuador y su relación con el nuevo estado democrático. Incrementaron la ayuda social que realizaban entregando comida caliente y otros actos caritativos a los más pobres en las plazas gélidas de la ciudad, a Pablo le gustaba mucho ayudar en esas tareas.

El colegio donde estudiaba Pablo tenía prestigio académico y social, de allí habían salido importantes políticos y autoridades del país, así que los maestros tomaban muy en serio la formación integral de sus estudiantes, ellos debían ser la camada que enfrentaría el peligro del liberalismo y el comunismo que acechaba al país. En la sala de visitas de la institución, de fachada clásica y con poca luz se encontraban los retratos de exestudiantes que habían logrado puestos importantes en la conducción política del país. Cada vez que Pablo pasaba por allí observaba con gran admiración aquellos cuadros, investigaba minuciosamente a cada personaje y se formaba una idea de las similitudes con las que compartía con esos personajes, se instauró en él un cierto egocentrismo por la política, pensar en el poder lo deleitó, por ello captó sin problemas la presidencia de su salón de clases, experimentaba a su manera la experiencia de ser líder. Aquello le sirvió mucho para fortalecer su voluntad de adalid, para aprender a controlar su carácter y a convertir las circunstancias negativas en oportunidades de victorias. Le sirvió incluso para reflexionar que insultar a su padre no había sido la manera adecuada de hacer prevalecer sus ideas. Pensó irrefutablemente que cuando llegase del Oriente le pediría una disculpa, sin que esto le alejase de sus principios cristianos.

Pero Pablo no era el único buen orador, sus mejores amigos, Ignacio Salazar y Pietro Salgado, eran también formidables oradores, y juntos habían formado una especie de tridente de la discordia, lo llamaban el triángulo de la discordia, porque tenían discrepancias en público para darle más picante a los debates que organizaban con el padre Eduardo en clases, pero en la intimidad habían formado una simbiosis que compaginaban en los argumentos necesarios para defender la doctrina de la iglesia. Pablo decía en público que en la Tierra tendrían que ser castigados los fornicadores, Ignacio creía ciegamente en el castigo divino, pero Pietro pensaba en que las dos alternativas debían aplicarse sin misericordia, en el infierno y en la tierra.

Cada vez que Pablo salía del colegio luego de acalorados debates caminaba cinco cuadras hasta su casa, siempre iba hambriento, su madre desde hacía varios meses había reducido su carga laboral a media jornada, menos dinero, pero más tiempo con su hijo. Esa tarde Pablo no la encontró como siempre en el balcón de la casa o en la pequeña sala, la llamó con una voz tonificada por sus cambios de adolescencia y apareció su madre con una sonrisa resplandeciente, llevaba consigo una caja de cartón en cuyo interior reposaban unas cartas todas estaban en inglés y un cuaderno, ella le sirvió un sánduche de pollo y un vaso con leche fría achocolatada que era la favorita del joven Scott. Se sentaron en la mesa y ella le dijo unas palabras:

-Hijo este es el diario de tu padre, léelo y entenderás porque la preocupación que tenemos -le dijo Angélica sin recelo alguno, mientras extendía sus manos para ofrecerle el cuaderno-.

-Cuídalo, son un tesoro para tu padre -terminó diciéndole-.

Pablo no dijo ninguna palabra, observó la caja y aceptó la propuesta de su madre con un ademán, no le dijo que su curiosidad ya le había ganado la partida y leía con interés el diario de su padre desde hace varios días. Ahora el fisgoneo no era prohibido, ahora rogaría al tiempo que se detuviese para continuar con la profusa lectura durante toda la noche.

CAPÍTULO 47

Los tucseños buscaron ayuda, pero su principal contacto, August, no aparecía, nunca supieron que sucedió con él, por una suerte de coincidencia, conocieron en el puerto a un buen hombre octogenario que como dueño de un tercio de las flotas que comercializaban productos comestibles, les brindó la posibilidad de trabajar con él. Tuvieron la cansada labor de cargar sacos de habas hasta altas horas de la noche en el muelle del puerto. Ganaron unos cuantos dólares que les sirvió a los muchachos para comer y tener un espacio pequeño donde vivir hasta poder comprar otra vez los boletos y huir a Nueva York.

Las aguas de las revueltas habían calmado un poco en la convulsionada Chicago, mientras se daba uno de los procesos legales más amañados de la historia de los Estados Unidos, el 21 de junio de 1886 se inició el juicio en contra de treinta y un trabajadores capturados en las revueltas de mayo. Charles se enteraba por la prensa de la época de aquellos momentos oscuros para los trabajadores:

"Los revoltosos serán juzgados en el tercer juzgado, se prevé la pena mayor"

La propaganda mediática realizada por la prensa amarillista y por las circunstancias de los hechos creó un ambiente perverso y sensacionalista, incluso acudieron medios de comunicación de Europa a cubrir los hechos. Charles había logrado, gracias a la ayuda de un obrero que conoció en mayo, ingresar al juicio que inició el 21 de junio de 1886, el macabro litigio que inicialmente se encaminó en contra de treinta y un trabajadores terminó por acusar a ocho de ellos: Samuel Fielden, Oscar Neebe, Michael Schwab, George Engel, Adolf Fischer, Albert Parsons, August Theodore, Louis Lingg.

Uno a uno iban testificando los más de mil testigos que comparecieron en el estrado, cada uno de los testimonios pretendía con sus argumentos cavar la tumba de aquellos hombres. Sus propios compañeros trabajadores declararon en contra de quienes supuestamente eran camaradas de lucha. Charles estaba estupefacto con cada de uno de los comentarios establecidos allí. Sin lugar a duda el poder político y económico no dejaría respirar a esos intrépidos hombres. Se habían revelado contra lo establecido, lo que para algunos soslayaba lo normal, para los trabajadores bordeaba la dignidad, la humanidad.

Mientras ese vergonzoso acontecimiento se daba en el centro de Chicago, Santiago y Frank esperaban en el puerto. Habían conseguido separar unos boletos para su viaje, la tensión por el gran juicio había evacuado la vigilancia en la estación de tren para dedicarla al edificio de justicia. Cientos de trabajadores esperaban en las afueras el desenlace y no se descartaba una explosión de furiosos trabajadores que esperaban justicia.

-*Santiago* -dijo Frank-.

-*Me ofrecieron entregar los boletos en tres horas y posiblemente la salida sea enseguida, pero Charles no aparece.*

-*ya aparecerá* -Santiago *con voz pausado le pidió calma a Frank-.*

-*¡ten confianza amigo!*

En el juicio Charles sentía con cada testigo las ganas inequívocas de expresar su ira por tal absurdo, pero consciente de que cualquier exabrupto lo metería en problemas trató de mantener la compostura. Seliger (excompañeros de los acusados) quiso acusar a Louis Lingg de fabricar la bomba de Haymarket, esto fue rebatido con argumentos por la defensa, pero el tribunal, parcializado, la desautorizó. Mientras pasaban las horas, la incertidumbre copaba la sala en especial de los familiares de los acusados, quienes temían lo peor.

Ya había oscurecido y Charles no aparecía, Santiago y Frank estaban preocupados porque su amigo no daba señales de vida y por fin habían conseguido los boletos, siendo posiblemente una de las pocas posibilidades de cumplir con su propósitos de ir a Nueva York, de repente una sombra apareció entre las paredes, Charles que con la cara triste y lágrimas en sus ojos les decía a sus amigos…

-*Los van a matar, no tienen escapatoria*

Un abrazo apaciguó la tristeza, pero una noticia le puso esperanza a la noche.

-*¡Tenemos los boletos!* -le dijo Santiago a Charles-.

-*¿Qué dices?* -replicó, con ademanes de sorpresa Charles-.

-*Sí amigo, tenemos los boletos y partimos mañana a primera hora* -expresó con emoción Santiago-.

De hecho muy por la mañana salieron por ese sueño, Chicago todavía no despertaba, pero había que despedirla, New York les esperaba a estos jóvenes que tenían esperanzas de días mejores y aventuras desconocidas que experimentar. Semanas después el 20 de agosto fueron sentenciados a muerte Spiers, Schwab, Lingg, Engel, Fielden, Parsons y Fischer y fueron ejecutados en una mañana fría y espeluznante el 11 de Noviembre de 1887.

CAPÍTULO 48

Nueva York 1886, seis de la mañana, la neblina y el frío cubría el nuevo gran Central Park y sus alrededores, aquel parque de más de trescientas hectáreas, deslumbró a los visitantes, si Chicago les pareció grande e imponente, Nueva York duplicaba esas expectativas. Encontraron cobijo en un cuarto ubicado justo en la Quinta Avenida. El dueño del inmueble era un hombre hijo de inmigrantes polacos que había heredado esa propiedad, su estatura impresionante y su voz grave explicaba las condiciones de arriendo a los fuereños, el viejo Smark, como lo llamaban en el vecindario, fue tácito en sus palabras.

-*¡No prostitutas ni riñas!*

A pesar de la mañana fría, envoltorio y holgazana, Charles, Santiago y Frank dejaron sus pocas pertenencias y fueron en busca de su tío, él no tenía ni idea de la visita de los tucseños, pero ellos tampoco conocían la ciudad así que su búsqueda sería un poco lenta y accidentada.

Mientras los jóvenes caminaban por la Quinta Avenida observaban una intensa actividad, los negocios se establecían por cientos, ríos de gente deambulaban por las calles, a pesar de que la ciudad había acogido desde 1811 el plan hipodámico, el desorden y la insalubridad eran parte de la visita turística. Nueva York, la ciudad más diversa de los Estados Unidos, muchas culturas se cobijaban en sus tierras, así como pandillas o mafias que se dividían los territorios para establecerse y "hacer negocios". En ese primer recorrido los jóvenes tuvieron un tropezón que en aquella época era difícil de evitar, Frank miraba sin recelo la paliza que le daban a Stugar, un borracho de origen alemán, la cara del desgraciado era un mapa de hematomas, los ojos hinchados parecían dos bolsas azules a punto de reventar, los labios entumecidos y partidos por la mitad. Los temerarios que proporcionaban brutal escarmiento pertenecían a la pandilla de Bedford Stuyvesant, eran cuatro los que martirizaban sin piedad al alemán, pero uno de ellos con tono típico alterado le dijo a viva voz al imprudente mirón Frank.

-¡Eh tú, imbécil! ¿Qué estás viendo? -gritó el provocador-.

Frank regresó su mirada a un lado ignorando cualquier provocación, pero Charles estaba cerca de responderle más que por la instigación a su amigo, por la indignación de la que era objeto el agredido. Los muchachos tuscseños ignoraban que la pandilla de Bedford Stuyvesant era una de las más temidas de la ciudad, tenían fama de ser implacables con cualquiera que se le atravesara en el camino, días atrás habían estrangulado a un carnicero que se negó a darles el impuesto que cobraban a todo aquel que ejerciera

actividad comercial en su territorio. Agarraron su cuerpo y lo colgaron en su tercena junto a las reses que se vendían en su propia carnicería, como símbolo de intimidación para quien no cumplirá sus consignas.

Una piedra cruzó por lo alto cerca de Frank... Esta vez la sensatez contuvo la ira de los tucseños y observando la arremetida de la pandilla, corrieron quién sabe a qué dirección.

La huida fue fugaz entre perchas y personas, entre calles y veredas, algunas veces estuvieron cerca de ser agarrados de sus prendas, pero sus destrezas opacaron la captura, subieron como gacelas una paredes enormes cayendo a un patio sucio y maloliente. Ingresaron a un edificio macabro, guarida de ebrios y malvivientes, sus captores los habían perdido de vista y quedaron rezagados.

-*¡Esperen! ¡Esperen!* -les dijo Charles-.

-*Ya no nos siguen, parece que quedaron atrás, de todas maneras permanezcamos aquí un rato más, hasta que pase el peligro.*

Mientras se adentraban sigilosamente a las habitaciones del edificio, los pasillos oscuros, el piso de madera simple rechinaba al pisar, cada paso era un crujir espantoso, los jóvenes sentían la vibra negativa que de por sí un edificio antiguo como ese, representaba. Seguían juntos el trazado recto del pasillo sin separarse, a lo lejos divisaron una luz, y unos murmullos inexplicables, Santiago pudo observar algo que sus amigos no lo habían hecho...

-Vean amigos -dijo Santiago-.

-Las paredes están asquerosas, muy sucias, demasiado sucias ¡pero es sangre!...

¿Qué mierda será? Esto parece una carnicería.

Inmediatamente una mano por detrás sujetó el hombro de Charles... y todos gritaron como si el mismo demonio se les hubiese presentado...

Un hombre muy alto, delgado, de barba blanca y con un estilo aristocrático les preguntó mientras les atravesaba la mirada con sus ojos grises penetrantes

-qué hacen aquí, ¿quiénes son ustedes?

Charles, con una pizca de inteligencia y otra de miedo, le contestó:

-Mi señor, estamos perdidos, una pandilla nos quiere matar

-¿Matar? -preguntó el hombre-.

-Yo los voy a matar por intrusos ¡Muchachos agarren a estos! y no los suelten hasta que digan para quien trabajan.

Uno de los que acompañaban al viejo alto y flaco dijo:

-Estos deben ser de las SSV -les gritó mientras apuntaba con un bate al rostro temeroso de los tucseños-.

En el tumulto salió una mujer con voz enérgica, se llamaba Nilda, tiró el bate hacia un lado y le dijo al viejo

-Hopper, tal vez sea cierto lo que dicen estos miserables, escúchalos.

-¿Qué hacen aquí?   hablen, tienen una sola oportunidad para decir la verdad.

En ese momento de extraordinaria tensión y terror para los muchachos, el único que tenía las agallas para hablar era Charles, quien contó paso a paso la historia, fueron varios minutos de zozobra que para Santiago y Frank se les hizo una eternidad, pero esa espera no fue en vano, el viejo Hopper interrumpió a Charles.

Mirando con ojos radiantes y sin parpadear, preguntó a Frank

-¿Cómo se llama tu tío?

-Sams señor-le contestó servicialmente el muchacho-.

El viejo Hopper sorprendiendo a todos, abrazó al muchacho y este sin saber por qué lo recibió con reciprocidad, nadie entendía qué estaba pasando, hasta hacía unos minutos Hopper quería matar a los jóvenes intrusos y ahora le abrazaba a uno de ellos con llanto de alegría, el resto esperaban impávidos una explicación, incluido Santiago y Charles.

Esa explicación no llegó, pues un grupo de hombres de las SSV irrumpieron en el lugar, estaban a la caza de un grupo de inmorales que se encontraban practicando abortos clandestinos y que estaban acusados de promulgar prácticas herejes para controlar la cantidad de hijos que debían tener. Su misión era capturarlos y entregarlos a los federales para que fueran procesados y encarcelados por indecentes. Fue un enfrentamiento feroz, en las SSV estaban hombres robustos y rústicos, utilizaban cualquier objeto que pudiera hacer daño, del otro lado se encontraban muchas mujeres que habían pertenecido a los grupos de Enma Goldman, una anarquista lituana de origen judío, que se la consideraba una de las pioneras en la lucha por los derechos de la mujer en Estados Unidos. Esas mujeres estaban decidas hacer respetar su condición de mujer, no estaban dispuestas a dejarse amedrentar por un grupo de conservadores religiosos que las pretendían subyugar.

Las SSV eran superiores en número y fuerza y arrasaban cual huracán contra sus opositores, los jóvenes Tucseños fueron víctimas de tal agresión, estos respondieron la embestida colocándose en el bando de los anarquistas. El líder de las SSV, quien dirigía la arremetida y sabía quiénes eran los cabecillas entre ellos el viejo Hopper y Nilda, estaba perturbado por los afuereños que daban gran resistencia.

-*¡Charles! Atrás tuyo* -le advirtió Santiago-.

Un puño levantó Charles tumbando a su agresor por el pasillo del corredor dando un porrazo a otro grandulón, mientras Nilda forcejeaba con dos voluminosos de las SSV Frank fue en su ayuda, pero no fue suficiente, la fuerza de su contendor parecía indomable y un puñete le causó mucho dolor.

-*¡Auxilio amigos!* -Pidió con apuros Frank, ensangrentadas sus encías y con un par de dientes fuera de su lugar-.

Charles fue por la ayuda y contuvo al fornido con una llave en el cuello, a segundos de doblegarlo, recibió un golpe por atrás con un tablón provocándole una súbita inconciencia. Minutos después abrió los ojos, el mareo y el dolor de cabeza le retumban los oídos, con un leve movimiento de cabeza lo único que alcanzó a divisar eran unos barrotes de una cárcel de la ciudad.

CAPÍTULO 49

Nueva York 1892.

Charles y Santiago se ganaban la vida como jornaleros de la construcción, la ciudad de Nueva York se iba sembrando de edificios que de a poco llegaban al cielo. Pasaron varios meses en la cárcel junto a los miembros de la organización anticonceptiva, de Frank no se supo más, aunque años después se supo que regresó a Tucson. La mano de obra era necesaria en la cimentación de lo que sería llamada después coloquialmente "La gran manzana". A pesar de lo duro que fue pasar en la cárcel se adhirieron al movimiento proanticoncepción, las horas y días que pasaron junto a los activistas entre rejas les sirvieron para conocer el contexto de su lucha, sus ideales y sus objetivos. Junto a Nilda y a otras mujeres participaban de mítines, charlas y conferencias en las calles, plazas y salones de la naciente gran metrópoli. El movimiento fue creciendo exponencialmente, se iban incorporando personas de toda clase social y género. Margaret Sanders de trece años, sería una de ellas; vivía a varios kilómetros de distancia en esa misma ciudad, cerca del río Chemung, junto a su madre, una devota católica, su padre un albañil libre pensador crítico del conservadorismo y sus diez hermanos. Esa adolescente se convertiría después en una de las mujeres más influyentes por los derechos reproductivos de las mujeres.

Charles vivía con Santiago en un pequeño apartamento cerca de la quinta avenida, con 31 años a cuestas trataba de darle un sentido a su vida, nunca encontraron al tío de Frank, ni le interesaba buscarlo ya, pues el sobrino también había desaparecido. No había recibido respuestas de su familia en Tucson a las cartas que había enviado, tal vez se perdieron en el camino, era mejor especular eso a pensar en que lo habían olvidado para siempre. Charles desarrollo el sentido de la narración escrita y trataba de disipar la mente aportando con sus ideas escritas para los boletines insurgentes. Las SSV trataban de buscar a sus distribuidores, pero tenían una obsesión con los autores intelectuales. En una ocasión por error capturaron a un profesor que había recibido un boletín de aquellos en Brooklyn, pensaron que era uno de los intelectuales que lo elaboraban, lo golpearon hasta casi matarlo, nunca les dijo nada el desventurado maestro, días después murió por una hemorragia interna en el cerebro. Nunca pagaron por eso y otros crímenes.

Charles se iba ganando la confianza de la organización, su trabajo como obrero, sus escritos lo mantenía ocupado, pero le faltaba algo, eso que transciende el espíritu de lo indescriptible, ese cosquilleo de pasión y sentimientos de amor, eso se llamaba Nilda, con quien había compartido no solo un puñado de aventuras de luchas reivindicativas, sino ese olor de la compañía deseada, de la espera ansiada, de la pasión desenfrenada. Desarrollaron un sentimiento mutuo. Nilda era una mujer que no había tenido suerte en los idilios, el último que tuvo fue con un hombre que vivía en el Bronx, al principio todo tenía sentido, compartían los mismos ideales y fraguaban juntos la sedición en contra de lo establecido. Pero el hombre cambió, un día le pidió que no fuese más a esas luchas sin sentido, que no perdieran tiempo en esas cosas y que se dedicara a él. Ese fue el principio del final. Nilda lo dejó pocas semanas después.

Santiago estaba al tanto del amorío, no dejaba de perder el tiempo gastándole bromas a su amigo. Pues el amor lo distraía con bastante frecuencia. Desde que estaba con Nilda, al joven Scott frecuentemente se le olvidaban las cosas, no llevaba su lunch al trabajo, dormía tarde y a veces se retrasaba a su horario de labores, o se le olvidaban las llaves de su apartamento dentro de él. Lo que nunca se olvidaba ¡eso sí! era las citas con Nilda, sea para un encuentro amorosos o para algún mitin o reunión.

-Sabes que un hombre enamorado, es como una paloma frágil, vuela, vuela tan alto que no sabe cuándo va a caer -con frecuencia le decía Santiago-.

-¡*Mira!* -dijo Charles a Santiago mientras sostenía vehemente la página del New York Times-.

"Elizabeth Cady Stanton, disertará mañana en Manhattan"

Elizabeth Cady Stanton, considerada como la pionera de los derechos de los movimientos a favor de los derechos de la mujer en los Estados Unidos, en 1848 había organizado en Nueva York la primera convención sobre los derechos de la mujer, en la que se elaboró la Declaración de los Sentimientos. En 1869 fundó junto a Susan B. Anthony la Asociación Nacional para el sufragio femenino.

Elizabeth Cady Stanton era una autoridad en los movimientos feministas de los Estados Unidos y cada conferencia era un acontecimiento, para Nilda, Claude y para los miembros del movimiento escucharla era todo un suceso y no iban a perder la oportunidad de ir a verla.

Al día siguiente, fueron a su disertación, aunque Nilda y Claude la había escuchado varias veces, para Charles y Santiago era su primera vez, esa mujer frente al podio llevaba su discurso reivindicador, la multitud escuchaba fehacientemente, aunque Elizabeth Cady proponía que la abstinencia era la mejor opción para no embarazarse, su lucha principal siempre fue el derecho de la mujer a sufragar, ese era su estandarte.

En realidad la abstinencia en el matrimonio no era la mejor opción, a finales del siglo XIX muchos hombres, al tener abstinencia en sus matrimonios, acudían a los prostíbulos y contraían enfermedades de transmisión sexual. Esto incrementó por aquellas épocas la sífilis y la gonorrea.

CAPÍTULO 50

Muy por la mañana Pablo despertó para desayunar, había leído hasta muy tarde, durmió apenas un par de horas y debía retirarse al colegio; antes había rezado una plegaria en su habitación. Angélica también se preparaba para ir se a su trabajo, trató de indagar a su hijo sobre los relatos que leyó en la tenebrosidad de la noche, pero su tibio acecho no tuvo los resultados que esperaba, Pablo fue enfático:

-*Madre, la anticoncepción va en contra de los principios naturales de Dios, no podemos esconder su palabra. La divinidad de la unión conyugal no se debe fomentar en la carne, sino en el alma* -lo dijo firmemente el muchacho-.

Se tomó un sorbo de su leche, se despidió de su madre y se fue corriendo a su colegio.

Angélica se quedó sentada en la silla casi catatónica, su hijo fue determinante, no le dejó dudas. El catolicismo había colocado su bandera triunfal en su espíritu, le había conquistado o se había dejado conquistar, igual daba lo mismo, quitarlo forzosamente de esa ruta era complejo. La indócil personalidad de Pablo no lo permitiría.

El padre Eduardo, quien no solo era el profesor de literatura del colegio, cumplía una función importante dentro de los jesuitas; monitorizaba constantemente las expresiones culturales y sociales de la prole, debía conocer con el mayor rigor de exactitud lo que la gente pensaba en la calles, plazas, casas y, *¿por qué no?* hasta debajo de las sábanas. Para eso se valía de grupos de sacristanes y acólitos fieles de la iglesia que podían hacer el trabajo con la más fiel devoción. A sus oídos había llegado la información que los partos en madres solteras se acrecentaban sin límites, deshonrando con grosera irreverencia los designios de la Iglesia.

Al término de una de sus clases de literatura pidió a Pablo, Ignacio y Pietro que se quedaran para darles unas instrucciones, los tres tenían las características necesarias para hacer lo que se les propondría:

-Jóvenes, el Señor quiere encomendarles algo muy importante -les dijo solemnemente el Padre Eduardo a los tres muchachos-.

-¿Cuál es la misión? padre Eduardo -respondieron casi al unísono los jóvenes-.

-A nuestros oídos han llegado la noticia de que muchas mujeres de la ciudad transgreden las leyes de Dios y están fornicando, trayendo al mundo niños sin padres, niños bastardos, quiero que vayan a la Maternidad Isidro Ayora y constaten lo dicho...requiero números, porcentajes y si es posible nombres, el púlpito requiere desnudar estas infamias.

Los jóvenes estudiantes estaban dispuestos a cumplir la disposición de su maestro, era la primera vez, pero sabían que esto también era una prueba de fidelidad.

Al día siguiente partieron. En ese hospital había nacido Pablo y casi todos los niños de la ciudad de esa época, fueron con una carta de la curia, iban a dar víveres a las pomposas madres, ese era el enganche. Entraron al hospital con una previa autorización del director, un hombre bien vestido, con telas blancas, una corbata verde, de mediana estatura y con mirada lánguida, personalmente les hizo entrar.

Al interior del sanatorio pudieron observar solo médicos varones, todos vestidos con mandil blanco impecables, erguidos, con seriedad inmaculada, muchos se encontraban alrededor de las parturientas como dando órdenes en un campo de batalla...

-¡No respire así! ¡Puje bien! ¡No grite, va a matar a su bebe!

Los muchachos definitivamente se habían desviado del destino, estaban en las inmediaciones de la inmensa sala de labor donde las mujeres desnudas con las piernas abiertas pujaban para dar nacimiento a sus vástagos, eran filas casi interminables de parturientas, acostadas en una camilla poco confortable para tal delicada labor. Decidieron salir de allí, antes de que alguien les llamase la atención y buscaron la sala de postparto, era otra inmensa sala donde las mujeres descansaban junto a sus pequeños hijos luego de la ardua labor de `parto. El ambiente era cálido y para las mujeres donde parir fue un martirio, ese lugar era un remanso de paz.

Pablo y Pietro eran más extrovertidos, Ignacio siempre se quedaba un par de pasos atrás, empezaron a dar a cada una de las madres una pequeña funda de arroz con un enlatado de atún, mientras indagaban su estado civil. Pablo se acercó donde una mujer que tenía aspecto pálido y somnoliento que a duras penas amamantaba a su bebé.

-Señora ¡buenos días!

Como un susurro trató de despertar a la mujer puérpera, quiso ser todo lo delicado para no incomodar a la mujer.

-Venimos a entregarle este pequeño presente -le dijo Pablo con la voz entrecortada y suave-.

-¿Cómo se siente? ¿Fue un parto difícil?

La mujer agradeciendo el gesto del obsequio le dijo:

-Sí joven, fue muy doloroso, pero Dios me dio este regalito, se llama Manuelita y es mi segunda hija, está muy bella, ¿verdad?

Pablo fue muy sagaz y le preguntó:

-Sí, está muy bonita, ¿se parece a la mamá o al papá?

La mujer bajó la mirada y los párpados se entrecortaron y le dijo al muchacho.

-No lo sé, pero espero que no se parezca a ese maldito del papá, nos dejó abandonadas apenas supo que estaba embarazada de él.

-Se refiere ¿que las abandonó a las tres? -le preguntó con exagerado interés Pablo a la mujer-.

-No joven, el padre de mi primera hija se largó antes de que la niña naciera.

Pablo se quedó perplejo, una mujer había sido abandonada por los dos padres de sus hijas. Se preguntaba cómo una mujer pudo haber cometido el error por dos ocasiones. Para él, la única respuesta era ese depravado liberalismo sexual promovido por una sociedad que carecía de valores, que había abandonado a Dios. Pietro e Ignacio encontraron la misma realidad.

CAPÍTULO 51

Una maleta cayó al piso mientras Jhon abrió la puerta de su casa en Quito, estaba de regreso, luego de veintidós días de arduo trabajo en la petrolera del Oriente, su mente había organizado ideas y vino dispuesto a poner el panorama en orden. Primero iría al colegio y hablaría enérgicamente con el padre rector, luego sacaría a su hijo de allí aunque fuera en contra de su voluntad; regresaría a su casa donde Angélica, y saldrían a buscar un nuevo hogar, el plan estaba decidido.

-¡*Buenos días!* -dijo con voz sosegada Jhon a su esposa mientras entraba al departamento-.

Se abrazaron como siempre y se besaron, hicieron el amor, hubo pasión, entrega y ternura, pero esta vez fue diferente, faltó esa picardía característica de los dos que hacía escandalizar toda la habitación, que forjaba que sus cuerpos desvanecidos llegaran de rodillas al `último orgasmo. La razón no estaba en entredicho, una vez terminada la sesión de sexo, él se levantó se puso un camisón, agarró su cigarrillo y le habló:

-*Tengo que ir al colegio de Pablo, hablaré con el cura de mierda y le pondré en su sitio, hay que sacar a nuestro hijo de ese convento de conservadores y guardianes de la moral humana.*

Angélica le agarró de su brazo y le dijo:

-*Converse con él y la situación no es fácil, no creo que sea buena idea lo que quieres hacer, nuestro hijo está convencido de que sus ideas son las correctas, por favor no vayas a ninguna parte, tenemos que apoyarlo.*

-*¿Apoyarlo?*

-*¿Qué dices mujer?* -le preguntó con asombro Jhon-.

Ella insistió en lo que dijo.

-*No te metas, tu hijo tiene trece años, ha madurado muy rápido, y esto hay que tomarlo con tino. No podemos manejar la vida de él a nuestro antojo.*

Jhon se levantó de la cama, apagó su cigarrillo y mirando a su mujer con ojos inyectados de rabia le recriminó.

-*No puedo creer que te hayas embebido de esas doctrinas retrógradas de la edad media. Tanto tiempo de lucha, para que definitivamente apoyes las incoherencias de nuestro hijo. Esto no lo podré hacer sin tu apoyo.*

-*Lo siento Jhon. Pablo es mi hijo y aunque no esté de acuerdo con sus argumentos, no puedo hacerle cambiar de opinión, ni tampoco debo.*

El hombre se abotonó la camisa, se colocó calzoncillos y un pantalón, buscó sus calcetines y se enfundó los zapatos. Salió de la habitación enfurecido. Angélica le pidió que se calmara y no se retire, su pedido fue en vano. Dio un par de golpes con su puño en la pared de madera.

-*Al diablo todo*-gritó con furia el desdichado-.

Se fue de la habitación, quien sabe a dónde, dejando a su mujer sola en la cama en un clima de zozobra, ella expresaba en su rostro el sinsabor de la discusión con su marido. En segundos trató de analizar la posibilidad de algún error de su parte, escudriñó en sus pensamientos y no encontró motivos para sentimientos de culpa, volvió a recostarse.

Los días de descanso para Jhon `pasaron sin gloria, pero con mucha pena e insatisfacción, apenas cruzaba palabras con su hijo y con Angélica, por primera vez deseaba que los días de descanso pasaran volando, sentía que su familia lo había decepcionado. Angélica trató de darle su necesario espacio, no lo aturdió con palabras ni con llamados de atención. El ambiente era tenso, lleno de incertidumbre, un silencio agonizante perpetraba el hogar. Una despedida fría hizo Jhon, ya era hora de partir otra vez.

CAPÍTULO 52

Era de noche, Pablo llegó exhausto a casa, había cumplido otra labor para la iglesia, pero eso no le impidió la curiosidad por el diario de su padre Jhon, evidentemente no estaba de acuerdo en la anticoncepción, pero algo le atraía de aquel vetusto cuaderno, tal vez su descomedida rugosidad, el papel liso brillante, el olor a flores que alguien puso en el. Aunque me atrevería a decir que su contenido en realidad lo tenía obstinado.

Luego de la conferencia, Charles y Nilda caminaban por la segunda avenida, ella vivía junto a sus padres en una vieja villa, era la última de siete hermanos y la única soltera. Mientras caminaban por el áspero suelo Neoyorquino, Charles pensaba en algo atrevido. Desde hacía días atrás sus pensamientos envolvían una idea. Casarse con Nilda. No sabía cómo decirlo o cómo hacerlo < *¿Y si lo hacía por medio de una carta?* > < *¿O la llevaba cerca del Central Park, justo al frente del árbol de pino que le gustaba, y se lo decía allí?* >. La decisión esa noche no llegó. Pero sí llegaron a la casa de Nilda, su padre le esperaba en la sala. Su nombre era George Ellington, un hombre de semblante serio y respetable, sus ojos como lechuzas casi no parpadeaban, sus manos ásperas de tanto trabajar con el acero. Siempre llevaba puesto un delantal que se lo quitaba solo para dormir.

Estaba cansado de prohibirle a Nilda que anduviera cuestionando al sistema, decía que sus amigos eran unos haraganes, que solo le metían en problemas, y que terminaría en la morgue o a la cárcel como ya lo habían hecho visitando por dos ocasiones la prisión estatal. Su esposa, la señora Ellington, ella sí había perdido las esperanzas, ya no le objetaba nada a Nilda, sabía que la batalla estaba perdida. Los esposos Ellington vieron por la ventana que Nilda llegaba junto a un hombre y se levantaron para recibirla.

La puerta se abrió antes de que Nilda la golpeara.

-*Buenas noches papá, mamá*

El señor Ellington miró a aquel joven de cabello rubio y mirada fina de pies a cabeza, articulando ademanes bien indiscretos. Lo miraba sin parpadear.

- *¡Él es Charles Scott!* -les presentó Nilda-.

-*Mucho gusto señor y señora Ellington* - dijo con reverencia el joven Scott-.

Charles extendió su mano envuelto de frialdad por el clima de la noche para saludarlos.

El señor Ellington extendió su mano suavemente como negándole el saludo al joven Scott. Charles no se ofendió, Nilda ya le había explicado lo parco y agreste que podría ser su padre. Se despidió cortésmente de la familia Ellington y regresó a su apartamento.

De camino a casa cavilaba como decirle a Nilda que ya estaba listo para vivir con ella, para casarse, para compartir una vida de ilusiones, una peregrinación de entrega mutua. No deseaba dejar la oportunidad de estar con una buena mujer. Pensaba constantemente en sus ojos bellos, pequeños, profundos en su mirada, en sus labios perfectamente definidos, rosados, su piel blanca, suave que compaginaban con esas manos delicadas, que a pesar de sus andanzas siempre estaban listas para acariciarlo. Esos pensamientos positivos se entrelazaron con unos pasos que escuchó a su espalda. No quiso mirar atrás, solo caminaba más rápido, pero entre más lo hacia su alma se estremecía, alguien lo estaba siguiendo con vehemencia. Decidió correr buscando un sitio seguro, pocos lugares tenían luz, la mayoría de las calles eran oscuras. Corrió desaforado por la segunda avenida, su corazón no palpitaba, aceleraba como un estruendoso motor de una locomotora. Había alcanzado gran velocidad, parecía una gacela, nadie lo podría alcanzar, la neblina que acompañaba la noche no le dejó observar que un hombre frente a él venía en su dirección, trató de frenar, pero el impulso lo hizo caer encima de un lodazal. El hombre estaba vestido de blanco, sacó una pistola y disparó hacia el frente, cayeron los dos hombres que iban detrás de Charles. Los dos caídos eran de la pandilla de Bedford Stuyvesant, uno de ellos reconoció a Charles como los intrusos que los vieron matar a un hombre y que habían huido providencialmente hace varias semanas. Charles se levantó pero no vio al hombre de blanco, había desaparecido, tal como apareció. Observó con asombro y espanto los cuerpos ensangrentados en la calzada, corrió sin mirar atrás.

CAPÍTULO 53

En las afueras de Nueva York la joven mujer de veinte años, Margaret Sanger, enfrentaba un duro e irreparable dolor, su madre, quien no sobrepasaba los cuarenta y cinco años, ya tenía sobre sus hombros once embarazos y reposaba sobre el lecho del dolor. El médico de cabecera, quien la había evaluado permanentemente durante algunos días, les comunicaba la fatal noticia, sus horas estaban contadas, posiblemente el cansancio del último parto o las secuelas de la tuberculosis, le habían quitado el último suspiro, la madre de Margaret dejaba de existir.

Ese mismo día fatídico para Margaret fue la antesala para redimir una causa escondida, < ¿Cómo era posible que una mujer joven como su madre sucumbiera de esa manera con once embarazos a cuestas?>.

< ¿Tal vez su madre tuvo la oportunidad de poner freno a su paridad? O ¿fue el destino celestial impuesto por la sociedad que la condujo a tan oprobioso suceso?>.

< *¿Por qué la sociedad callaba ante el doloroso espectáculo que era ver a una mujer parir como una yegua?*>.

< *¿Su padre pudo ser el responsable? ¿Quién más que él como cabeza del hogar para decidir el camino correcto?*>

A pesar de tantas interrogantes, las mismas no definieron un camino claro al principio, esa muchacha neoyorquina debía junto a sus hermanas mayores cuidar del resto. Pasaron varios años y pudo ingresar a la escuela de enfermería, allí interpretó la mirada desesperada de la mujer trabajadora o ama de casa que buscaba refugio, que pedía ayuda para no tener más hijos. Conoció la pobreza de otros y la soberbia de algunos. Años después ingresó a la organización Emma Goldman, después de varias decepciones, entre ellas amorosas. Su ímpetu fue constante. Nilda fue una de las primeras que le dio la bienvenida, la presentó a todo el grupo. En pocos años Sanger lideró la organización, sus viajes por Europa le inyectaron de ese espíritu de rebeldía, de adoctrinamiento con el que le permitió crear proyectos, tejer conjeturas y darle una estructura a su vida. Ganaba cualquier debate, nunca se amedrentaba, los poderosos le temían e incluso aportaban dinero para sus proyectos de anticoncepción. Preparó y organizó a activistas para que continuaran difundiendo las ideas sobre la anticoncepción. En una ocasión en una conferencia, un hombre le recriminó su insolencia. Le dijo que debería estar en su casa con sus dos hijos. Le preguntó si sabía qué estaban comiendo sus hijos en ese preciso momento, ella le contestó:

-Mis dos hijos están comiendo muy bien, pero si hubiese tenido cinco, seis o más niños, estarían cenando tortillas de arena con sal, eso no sucede porque tengo la capacidad de decidir cuándo y cuántos parirlos.

El hombre sintió que un mundo de abejas le entumecía la lengua, no pudo refutar argumento alguno, *¡es que no lo tenía!* Margaret en pocas palabras lo había bloqueado, estaba aniquilado. La muchedumbre afín a ella se puso de pie y la aplaudió hasta que las palmas de las manos ardieron de tanto frenesí.

CAPÍTULO 54

La satisfacción abrumaba al padre Eduardo, sus súbditos estudiantes habían cumplido a cabalidad su solicitud. Pablo, Pietro e Ignacio le habían dado un informe pormenorizado de las actividades en el hospital de madres Isidro Ayora. Cuarenta mujeres embarazadas dando a luz, la mayoría fuera del matrimonio; ocho médicos varones imponiendo a diestra y siniestra los métodos anticonceptivos modernos. Hombres y maridos irresponsables incapaces de ser la cabeza del hogar, dedicados al alcohol o al superfluo rol de casanovas.

Aunque evidentemente era una exageración, el padre Eduardo catalogó al cuadro como una reedición del relato bíblico de Sodoma y Gomorra. Esa información tenía que ser socializada, aunque era una confirmación de algo que ya se sabía desde hacía años cuando llegaron los primeros anticonceptivos al Ecuador. Los púlpitos de las iglesias de la ciudad debían arremeter en contra de la barbarie de la anticoncepción y sus métodos modernos, *"la sociedad estaba en crisis"*. Los sacerdotes se dieron el tiempo para arremeter en contra de la anticoncepción.

El padre Eduardo observó convicción espiritual para hacer las "tareas de Dios" por lo que invitó a los jóvenes a formar parte de las Juventudes Católicas del Ecuador (JCE), allí fortalecerían su gran convicción en la labor de la iglesia y su compromiso con el Señor. Esa organización había sido creada en varios colegios católicos del País, para influir en la juventud y hacer contrapeso a las organizaciones juveniles de izquierda que afloraban en la época.

La JCE tenía conexión directa con la iglesia, estaba formada por jóvenes de toda la nación, entre los doce a veinte años. Los nuevos integrantes que aceptaron con agrado la invitación estaban encantados, Pablo era el más deslumbrado, por lo que afrontó con gusto la primera actividad a la que fueron invitados.

La misión se dedicaría a visitar un orfanato ubicado en las alturas de la ciudad, a unos metros más arriba de San Roque, uno de los barrios más conflictivos e históricos de Quito. El grupo de visita estaba integrado por diez jóvenes, entre ellos Pablo y sus dos amigos; esa tarde de labor social tenían que subir hasta una quebrada en lo alto de la colina, los perros, los vagabundos y los drogadictos que se encontraron en el camino eran el principal paisaje. Llegaron hasta una vieja casucha grande de paredes de madera y puertas de metal, había sido construida hacía muchos años por unos voluntarios Jesuitas. En ese lugar se albergaban inicialmente menesterosos, luego de no poder controlar los excesos de alcohol y drogas de los albergados. Decidieron cerrar el centro y cederlo a un grupo de monjas de la caridad. Ellas formaron un orfanatorio, era más fácil trabajar con niños pobres que con adultos corrompidos por el vicio. El grupo de voluntarios estaba extenuado por la gran pendiente que habían subido, pero motivados, habían llevado ropa, galletas y juguetes donados principalmente por padres de familia de instituciones educativas religiosas.

La camarilla de voluntarios no estaba formado solo por muchachos, habían tres mujeres, eran catequistas de uno de los templos del lugar. Las caquequistas se dedicaban a impartir educación bíblica a los niños del sector antes del sacramento de la confirmación católica. Una de ellas Amanda, dirigía el grupo; tenía cuatro años más que los chicos y se había ganado la confianza dentro del grupo de las JCE. Amanda una mujer hermosa, alta, casi de un metro ochenta, de siluetas contorneadas, cabellos castaños, piel blanca, y de unos ojos verde-azules exuberantes. Si su belleza llamaba la atención desde lejos, su soltura para dirigir era mejor, simplemente encantadora, cada palabra que decía la expresaba con sutileza e inteligencia. No era común que una mujer dirigiera grupos al interior de la JCE, pero indudablemente Amanda era excepcional, su compromiso con la fe católica inspiraba y era un buen prospecto para hermana religiosa.

-*Hermanos, antes de entrar quiero que asimilen lo siguiente:*

Les dijo Amanda mientras se encontraba frente a ellos.

-*El principio de nuestra convicción católica es justamente el de la fe, nuestra certidumbre se fundamenta en la justicia, en especial con los más pobres, no se trata solo de caridad, sino de promover la justicia para conocer las causas y socavar en ellas* -continúo la mujer-.

-*Así que vamos a entrar con alegría y a conversar con esas almas, busquemos su interior, lleguemos a conocer cada una de sus desgracias y establezcamos nexos de amor con ellos. Son niños y jóvenes que necesitan de nosotros todo el afecto, pero sobre todo el amor de Dios.*

El grupo más determinado que antes, empezó a desplegar sus esfuerzos, ingresaron a la casa, fueron recibidos por las monjitas y empezaron a entregar unas fundas con lo recolectado a cada uno de los cincuenta y cuatro niños y jóvenes del orfanatorio. Pablo no se pudo concentrar, miraba incesantemente a la líder que minutos antes le había adormecido con el movimiento de sus caderas y su sutil inteligencia. Pablo cometió algunas torpezas, se cayó un par de veces y casi rompe una funda de las donaciones al no medir sus fuerzas, su mirada lo delataba y Amanda lo había notado con demasía, en realidad ella se deleitaba, pero también temía. No era la primera vez que dejaba suspiros detrás de los pasos que ella realizaba, no lo hacía con intención, su naturalidad así lo demandaba. Hacía tres meses un joven cargador de costales se despeñó loma abajo como consecuencias de las fulminantes miradas que él le propinaba, Amanda fue en su auxilio y le llevó al nosocomio más cercano, su alma caritativa jamás le hubiese abandonado. Un tiempo atrás, otro hombre un poco mayor, chofer de profesión que conducía un bus, casi sucumbe también por la belleza de la fémina, se distrajo y frenó a raya el transporte para evitar chocarse con un hidrante. Pero ella no hacía nada con intención, por eso se vestía tratando de cubrirse con los mayores atuendos posible, usaba pantalones largos y flojos, se colocaba un pañolón en la cabeza y zapatos bajos, no quería despertar sentimientos superfluos de ningún varón. Pablo fue otro idiota que casi sufre heridas graves por mirón. Una ventana le salvó.

Pero Pablo todavía era un adolescente, un joven, un púber, ella se acercó y le exigió que se concentrase, el Señor no quería en sus filas, almas doblegadas o débiles. El joven Scott hizo un esfuerzo y obedeció el pedido de aquella mujer, trabajó junto a sus compañeros hasta el atardecer. La misión concluyó, pero los pensamientos y la belleza no.

CAPÍTULO 55

En el Oriente Jhon no la pasaba bien, la humedad y la lluvia del invierno dominaban el ambiente, pero no era precisamente la avasallante naturaleza lo que le afligía. Pensaba sinuosamente en Pablo y Angélica, no había podido tomar el control de su corta familia, su hijo estaba fehacientemente adoctrinado al catolicismo combatiendo las ideas del progreso y del liberalismo, y su esposa Angélica apoyaba a su vástago, se sentía derrotado. Había perdido la batalla, encontró en su trabajo como anillo al dedo el refugio a sus decepciones. Ese refugio se llamaba "Departamento de Contabilidad".

Jhon merodeaba desde algún tiempo atrás el Departamento de Contabilidad, el único lugar de la empresa petrolera donde el principal talento humano era de faldas y tacones. La responsable del área, una mujer caleña, se llamaba Paula, se encargaba de la tormentosa tarea de los números y las cuentas claras, era una cuarentona de pelo negro como el azabache, piel morena canela, anchas caderas y ojos negros saltones, parecía que la había esculpido el mismísimo Dios, llevaba cuatro años en el país y no había mujer con más talento para las cuentas como ella. Su trabajo le había obligado a recorrer el mundo, estuvo casada una sola vez, un mal viviente de su misma ciudad la había conquistado, el tipo era malcarado, sin gracia, se jactaba de sus músculos bien contorneados, no tenía modales y lo único que tenía sobresaliente era una voz gruesa con la que vilipendiaba a su alrededor, una vez insultó a Paula de tal manera que la mujer se sintió harta y rompió definitivamente con el chanflón.

Paula demostraba amabilidad y cordialidad con Jhon, habían sido compañeros de trabajo por muchos años y aunque no eran íntimos amigos, desarrollaron una cordial amistad. Un día, luego de una reunión de trabajo de jefes departamentales, Jhon le invitó a tomar un café, agarró el Land Cruiser que estaba a su cargo y siguieron por la carretera sinuosa hasta Lago Agrio, en el camino emprendieron una interesante conversación:

-*¿Cómo va el trabajo? Veo que las cuentas te tienen atareada* -Le preguntó Jhon mientras miraba al frente del vehículo, tratando de sortear los baches de la calzada-.

-*¿Cómo va el trabajo?* -repitió la mujer asombrada- .

-*Cuando entras a la oficina, solo ves papeles por todos lados, facturas pendientes y una máquina de escribir tan tosca como el técnico que le dio mantenimiento, pero no quiero hablar del trabajo*

- dijo Paula con una expresión de enfado-.

-*¡Lo siento!* -dijo un sonrojado Jhon-.

Ella no lo tomó a mal y le excuso, diciéndole:

-*Tranquilo, cuando estás encerrado en ese campamento varios días, las palabras fluyen como queriendo escapar luego de estar encerradas en contra de su voluntad.*

-*Dime tú ¿y tu esposa? ¿Tu hijo?*

Jhon la miró entre ojos girando levemente su cuello hacia su derecha por unos segundos, haciendo un ademan de insatisfacción, regresó al frente a mirar y Amanda notó en su mirada que las cosas no iban bien, el silencio lo dijo todo.

Ella entendió que también sus palabras fluyeron en contra de su voluntad y le preguntó.

-*¿Vamos al mismo bar que fuimos la otra noche con los accionistas?*

-*Sí al mismo, una dama como tú merece lo mejor que hay en este lugar.*

Entraron al bar; unas pocas mesas con floreros de varios colores adornaban el lugar. Había clientela, el mesero, un tipo bien vestido con terno y corbatín, les ofreció solícitamente una mesa. Una taza de café les acompañó en la tertulia, mientras el cocinero les preparaba pollo con adobo de champiñones y pan croissant con salsa de queso; era un bar hecho para ejecutivos e inversionistas petroleros en medio de un pueblo polvoriento que todavía no había usufructuado de las ganancias del negocio del petróleo. Esta vez los amigos dejaron a un lado los temas del trabajo, de la familia y se adentraron en sus propias intimidades. Amanda le dijo a Jhon lo sola que muchas veces se sentía, lo inconforme que estaba de la vida, no se quejaba de su vida profesional, de su solvencia económica, pero el amor le había jugado una mala pasada. Su anterior marido no había sido el único esperpento que le dio un mal sabor de boca a su alma. Un par de hombres le habían querido pasar por encima, todos eran también caleños. Uno de ellos, un abogado penalista, casi la embauca en una estafa mientras aprovechaba de las delicias del amor, el otro, un médico internista de alto renombre, le había puesto los cuernos con la enfermera, la auxiliar de limpieza y hasta con una reina de belleza exuberante que se hacía pasar por su paciente. La conversación parecía una confesión desesperada de ambos, fue acompañada luego de la comida por una botella de vino importada traída desde la mismísima España. Jhon no se quedaba atrás y también contó lo suyo, fue el momento para desfogar en alguien su rabia y frustración contenidas. Las horas pasaban y la plática no terminaba, estaban embelesados, se habían abstraído por una simbiosis de encanto mutuo, esa singular atracción comenzó a dar sus primeros estragos. Él miraba incesantemente su falda, a ella eso no le causaba estupor, cruzaba cada vez que podían sus piernas, haciendo evidente su galanteo. El acercamiento físico era vertiginosamente temerario, Jhon notó que a ella le temblaban sus labios, la nítida conversación sobre los amores pasados se había desviado sinuosamente a miradas directas entre ambos, tal vez el vino de la madre patria los había atrapado, sus miradas se acercaron y confluyeron en un beso apasionado. Pero ya era tarde y el bar debía cerrar, salieron un poco mareados, no querían regresar al campamento, sus cuerpos ya habían pactado implícitamente estremecerse mutuamente, buscaron un motel donde pasaron la noche, ella no le debía cuentas a nadie, él sí, era la primera vez que iba a estar con otra mujer desde que se unió a Angélica. Pero no hubo cargos de conciencia, disfrutaron toda la noche friccionado, acariciando y exprimiendo sus cuerpos hasta el amanecer.

CAPÍTULO 56

Jhon estaba de regreso en Quito, llegaron sus vacaciones de ocho días adornadas de algo diferente, Angélica lo esperaba como siempre con los brazos abiertos y con la ansiedad de una mujer que anhelaba estar con su marido. Había llegado la Navidad de 1980. Las calles céntricas de la ciudad enunciaban un ambiente distinto al que afloraba todo el año, comerciantes tratando de vender sus reliquias, adornos y ropa para esa ocasión, pero también aparecían los mendigos, los miserables que no tenían nada y que buscaban en esas fechas llevarse más que un pan a su barriga. Algunas casas tenían luces y llamativos adornos navideños que le daban un ambiente para muchos placentero. Angélica no se había quedado exenta de esa tradición, colocó luces de colores alrededor de su puerta de entrada y un pequeño árbol de plástico embellecía la sala, junto a pequeños adornos por doquier. Entró Jhon sin avisar y de plano le sorprendió el ornamentado ambiente navideño; no dijo nada y buscó a su mujer, quien se encontraba dormida en el regazo de su cama, le dio un beso en la frente y despertó como si un príncipe encantado le hubiese sacado de un profundo sueño. Ella lo besó emocionada y él le respondió tibiamente, Angélica no vaciló en apapacharlo y llevarlo consigo a la cama, se besaron y abrazaron, hicieron el amor, pero esta vez no fue lo mismo, ella no sintió ese furor desenfrenado de su hombre, esa necesidad imperiosa de amarla y de saciarse el largo tiempo de no estar juntos.

Las horas se desvanecían con el tiempo de esa tarde extraña para Angélica, mientras Jhon dormía apacible ella se preparaba para salir, Pablo no estaba en casa, las peregrinaciones de beneficencia y evangelización de su grupo eran constantes, pasaba todo el día fuera de su hogar, sus acciones y pensamientos circulaban alrededor de la causa religiosa, esa causa mística que llevaba a muchos a impedir la permeabilización de las ideas, el análisis, a poder discernir adecuadamente las teorías de la iglesia. Esas ideas abstractas las convertían en carne y alma, la religión los paralizaba, los convertía en zombis incapaces de dar pasos de acuerdo con la racionalidad.

Ese amor por la fe no neutralizó los pensamientos apasionados que Pablo tenía hacia Amanda, no había aprendido la lección, estuvo a punto de caer a un piso inferior por observarla como un mentecato, pero la seguía mirando obsesivamente, en todo había una silueta de ella , en la sopa, en la pared, en el viento, hasta en los sueños <*agarrados de las manos vagaban lentamente por el campo verdoso, cerca de un riachuelo, él la tomaba de la cintura. El calor era extenuante, las risas de ambos entonaban el silencioso campo que los acogía, solo los pájaros acompañaban sus sonidos al compás de los carcajeos. Se despojaron de la ropa cerca del arroyo, y corrieron desnudos y descalzos, encontraron en esa ruta de pasto y fango un lugar para amarse*>

-*¡Vamos despierta!* -le gritó uno de sus amigos-.

Pablo despertó del sueño letárgico y dejó el bosque encantado en el que soñaba, miró de reojo por encima de su hombro mientras levantaba su cabeza, Ignacio le invitó enérgicamente a que dejara la vagabundez y se levantara, tenían mucho que hacer.

Los voluntarios estaban en un asilo de ancianos, no era el mejor lugar para esos seres de la tercera edad ávidos de cariño, muchos desamparados por sus propios hijos o abandonados a su suerte. Había poco espacio para más de cien ancianos, con poco personal para cuidarlos, el aseo era deficiente, las moscas rondaban el lugar, los malos olores maceraban el ambiente, las madres carmelinas no se daban abasto con tanto trabajo, la comida era escasa. Pero los jóvenes católicos llegaron con alimentos y ropa usada a brindarles esa atención esmerada, Pablo se levantó y sostuvo una charola con vasos de té caliente, repartió uno a uno a los viejitos que confluyeron en la sala, perdió de vista a Amanda. Jugaba a una suerte de equilibrista agarrando con sus dos manos la bandeja evitando caer, miraba por todos lados, el patio de atrás, la pequeña cocina, o el holgado salón en donde repartía la apetecible bebida, sin embargo no encontró a su amada. El muchacho no se dio por vencido y subió unas escaleras que lo llevarían a una pequeña bodega oscura y húmeda, iba a regresar pues no había nadie en el lugar, pero un quejido especial que asemejaba a un gato le alertó. Regresó sigilosamente y observó lo que sus ojos jamás hubiesen podido creer. El padre Eduardo sujetaba con su mano derecha los glúteos de Amanda mientras besaba desproporcionadamente el cuello de la catequista. Pablo se horrorizó con la escena, bajó inmediatamente del lugar dejando la vidriosa charola tirada en el piso, se despidió de sus amigos y salió del lugar. Daba pasos sin sentido, pudo ser presa de cualquier caída, o del ataque de algún malandro que había por el sector, su mente divagaba, tuvo dos decepciones al mismo tiempo. La mujer que amaba en silencio estaba fornicando con "nada más y nada menos" que su maestro de colegio, a quien había seguido sin escatimar esfuerzos para alcanzar la sabiduría de la palabra de Dios, quien con su sotana, habría impregnado a su ser de rectitud y respeto. Su vida no tenía sentido.

Llegó a casa, entró abrupto como muchas veces a su dormitorio, el viejo Pascual, enfermo desde algún tiempo, estaba en el patio delantero, lo vio pasar como un relámpago. Jhon estaba en la sala leyendo un libro y no recibió de su hijo más que un ¡hola Papá! tránsfugo y brusco, Angélica no estaba. Pablo cerró la puerta y no quiso salir en lo que restó toda la noche.

CAPÍTULO 57

El padre Eduardo disertaba con vehemencia su clase de teología de los jueves, hacía eco de su talento para envolver a sus discentes en la tertulia, expresaba con elocuencia y solvencia de forma didáctica cada uno de los conceptos básicos sobre la obediencia, la moral y las buenas costumbres que la iglesia debía pregonar. Sus clases eran una simbiosis entre la rigurosa idolatría de los textos bíblicos y las historias que había leído relatadas de la vida real. Para sostener el tema de la moral contó que una vez un sacerdote fue tentado por el demonio, pasó por tres días solo en un convento del viejo continente en las afueras de la ciudad de Sens. Una mañana pasaron por las puertas del convento unas dóciles doncellas, entregando miel y leche caliente. El pulcro sacerdote las atendió sin abrir la puerta y observó entre las rendijas cómo una de ellas se dejaba ver el busto, el clericó cerró el cerrojo y no dejó entrar a ninguna de las cuatro mujeres que con sus dulces miradas, querían hacerle caer en tentación. Pocas semanas después se enteró de que un sacerdote de un burgo distante había caído en la insinuación, pagó con sangre su pecado. La Santa Inquisición se encargó de él.

-Fue colocado en una tarima, amarrado de pies y manos. Hacia un costado había un orificio en donde se visualizaba un palo de madera de unos diez centímetros de espesor y tres metros de largo que emergía desde el suelo, la punta era de

metal, forjado con cobre y plata. A la orden del inquisidor el cura fue atravesado desde su recto por el palo. A esta técnica le llamaban "el empalamiento", el hombre murió desangrado, eso le sucedía a quien ofendía a Dios.

-culminó diciendo el padre Eduardo-.

Al frente del padre Eduardo estaba Pablo y unos veinte jóvenes quienes escuchaban las frases seductoras y convincentes de la doctrina eclesiástica. Pero algunos no se inmutaban frente a la barbarie de los antepasados de la Santa Inquisición. El joven Scott miraba al "maestro" con esos ojos penetrantes que solo él podía sostener. Sus pestañas casi no parpadeaban y su salivación presa del momento aumentaba, su cara expresaba rabia y decepción, el rubor que eso le causaba no podía ser opacado por el tenue frío de la mañana. En su mente fluctuaba esa aversión que tenía a su instructor; observaba indignado hasta dónde esa doble moral podía llegar, sin escrúpulos. Recordaba *cómo la mano sediciosa del clérigo acariciaba a su amada.* No lo soportó más, se levantó de la silla y salió ipso facto del aula magna de clases. Fue tan rápida la evacuación que el padre Eduardo no tuvo tiempo de recriminarlo por su desafuero. En su casa Jhon estaba a punto de salir, tenía lista su maleta para otro viaje al Oriente, su estancia no había sido afortunada con su familia en Quito, apenas había cruzado palabras con Angélica, quien trató de indagar infructuosamente en él su incomprensible y progresiva frialdad. Luego de caminar aceleradamente Pablo llegó a su casa con los ojos llorosos y su piel fría y pálida; se encontró con su padre quien no dudó en extrañarse y preguntar a su hijo qué le pasaba.

Pablo lloroso le contestó *(era la primera vez que había tenido la confianza de expresarse de esa manera con su padre).*

-He tenido la decepción más grande de mi vida, mi maestro me ha engañado, ¡no solo a mí!, sino a nuestro Señor. Mi Dios también derrama estas lágrimas de desengaño que yo derramo...

Pablo comenzó a llorar como un niño de pecho abrazado a su padre, Angélica se acercó y formó parte de ese momento familiar, el muchacho sintió con ese tridente de calor y cariño el apoyo que no había sentido antes. Pero Jhon visiblemente sorprendido y aliviado quería conocer los detalles:

-¿Cuándo te refieres a tu maestro, hablas del padre Eduardo?

-¡Papá! ¡mamá! Quiero cambiarme de colegio.

La solicitud del muchacho fue tan inesperada y drástica que sus padres se quedaron callados. Pablo siempre había demostrado abnegación y exagerada complacencia en la institución educativa que lo acobijaba, los principios religiosos de la misma se convirtieron en su filosofía, en su forma de ser e incluso le llevaron a confrontarse con su propio padre. No entendían qué suceso había hecho cambiar de opinión a su hijo, a tal punto de querer dejar su querido colegio.

-Pero dinos ¿qué pasó? -preguntaron al unísono Jhon y Angélica-.

-No respetó sus votos de castidad y lo vi cortejando a una catequista.

Los esposos Scott se quedaron perplejos, e incluso incrédulos.

-¿Estás seguro de lo que dices? -preguntó Angélica un poco más escéptica-.

Pablo les contó con majestuoso detalle lo que sucedió e incluso su afición por la hermosa mujer. Los hechos estaban consumados, un nuevo colegio esperaba a Pablo.

CAPÍTULO 58

En la noche Pablo esperaba otra vez leer el diario de su padre, deseaba saber qué había sucedido al fin con sus bisabuelos Charles y Nilda:

En agosto de 1814 inició la Primera Guerra Mundial, en Estados Unidos la llamada Guerra Europea hasta ese entonces pasaba casi desapercibida. Edward, con dieciséis años, tenía mucho interés por los temas de carácter internacional, sus padres Charles y Nilda le habían inculcado el apasionante deseo de la lectura, no solo en temas de libertades de derechos reproductivos y sexuales, sino en Geografía e Historia, el adolescente conocía muy bien los entretelones de una Europa convulsionada en esa época. Una Europa de reyes y súbditos, de iglesias y fieles, de explotadores y explotados.

La guerra en Europa era inminente, los parentescos familiares del Zar Nicolás II en Rusia, de Guillermo II de Alemania y del rey de Inglaterra no impidieron la beligerancia. El asesinato del Archiduque Francisco Fernando de Austria fue la gota que derramó el vaso, ese fue el pretexto que enfrentaría a dos bloques encabezados por un lado por el Imperio Austro-Húngaro y Alemania y por otro a Francia, Gran Bretaña y Rusia. Serbia era una presa apetecible para los austro-húngaros quienes mantenían sus ojos sobre aquella nación de los Bálticos.

PAVEL SALTOS PICO

Edward no perdía la oportunidad para discutir con sus congéneres sobre la guerra y sus consecuencias, lo hacía a menudo, incluso con los miembros de la organización. Poco a poco Estados Unidos se iría indirectamente inmiscuyendo en ese conflicto, aunque no había una posición preponderante ni mucho menos unánime pues un grupo apoyaba definitivamente la participación en la misma y otros la rechazaban. En las calles de Nueva York, Chicago, Virginia y otras ciudades se daban manifestaciones de ambos grupos, pero hubo un hecho que marcó el punto de no retorno. En mayo de 1815, el barco inglés RMS Lusitana uno de los más grandes del mundo y el cual hacía ruta marítima comercial entre Gran Bretaña y Estados Unidos, fue bombardeado y hundido por un submarino alemán provocando la muerte de más de mil personas civiles, muchos de ellos norteamericanos. Este acontecimiento que enlutó a cientos de estadounidenses provocó la exacerbación de la población, incitando a entrar en la guerra inmediatamente. Edward se convirtió en uno de ellos.

Pasaron varios meses hasta que en abril de 1917 Estados Unidos entró de frente en la guerra, la cotidianidad de las familias norteamericanas se veía alterada por la incertidumbre que significaba la participación de los jóvenes en el conflicto. La familia Scott era una de ellas, Edward estaba dispuesto a ir a la guerra, Nilda y Charles estaban contrariados en que su país participara en un despropósito como ese y mucho menos que su hijo formara parte de los casi de 4 millones de soldados norteamericanos que participarían de la guerra.

- *¡Hijo! ¿Crees que es necesario derramar una gota de sangre por un conflicto que está lejos de nosotros? ¿Cuántos otros intereses oscuros habrá detrás de esta guerra? ¿No ves en nuestras caras la angustia de saber que nuestro único hijo partirá a un destino que probablemente sea el fin?* -dijo con suave voz de súplica Nilda-.

A Nilda se le quebró la voz y soltó en llanto arrodillada frente a su hijo.

Charles nunca la había visto doblegarse de esa manera a su esposa, siempre la conoció como la mujer de ímpetu fuerte que doblegaba solo con la mirada a sus adversarios, una mujer que varias veces estuvo frente a frente sola contra los SSV. Callando con su veracidad en la palabra las infamias que se profesaban en contra de las mujeres, en contra de sus derechos. Charles solo la acompañó en el llanto y no dijo una palabra. Edward ya había tomado la decisión, partiría en mayo de 1917 junto a las Fuerzas Expedicionarias Estadounidenses.

CAPÍTULO 59

Pablo no dejaba de interesarse por los escritos.

En Tucson, Frank y Sara tenían su propio dilema, su primogénito Lucas, joven de veintidós años, alto, recio, ojos verde claros, estaba dispuesto en ir a la sofística guerra. Se m antenía ocupado en las labores del campo junto a su padre y a sus cuatro hermanos, sin embargo había estado muy pendiente de los acontecimientos de la guerra en Europa, a pesar de que la información en Tucson llegaba más tarde que en Nueva York. Pero por su cercanía a México y por la filtración del telegrama Zimmermann había llegado la información a Tucson de que Alemania seducía a México para que entrase en la guerra a favor de ellos a cambio prestarían ayuda financiera y armamentística para recuperar los territorios de Texas, Nuevo México y Arizona arrebatados por Estados Unidos en 1848.

Aunque la propuesta alemana fue rechazada por el presidente mexicano Venustiano Carranza quien estaba demasiado ocupado con sus conflictos internos, con la rebelión de Emiliano Zapata. La idea de regresar a ser parte de territorio mexicano aunó el sentimiento patriótico estadounidense. Lucas y muchos de sus congéneres se enlistaron en las filas expedicionarias estadounidenses.

Sara todavía no sabía de la decisión de Lucas, pues la prudencia de Frank no la hizo conocedora, aunque de todas maneras lo tenía que saber.

-*Sara, es imperioso decirte algo muy importante* -refirió calmado, pero evidentemente tenso Frank-.

-*Dime* - dijo la mujer confundida-.

-*Nuestros hijos crecen y van tomando sus propias decisiones, Lucas irá a la guerra.*-expresó acongojado Frank-.

Sara no tuvo tiempo de expresiones y lamentaciones, fue pronto por Lucas quien se encontraba en la granja, buscó por todos lados y lo vio de espaldas, lo topó y acariciando su cabello le suplicó que diera atrás a tal temible decisión….

El muchacho con un temple característico se dio la vuelta y sin contemplaciones ni sentimientos de culpa le dijo a su madre algo que había aprendido o leído en algún libro tiempo atrás...

-*¡Madre! No nací para caer ni para suplicar, ¡soy tu hijo! , y no merezco que te hinques hacia mí, ni si quiera yo que nací de ti, pues la dignidad la llevamos siempre, en el cielo o en la tierra, en la tristeza o en la alegría, en la salud o en la enfermedad, en la paz y en la guerra, no hagas eso madre, mi país requiere de mi fuerza y mi inteligencia, prepararé mi equipaje…*

Un camión llegó a las seis de la mañana, la bocina era tan estruendosa que despertó a todos, Lucas tenía todo preparado, solo faltaba despedirse, no lo hizo. Quiso evitar el drama, salió enseguida casi corriendo vestido con uniforme de militar (lo había conseguido días anteriores). Se subió al camión y partió. Su madre llorosa lo miraba desde lo alto de su ventana. Parecía como si un fantasma se hubiese llevado a casi todos los jóvenes del campo, al final de la tarde se escuchaba el silbido del viento y las aves ya no cantaban el esplendor de sus cánticos. Las madres en su triste desencanto se habían imbuido las antífonas de los pájaros.

CAPÍTULO 60

A Pablo le emocionó demasiado la historia de su Abuelo Edward, luchó en la primera guerra mundial. Esa sería una buena historia para contar a sus amigos del colegio.

Octubre de 1918, en las afueras de Verdún al norte de Francia, se desarrollaba una de las batallas más encarnizadas de la Primera Guerra Mundial, cuerpo a cuerpo, bala a bala, el gran ejército de los aliados, dirigido por el mariscal Ferdinand Foch, se enfrentaba al ejército alemán, había más de un millón de soldados estadounidenses en el ejército aliado. Entre sus filas dos jóvenes, Edward y Lucas, que por coincidencia estaban en el mismo batallón, el jefe, el Mayor Ronald Cambral, hombre áspero y muy obstinado con la victoria, ordenaba a todos a defender su `posición y seguir avanzando de acuerdo con las circunstancias. Edward y Lucas apenas se conocieron pero no tenían ni idea de sus orígenes, ambos cubrían la posición asignada, afortunadamente para ellos ese día no hubo enfrentamientos directos en su posición.

Al día siguiente el Mayor Cambral recibió un telegrama:

¡Enviar grupo a Verdún a retirar provisiones!.....

El Mayor tenía los hombres idóneos para esa misión que aunque no era peligrosa, era riesgosa por la ciudad a donde debían ir, pues se decía que los servicios de inteligencia alemana estaban revueltos entre la gente de la ciudad, a la caza de poder infiltrarse en filas aliadas.

-*Edward, George, Lucas y Philip* -solicitó la presencia de inmediato de los soldados el Mayor-.

-*Tienen ustedes una misión muy importante, es fácil pero requiero su constante disciplina, irán con el camión TUI9 al pueblo a retirar unas municiones, el punto de encuentro esta apenas 30 minutos, ese es territorio controlado por los aliados, pero no se desvíen ni conversen con nadie que no sea el capitán Henry Anderson, él les pedirá una clave que está en este papel. Philip será el custodio del papel y se lo entregará al capitán en las coordenadas señaladas, una vez entregada la mercancía, les devolverán otro cargamento y ¡REGRESAN INMEDIATAMENTE!* -enfatizó el mayor Cambral-.

Horas después, la operación inició, el mayor no les había contado, pero todos sabían que en ese pequeño trayecto de apenas treinta minutos, tres camiones habían sido bombardeados por fuerzas italianas provocando considerables bajas humanas y materiales a los aliados. George manejaba el camión y los otros tres soldados miraban sin descanso a todos lados. Sus facies eran ansiosas, el sudor los empapaba, no por el calor, sino por la angustia de saber que en cualquier momento podrían ser impactados por un cohete R4M lanzado desde los aires. El miedo era casi incontenible, burlar a la muerte en treinta minutos los mantuvo paralizados. Llegaron a las coordenadas, el capitán Anderson les esperaba, llevaba puesta una bufanda a pesar de atosigar el calor, los jóvenes soldados estaban aliviados, habían cumplido la misión.

-*¡Edward regálame un poco de agua!* -pidió el soldado George-.

Quien no separó sus manos sudorosas del volante del camión hasta llegar al punto.

-*¿Quién más quiere agua?* -preguntó Edward-.

Lucas y Philip, al unísono, bebieron agua, todo parecía impávido, el peligro había pasado. Aquel momento de imperturbabilidad se quebró, se convirtió en un estruendo que los hizo volar por los suelos, no sabían el origen, al parecer procedían del camión. Una de aquellas bombas que solían cruzar los cielos de la guerra hizo explotar las llantas delanteras del camión, provocó un inmenso hueco que destruyó el aro de acero delantero. Solo unos pocos rasguños afectaron a los jóvenes soldados, la carga no se había afectado, pero era imposible llevarla a su destino, necesitaban arreglar el camión y buscar neumáticos. La noche se hacía presente y a esa hora era imposible conseguir repuestos, esperarían hasta el siguiente amanecer.

Fueron a descansar en un hotel, que a la vez funcionaba como cantina, el capitán Anderson no los quería en su campamento, no tenía espacio ni para un alfiler, en aquel resort improvisado había todo lo que un soldado exhausto necesitaba para retomar fuerzas, una de ellas sexo y placer.

Edward y Lucas estaban muy animados a pesar de las circunstancias desbordadas de miedo y de tensión.

-*¿Dónde están Philip y George?* - preguntó Edward a Lucas-.

-*Parece que estos chicos no han estado años con una mujer, ¡mira! Están entrando en esa oscura habitación.*

-*¡No pierden tiempo!* -dijo Lucas con una sonrisa picaresca-.

¡Ir a una guerra! ¡A morir como un mártir! Eso es más aceptable que fornicar siendo cura, que decepción tuvo Pablito, tal vez no le quedarán ganas de pisar una iglesia jamás. Yo no he pisado una desde hace años, por ahora me preocupa no poder terminar aún la carta para mañana, pero necesito concluir el informe que me pidió mi jefa sobre el altercado de hoy; esa anciana tiene algo en su sangre espesa que cambiará el mundo. Todos en su casa enfermaron del Zika, menos ella. Pero no quiere. No desea que el laboratorio en Quito la examine, no desea firmar el consentimiento. Solo serían un par de tubos con sangre que se mandarían al laboratorio en Boston. Juro que nunca la obligué a nada, solo le ofrecí algo a cambio de su sangre que pensé que aceptaría, sé que no es fácil cumplir, pero esa madura señora tiene la explicación para la vacuna contra la enfermedad, lástima que mi jefa no entienda eso, carece de alma científica, de aventurera. Ella aduce que eso no es ético, *¡pero eso que importa!* De cuantos grandes beneficios científicos se estuviese privando la humanidad si todos pensaran en la "Bioética", *¡pendejadas!* Apuesto que si le hubiese ofrecido dinero estaría contenta, esta gente solo entiende con el bolsillo, son tan miserables, que por el vil metal hasta donarían el cerebro.

Le pediré a este transgresor de mi intimidad que se retire, su aliento es insoportable y necesito terminar el informe. Me levantaré y lo miraré a los ojos dispuesto a decirle que se vaya, pero él clava su mirada hacia a mí. No puedo decir una palabra, desde sus ojos observo una señal tan brillante como el sol radiante del mediodía, casi no puedo ver en este momento, es como una fuerza invisible que me doblega, no puedo emitir una silaba. Es como si su mirada me hipnotizara y me dijera que me sentara otra vez y lo escuchara. Me siento por inercia en mi cama de hotel, a seguir escuchándolo hasta el amanecer.

CAPÍTULO 61

Mientras Philip y George se divertían con unas hermosas cortesanas francesas debajo de unas cálidas sabanas, Edward y Lucas decidieron continuar en la barra, escuchando música de Albert Roussel y tomando un vaso de cerveza.

-*¿De dónde eres?* - preguntó Edward a Lucas-.

-*Soy de Tucson, una ciudad fronteriza cercana a México, al sur*

-*Mis padres viven en Tucson* -aseveró entusiasmado Edward-.

-*La próxima carta que envíe a Nueva York le comentaré a mis padres sobre los tuyos, tal vez se conozcan* -dijo sorprendido Lucas-.

Tan pronto como la conversación continuó fluyendo se acercaron dos hermosas mujeres. Lucas, se consideraba un tipo tímido. El joven tucseño no había tenido experiencias sexuales en el pasado. Una vez quiso, junto a varios de sus congéneres, entrar a un burdel barato de su pueblo, pero una epidemia de la enfermedad francesa o sífilis frenó su ímpetu calenturiento. Tenía miedo entonces de tener sexo con una mujer que no fuera conocida por él, había visto a muchos hombres revolcarse de dolor con las implacables colocaciones del mercurio que aplicaban los galenos de la época. Al contrario Edward, joven neoyorkino habían tenido otro tipo de "hábitos sexuales", no tenía la espantosa experiencia de ni siquiera conocer sobre esa terrible enfermedad. Su mente estaba entonces libre de prejuicios o de miedos.

-*Hola* -dijo una de las damiselas con voz suave, frágil pero muy sensual que llamaba discretamente a la concupiscencia-.

-*Hola señoritas, aquí con unas cervezas que nos ayudan a saciar la sed* -respondió Edward-.

-*Nosotras somos expertas en saciar la sed, especialmente de los foráneos, ¿de dónde son?*

-*Somos estadounidenses, por lo menos eso dicen las estrellas que ves en este uniforme, y ¿cómo te llamas? ¿De dónde eres?* -pregunto Edward-.

-*Me llamo Anne, soy francesa, hoy no tengo con quien pasar la noche.*

Esa simplicidad y desparpajo para expresarse de la prodigiosa muchacha no le sorprendía a Edward. Él entendía perfectamente que la dulce francesa estaba queriendo ganarse unos centavos, eran tan necesarios en esas épocas de guerra y hambre.

Lucas veía con asombro la obvia insinuación de la mujer, la idea de que la otra meretriz entraría en el mismo plano le excitó, pero también le puso muy nervioso, sus manos empezaron a sudar, le temblaba el labio superior y sintió un ligero espasmo vesical y rectal. Edward le dio un empujón a su compañero, le dijo al oído que se tranquilizara, tendría un plan, todo andaría bien.

-*Anne, mi amigo esta también cansado, ¿quién de ustedes le hará sentir bien?* -preguntó el joven Scott-.

-*Te presento, ella es Babette, te hará pasar momentos inolvidables* -dijo Anne mientras le miraba a Lucas con ternura-.

Las parejas dieron rienda suelta a su furor estremeciendo cada ladrillo, cada tablón de aquel lugar, esa noche descansaron, Lucas se olvidó de los lamentos de aquellos hombres que cayeron en desgracia. Edward conoció y disfrutó del néctar femenino más allá de la gran manzana.

Al día siguiente el trabajo se hacía arduo, los neumáticos estaban listos para colocar, pero había también que realizar algunos trabajos de mecánica menor. Los cuatro soldados estaban en pie desde las 6 de la mañana, tenían que estar con las municiones hasta el atardecer, el Mayor Cambral los esperaba. Mientras preparaban el camión, fue un buen momento para cual proezas de quien fue mejor, contarse las intimidades que esas mujeres les hicieron pasar la noche anterior. Quien tenía la lengua más suelta era George, según él, ésta había sido la mujer número 108 con quien se había acostado. Sus compañeros no le creyeron y se mofaron estrepitosamente del haragán. El camión estuvo listo pronto, los cuatro soldados sin duda recogieron energía la noche anterior, las hermosas mujeres les habían inyectado más que fuerza, rapidez mental, y el vigor que todo soldado requiere para enfrentar la muerte.

Una vez en el campamento, el Mayor Cambral les recibió, ya estaba enterado de lo sucedido con el camión, pero les tendría otra nueva tarea. Al día siguiente partirían al campo de batalla, con un batallón formado mayoritariamente por franceses.

-Soldados serán parte de la ofensiva, saldrán al amanecer junto al batallón 42 - les dijo el Mayor Cambral -.

*-George -*le preguntó al mayor-.

-Mi capitán con su permiso, ¿Cuál será nuestra función?

-Soldado, su misión será defender los honores de su país, estarán al frente de la batalla, el resto se lo dirán los franceses

El mayor salió velozmente haciendo rechinar sus botas deslucidas, no dijo una palabra más, se fue por una puerta contigua, y de lejos se le escuchó dando órdenes a un pelotón. Los cuatro soldados trataron de digerir las palabras del Mayor, aunque eran soldados, no tenían opciones, un brío helado les pasó por su cuerpo, no asumían que estarían tan cerca del conflicto, frente a frente contra los alemanes.

Doscientos soldados estadounidenses y trescientos franceses avanzaban para resistir al ejército del eje, divididos en tres regimientos pertenecientes a una división, la disposición firme e impostergable consistía en avanzar y repeler a los alemanes, iban a ser apoyados en dos frentes uno dirigido por los franceses y otro por dos divisiones norteamericanas. El mayor Ferrec a cargo de los quinientos soldados sabía que el terreno era inhóspito, había peleado antes en la batalla de Flandes. Allí casi pierde la vida tratando de esquivar una granada y regresarla al enemigo, solo perdió su dedo meñique de su mano izquierda. Pero ganó respeto y honores en el campo de batalla.

Un bosque lleno de robles y robinias acobijaba a los soldados aliados quienes no se percataron que habían sido emboscados, hasta que sonó el primer disparo. Los alemanes arremetieron con su artillería y mataron de contado a varios soldados quienes yacían en la tierra desgarrados de sangre y pólvora. Lucas, Edward, George, y Philip defendieron con sus bayonetas sus posiciones, a pesar de ser acechados resistieron con fortaleza. Los disparos iban en todas direcciones, los gritos desesperados de dolor también, la sangre fluía de los cuerpos destrozados. El polvo se levantaba desmedido por los aires ensombreciendo el campo de batalla, la visibilidad era mezquina y no hubo quien por error disparara contra su propio regimiento. Los batallones defendían con las uñas cada metro de territorio, Edward, contaminado de un ferviente espíritu de lucha, siguió la bandera de las barras y las estrellas de su país que era llevada por un corpulento soldado.

Luego de más de ocho horas de resistencia el mayor Ferrec con la responsabilidad de llevar a buen recaudo su división, observaba y daba órdenes de reagrupación. El escenario no era halagador, entendía que cada uno de sus flancos tenía problemas en defender su posición, algunos hombres caían en combate o se encontraban gravemente heridos, muchos comenzaban a entrar en desesperación, el capitán de uno de los Regimientos le preguntó al Mayor desde una prudente distancia...

-*¿Mayor Ferrec, que habrá pasado con los refuerzos?*

-*¡No lo sé! no hay señales de ellos, ni las divisiones francesas, ni las americanas, mierda ¿no sé cuánto podamos resistir?*

El mayor Ferrec sentía que la frustración le acechaba, sus soldados caían como un juego de dominó, habían sido confinados a un círculo de unos cuarenta mil metros cuadrados sin opción a escapar, la ayuda no llegaba y desconocían que las divisiones aliadas tardarían mucho en apoyarlos pues habían sido interceptados por una división alemana y combatían a varios kilómetros de distancia.

Uno de los soldados sugirió al mayor Ferrec que enviara uno de sus hombres por entre los arbustos a buscar ayuda, la contemplación de la noche no lo haría visible. El mayor aceptó la propuesta y lo envió a él mismo, nunca regreso. Ferrec, compungido, pero dispuesto a no amilanarse envió a otros soldados, su persistencia era inmutable, tenía que aprovechar lo oscuro de la noche, sin embargo cada soldado resultaba herido, muerto o desaparecido.

Mientras seguían resistiendo la embestida de los alemanes el agua y los alimentos escaseaban, las condiciones climáticas eran complicadas, el mayor Ferrec insistía en mandar nuevos corredores, Lucas, Edward y Philip combatían repeliendo el fuego enemigo, los llantos, y gritos de dolor por las explosiones eran permanentes y muchas veces desgarradoras, hombres heridos, amputados, con lesiones profundas. Habían perdido la vida hasta ese momento más de cien hombres del ejército aliado y el ambiente era tétrico y desencantador.

Philip era un combatiente hábil y muy temerario, por ocasiones no consciente del peligro, pero no estaba dispuesto a morir sin resistir. Decidió sin autorización del mayor avanzar más allá de la línea divisoria en donde la acción del enemigo era implacable con su artillería, lo hizo junto a cinco soldados, entre ellos Edward.

-*¡Cúbreme!* -gritó Philip a Edward, mientras daba un salto de casi tres metros y se metía junto a su bayoneta debajo de un tronco caído-.

Edward y los demás resistieron el fuego alemán, mientras Philips ganaba posición, ya habían pasado un par de horas y el plan parecía dar resultados. Pero la tribulación estaba por venir.

Philip decidió salir de una posición de avanzada.

-*¡Philip, atrás!* ...

Advirtió demasiado tarde uno de los soldados, mientras una bala le hiere de muerte.

La muerte al parecer fue rápida, el tiro alemán fue certero, justo en la mitad del hueso occipital, no hubo tiempo de lamentos, pues como una estampida de una jauría furiosa un pelotón alemán intentó abatir a los soldados. Ellos, en cambio, al verse numéricamente inferiores emprendieron la carrera hacia atrás buscando evitar ser interceptados. El plan desesperado de Philips había sido malogrado.

Los cinco hombres corrieron colina abajo mientras casi veinte soldados alemanes los perseguían a escasos ochenta metros disparando sus fusiles Mauser 98, en esa desesperante carrera dos de ellos cayeron abatidos, quedando en pie solo Lucas, Edward y otro soldado. Los alemanes cada vez estaban más cerca de alcanzarlos, los jóvenes norteamericanos no miraban atrás pues eso significaría segundos entre la vida y la muerte, y aunque su espíritu no decaía, la fortaleza física parecía declinar, un disparo pasó cerca de la rodilla de Lucas provocando una dolorosa herida, pero sorpresivamente una ráfaga de balas hizo retroceder a los alemanes. La décima quinta división francesa en pocos minutos no solo provocó el retroceso de los teutónicos, sino fulminó por completo el batallón enemigo. Tiempo después a ese batallón aliado que estuvo emboscado por días se le conoció como el Batallón perdido, quien fue salvado por una paloma mensajera.

CAPÍTULO 62

Las paredes de color marrón, el techo de madera carcomido por la humedad, ventanales rústicos y sucios, una puerta de madera caoba acechada por la polilla, dentro de aquel tétrico lugar treinta pupitres para treinta y dos estudiantes, los que no lograban sentarse escuchaban parados la clase, Pablo era el nuevo. Ese fue el precio que pagó el muchacho por buscar nuevos senderos que le permitieran dejar atrás lo que pasó en el colegio Buena Esperanza. Participaba de la clase de literatura, pero ya no era un hombre con sotana quien impartía tan talentosa ciencia, esta vez se trataba de un laico, un profesor de carne y hueso con terno y corbata de los que había en los colegios estatales. Su padre pudo cambiarlo a ese colegio hasta que acabase el año lectivo, ya vería luego qué otras opciones tendría. El alejarlo de los curas le congratuló, fue lo mejor que pudo pasarle, aunque seguía con sus andanzas y travesuras en la Amazonía, su actitud fue cambiando hacia su esposa Angélica y cómo no, hacia su hijo. Al parecer la armonía había llegado por fin a la familia Scott.

Muy pronto Pablo tomó la iniciativa, su desenvolvimiento académico fue sobresaliente a pesar de las condiciones precarias de la institución educativa fiscal, su oratoria seguía siendo cautivadora y eso le hizo ganar amigos, pero también detractores. Sus maestros observaron en él sus magníficas cualidades, en especial la oratoria. Aunque Pablo ya no visitaba con frecuencia a Don Pascual, este le recriminó su salida del colegio católico. Le explicó que había curas y curas, pero ellos solo eran buenos o malos representantes de Dios en la Tierra, la iglesia ni las instituciones educativas católicas, nada tenían que ver. Le suplicó que reviera su decisión.

-*¡Ya veremos padrino! Usted cuídese mucho, lo veo desmejorado, tengo prisa de ir al colegio-*le dijo sosegado el muchacho-.

Eran las siete de la mañana y la clase no empezaba, los chicos estaban inquietos. Pablo sentado en su pupitre, leía con entusiasmo una obra de Juan León Mera, su mirada estaba fija en la página veinte y tres de la novela *Cumandá* del escritor ambateño, una sombra opacaba los rayos penetrantes del sol de la mañana, un par de jóvenes entraron con el profesor. Pietro e Ignacio entraron al aula de clase y Pablo los miró gratamente sorprendido, sus amigos del Buena Esperanza serían sus compañeros de clase otra vez.

Pablo quería desesperado conocer la causa de tal oportuna sorpresa, tan pronto como tuvo la oportunidad lo averiguo:

-*Amigos, ¡qué grata sorpresa! ¿Qué pasó?*

-*¡El padre Eduardo es un hijo de puta!* -esa fue la primera respuesta que obtuvo de Ignacio-.

El mismo prosiguió:

-*Cuando te fuiste abruptamente de clases, no le dio importancia, solo dijo, "el pobre no soportó el empalamiento". Esa misma tarde fuimos con él y con el resto de los muchachos a una casucha en las afueras de la ciudad, teníamos que enseñar a leer y escribir a unos pobres indefensos. El padre Eduardo nos dejó, pues tenía una reunión cerca del lugar. Amanda quien debía dirigir la clase, no vino o no aparecía. Pero a Ignacio y a mí nos parecía raro, decidimos seguir al profesor. Sigilosamente lo perseguimos hasta una casa abandonada y les vimos a los dos...*

-¿El padre Eduardo y Amanda? -preguntó Pablo- .

-¡sí, los mismos! -prosiguió Ignacio- .

-*Discutían por algo, ella llevaba un papel en su mano derecha, al principio no se oía, pero la conversación subía de tono y pudimos escuchar: "¡estoy embarazada! ¿No entiende padre Eduardo?" eso dijo Amanda, mientras lloraba como una magdalena.*

-*Nos quedamos perplejos*-refirió Prieto, con los ojos tan grandes como una lechuza-.

-¿Y qué hicieron? -preguntó Pablo-.

-*Fuimos a hablar con nuestros padres, pero al principio no nos creyeron. Sin embargo, el escándalo no pudo ocultarse, el padre rector se enteró y la bomba estalló. Amanda fue a pasar su embarazo con su madre en Loja, y del padre Eduardo nadie sabe nada* -continuo Prieto-.

-*En medio del escándalo nos decepcionamos y decidimos seguir tus pasos, nuestros padres nos apoyaron.*

Pablo los escuchó concentrado, su pensamiento se disipaba en lo bien que pudo haber estado en el Buena Esperanza, <*de todas maneras el padre Eduardo, ya no estaría, y cortada la raíz, cortado el problema*>, pero no era el momento para lamentaciones, había que disfrutar de la buena compañía que tenía en ese momento. Les invitó a sus amigos Ignacio y Prieto a comer un helado en el único bar que tenía el patio del colegio. Allí conocieron a dos muchachos que eran estudiantes de un año superior, Franklin y Rodrigo, ambos eran líderes innatos de sus clases, pero muy conocidos por ser los más transgresores de las buenas costumbres.

Franklin estaba cerca de los diecisiete años. Su gran tamaño, su aspecto refinado y serio no se compaginaba con su insensatez y falta de juicio, había sido sorprendido por tres ocasiones saltándose la pared del colegio. El colegio femenino "24 de Mayo" estaba ubicado a dos cuadras de ellos, y esa era la razón para cruzar cuantas paredes fuesen necesarias para ver féminas. El otro acólito, Rodrigo, era también un transgresor de la disciplina y de las normas del colegio. *Él*, en cambio, de pequeño tamaño y de nariz aguileña, tenía el arte del fisgoneo y el fraude, conocía todos los trucos para pasar por alto estudiar en los exámenes. Ambos eran distintos en lo físico, pero hacían una combinación perfecta para burlar a la autoridad. De alguna manera tomaron contacto con los tres desertores del Buena Esperanza, e hicieron una peligrosa amistad.

CAPÍTULO 63

Pablo delataba inteligencia innata, su lucidez de oratoria, su capacidad para realizar juicios, sin embargo le faltaba la malicia que le sobraba a Franklin y Rodrigo. Un día notaron que Pablo observaba con prolijidad a una maestra, ella era joven, alta, muy bonita, había venido de Guayaquil a reforzar la cátedra de cultura física; estaban en el patio y de pronto una repentina pregunta surgió:

-*Hola Pablo, ¿qué miras?* -preguntó Franklin fingiendo no saber lo que veía Pablo-.

Pablo le miró y `prefirió por la vergüenza *(aunque no tenía por qué)* de contestar con un fingido:

¡Nada!

Rodrigo que estaba atrás, también le preguntó perversamente.

-*Vamos ¿no me vas a decir que no te gustan esas piernas exuberantes, esas caderas anchas y esas tetas grandes como para alimentar a cinco pobres chicos sedientos? ¿O es que no te gustan las mujeres?*

El joven Scott se acercó a sus amigos Ignacio y Prieto que estaban cerca y les dijo.

-*¡cómo joden estos sinvergüenzas! claro que me gusta la mujer, pero no tengo las agallas para acercarme* -dijo en voz alta a sus cuatro interlocutores-.

Franklin, que siempre deslumbraba desfachatez, les propuso una idea fascinante para potros adolescentes con las hormonas por los cielos:

-*¿Quieren conocer chicas?*

Todos miraban con quietud la cara de descarriado de Franklin.

-*Explícate mejor* -le dijo Prieto-.

-*Escaparemos en el auto del rector.*

Todos, a excepción de Rodrigo, lo miraron estupefactos y le increparon con un rotundo grito *¿estás loco? o ¿eres un imbécil?* Pero Franklin trató de mantenerlos en calma, en su rostro, en sus expresiones no denotaba ninguna expresión de miedo o de contrición y les explicó paso a paso lo que su mente siniestra había elaborado con nitidez escabrosa:

-*Mañana a las 10:00 el rector empezará su clase de matemáticas con los de cuarto. Pietro y Pablo no entrarán a clases con el profesor Vélez, el de lengua, pero tú, Ignacio, sí entrarás y veinte minutos después pedirás permiso para ir al baño, justo cuando nosotros hayamos conseguido las llaves del carro...*

Pablo quiso interrumpirlo, pero Franklin prosiguió.

-*Rodrigo, tú irás por las llaves, el rector las deja siempre en su oficina, justo en el primer cajón de su escritorio, "es muy estúpido". Pero primero iré yo a desubicar a la secretaria, iré con una caja de chocolates y me pondré un perfume de rosas francesas que la vuelven loca, de todas maneras la pelada burbujea por mí. Cuando tenga totalmente atolondrada a la "secre", Rodrigo caminarás en cuatro patas hasta la oficina y encontrarás las llaves donde te dije. Pietro, necesito que tú vigiles la puerta de entrada, la que da al pasillo; ahora tú Pablo, irás a rondar el vehículo del rector que se encuentra en el parqueadero trasero, él no lo guarda en el espacio exclusivo para autoridades.*

Franklin sacó una foto enseñándole una Chevrolet K5 Blazer de color azul, con vidrios polarizados del año 1975. El auto del rector.

-Tu misión, Pablo, será avisarnos si hay "moros en la costa", nadie puede darse cuenta de que nos acercamos a ese vehículo. Una vez que consigamos las llaves, nos aproximaremos uno por uno, iré yo primero, abriré el carro. A las 10:21 Ignacio estarás en el parqueadero trasero junto a nosotros.

El plan no tenía obstáculos, era casi perfecto. Ahora sí, Pablo pudo interrumpir:

-Una vez adentro del vehículo ¿cómo haremos para salir?, el conserje nos podrá descubrir.

Franklin ahora fue quien lo interrumpió:

-¡El carro tiene vidrios polarizados!, yo iré solo en el asiento delantero, el resto estará atrás, me pondré este bigote horrible como el del rector y usaré una gorra que me cubrirá la cara.

El plan no solo parecía casi perfecto, fue perfecto porque fue exactamente lo que sucedió.

Yo me fugué varias veces del colegio, pero robarse el auto del rector, eso es tener agallas. Si hubiese hecho eso en mi tiempo, mi madre me hubiera colgado de los pulgares. Todavía recuerdo que me castigaron cuando junto al "simio Intriago", al "viejo Pincay", el "gordo Mero" fuimos a buscar prostíbulos por la playa. Teníamos la osadía de andar con el uniforme color caqui del colegio, solo nos quitábamos el corbatín negro. Alguien nos llevó en el balde de su camioneta, nos dejó en la carretera y tuvimos que caminar un par de kilómetros. El camino era de tierra y el polvo era sofocante, pero no importaba, el cabaret de doña Olga era uno de los más llamativos de la época, todo sacrificio era aceptable con tal de estar allí. Doña Olga era una mujer cuarentona, despampanante, siempre con un vestido ceñido al cuerpo transparente, sus facies bien pintadas, sus piernas eran contorneadas y sus senos prominentes llamaban a la lujuria, ¡por cierto! me recuerda mucho a la señora Zambrano que no parece contar con sesenta y siete *años. Bueno, pero hablando de doña Olga, ella tenía un talentoso cuerpo de chicas que trabajaban para ella, eran lo mejor del burdel, todas* bellas sin excepción. Cuando llegamos nos recibieron con sonrisas y un refresco para amortiguar el calor. Doña Olga nos acogió y colocándonos en una fila frente a ella. Uno a uno nos fue revisando el tamaño del miembro, para ella era un juego nada más, quería verificar si esos adolescentes exaltados por la efervescencia de sus hormonas eran competentes, para nosotros en cambio era una competencia. ¿Quién tendría el pene más grande? ¿El mono Intriago que siempre era el más jactancioso?

¿O el petulante del gordo Mero? Al final como siempre el mayor de todos se llevaba el premio mayor y entraba a disfrutar con una de las meretrices. El resto esperábamos afuera, sentados como imbéciles, mientras el "viejo Pincay" saboreaba los néctares del placer.

CAPÍTULO 64

En la noche, antes del plan siniestro, Pablo no tuvo demora en ir a leer el diario:

Una vez en el campamento los soldados rescatados eran atendidos por los pocos médicos asignados allí, el mayor Ferrec pasaba revista de sus soldados, su plan había dado resultado, después del fracaso de enviar hombres corredores a pedir ayuda, las palomas mensajeras sí pudieron llegar con el mensaje a los franceses.

Los heridos reposaban protegidos por unos toldos gigantescos hechos con lona reforzada, diez médicos, veinte enfermeros hacían los esfuerzos necesarios para curar a los heridos, algunos soldados eran llevados a hospitales con mayor capacidad logística, se provocaba entonces una lucha titánica en contra de la muerte.

Lucas fue atendido por su lesión, la bala provocó una lesión superficial de uno de los ligamentos cruzados de la rodilla.

-¡*Edward!* -le exclamó Lucas mientras yacía en una camilla, herido de su rodilla-.

-*¿Dime que a ti no te duele tanto como a mí?*

-*Sí amigo, me duele, acabo de saber que me fracturé mi primer dedo de la mano derecha*-dijo Edward-.

Mientras observaba su dedo del tamaño de un limón.

-Al parecer la adrenalina, nos opacó el dolor -expresó sarcásticamente Lucas, tratando de darle al dolor un poco de complacencia-.

Habían pasado tres días, los jóvenes Lucas y Edward estaban en su fase de convalecencia por lo que fueron asignados a tareas menores, las heridas curaban y el dolor que les provocaba disminuía, pero había algo que les inquietaba y no lo habían comentado. Cada vez que iban al baño, tenían una enorme sensación dolorosa al orinar, lo hacían con frecuencia, sin embargo el dolor no era solo la razón para su desazón, observaron una secreción blanquecina que salía por el pene, los síntomas eran desagradables y no sabían qué diablos podría ser.

Fue tanto el malestar que Lucas no pudo más y dio parte a su superior, entró con evidentes facies de apesadumbrado a la pequeña carpa donde reposaba el mando mayor.

-Mayor Cambral necesito permiso para comunicarme con el médico -solicitó el afligido Lucas-.

El médico encargado del regimiento, un joven llamado Michael Brow, originario de Chicago, se enlistó como galeno en el ejército luego de terminada su carrera como médico en la Universidad de Chicago, a pesar de contar con una beca para realizar un postgrado de Pediatría, lo pospuso para entrar en la guerra. Lucas pasó de inmediato a la sala de espera, el doctor Brow acababa de colocar un yeso a un soldado que horas antes había sufrido un esquince de su tobillo derecho, al tratar de esquivar el ataque del enemigo.

-Doctor Brow -le llamó la atención Lucas-.

-Dígame soldado en qué se le puede ayudar

-Doctor, no sé cómo decírselo ¿puedo pasar?

Lucas entró al pequeño consultorio adaptado con telones verdes, un espacio lóbrego y con poca ventilación fue el que observó.

-Entre, vamos soldado tenga confianza, coménteme ¿qué le pasa? - el médico le dijo con cordialidad-.

-Doctor, tengo mucho ardor para orinar, me sale una secreción por mi pene ¿qué puede ser? ¿Alguna causa? Esto me está volviendo loco, me provoca ardor y mucha picazón.

El Doctor Brow supuso de inmediato lo que podía ser, lo corroboró al ver una secreción blanquecina de mal olor, al topar los genitales del soldado y palpar sus ganglios linfáticos de la ingle del tamaño de una nuez.

-¿Ha tenido sexo en estas últimas semanas?

-¡Sí señor! - contestó entre dientes avergonzado Lucas-.

-¿Desde hace que tiempo está así?

-Unos cinco días, doctor

El Doctor Brow le miró de frente, se retiró los guantes de goma, tomó un sorbo de café que se estaba enfriando y le dijo con la seriedad que el momento merecía.

-Soldado Lucas, al parecer tiene gonorrea.

Lucas se quedó frío y por segundos no movió un solo músculo de la cara, ni pestañeó, sabía que la gonorrea era una enfermedad muy dolorosa y a veces mortal.

-¡Doctor Brow! -gritaron desde un lugar contiguo-.

-El soldado ya está listo para el procedimiento -le dijo un enfermero-.

- ¡Empecemos! -profirió el Doctor Brow, mientras se dirigía al cuarto de procedimientos que habían acomodado en aquel lugar de campaña de guerra-.

-¡Enfermero! sostenga con las pinzas la uretra, abra suavemente el orificio, soldado Scott hemos empezado en este momento.

Con mucha sutileza el doctor Brown colocó suavemente el permanganato de potasio, un fuerte agente oxidante, compuesto químicamente por iones de potasio, y permanganato. El permanganato de potasio en esa época era el tratamiento de elección para la gonorrea, había que colocarlo dos veces por día por lo menos seis semanas, al final muy pocos resistían, algunos ni siquiera empezaban el tratamiento por temor a los efectos secundarios, preferían ocultar su enfermedad sufriendo durante mucho tiempo. Edward se estremecía de dolor, cada instilación del Permanganato era como puntillas muy filosas en su uretra, su corazón se aceleraba cada vez que ingresaba el oxidante a sus entrañas. Luego de varios minutos el procedimiento terminó.

-Hemos acabado soldado -le dijo sudoroso Brown-.

Mientras Edward, casi desmayado, por el dolor agradecía que hubiera terminado el procedimiento, sabía que recién empezaba todo, y en la tarde tendría otra vez esa desagradable experiencia. El cerrar los ojos unos minutos era una imprescindible elección para descansar de aquel momento de tormentoso dolor.

-Señor ya está preparado el soldado Lucas -escuchó desde el otro consultorio adyacente, el doctor Brown-.

El doctor Brow fue enseguida, mientras Edward abría los ojos asombrado, su amigo Lucas también había caído en los tentáculos de tan terrible enfermedad *¿habrá sido mientras estuvieron con esas encantadoras meretrices francesas? ¿Pero solo fue una ocasión? La guerra no da tiempo para más.*

A pesar de llevar casi cuatro semanas de tratamiento, las condiciones de los soldados Lucas y Edward eran desalentadoras, ambos desarrollaron efectos secundarios, fuertes quemaduras químicas en la piel del prepucio e incluso en el glande, tenían importantes picos febriles y había disminuido sustancialmente el apetito. El doctor Brow y su equipo estaban muy preocupados, la guerra había terminado hacía pocos días con la capitulación Alemana-Austro-Húngara, pero casi todos los batallones se mantenían todavía en el terreno.

Las condiciones de Lucas y Edward eran insostenibles, las presiones arteriales era muy bajas y la frecuencia cardíaca alta, la temperatura axilar oscilaba más allá de los cuarenta grados. El Doctor Brow decidió que era hora de ser llevados a una unidad médica con mayor complejidad que se encontraba a unas siete horas al sur. Rápidamente pero con cuidado subieron los cuerpos a las ambulancias. El camino era hostil, lleno de baches y algunos con perdigones, e incluso con minas antitanques en el camino. La unidad médica de salud una de las mejores, se encontraba en territorio francés muy cerca de la frontera con España. Llegaron, una casa de tres pisos le recibiría, sus techos eran de tablones pegados y sus paredes de cemento color beige, estaba escondida en una montaña llena de pinos y eucaliptos, los alemanes nunca habían llegado a aquella casa de salud que acogía a soldados gravemente heridos. Una vez en el sitio los soldados fueron instalados en cámaras especiales y pasaron la primera noche con todos los cuidados posibles, tubos y cables a su alrededor.

De aquella sala de terapia intensiva tétrica y artificial salían vivos muy pocos. Pasaban los días y el equipo médico a cargo de la sala iba perdiendo las esperanzas y solo esperaban el desenlace fatal, se les había asignado el personal estrictamente necesario, había otras prioridades. En la noche solo pasaba una enfermera de guardia, una rumana joven, muy hermosa, con ojos claros que iluminaba las oscuras noches, pero de muy mal carácter, la osadía de haberle insultado al jefe médico del sanatorio le había merecido hacer turnos nocturnos por quince días seguidos y estaba a un paso de ir a servir a los aliados a la zona de conflicto.

Franqueadas las dos de la madrugada una sombra irrumpió la noche, pasó por entre los guardias y la somnolienta enfermera ingresó a la sala donde se encontraban los moribundos, retiró de una bolsa negra una jeringuilla y le inyectó en una de las tantas vías que ingresaban líquidos a la vena de Edward. Luego esperó unos minutos, el hombrecillo vestido de blanco debía corroborar el resultado de dicha sustancia en el cuerpo desahuciado de Edward, observó cómo el soldado Scott habría lentamente los ojos, las respiraciones se desaceleraban, los brazos expresaban un leve movimiento. Alguien se acerca, el vaivén tosco de las botas de un soldado que hace la ronda, la enfermera duerme plácidamente en la estación de enfermería, el guardia abre la puerta y observa a Edward que se levanta eufórico y confundido, gritando, tratando de retirar cuanto tubo y cables estaban a su alrededor. El hombre de blanco se había ido, pero Edward había sobrevivido, esa suerte no tuvo Lucas, quien falleció pocas horas después.

CAPÍTULO 65

Semanas después Edward regresó junto a muchos de sus compatriotas a Nueva York, sus pensamientos eran muy variados, los recuerdos de la guerra, las veces que estuvo cerca de la muerte, pero también los buenos momentos que pasó junto a sus compañeros de combate, se creía un hombre afortunado al ser parte de ese puñado de hombres que cruzaba el atlántico para regresar a su hogar.

Era 1920, Edward desconocía a ciencia cierta qué cambios habría en su ciudad, solo conocía que un importante auge económico inquietaba a los Estados Unidos, y ciudades como Chicago, Nueva York disfrutaban de un florecimiento inmobiliario que fue el puntal para el apogeo de la construcción de los rascacielos. Posiblemente se dedicaría a la construcción, sus padres continuaban en las luchas por las reivindicaciones de género, de libertad sexual y reproductiva. La guerra le dio lecciones al gobierno de Estados Unidos al conocer el gran número de soldados que padecieron de la gonorrea y sífilis, le tomó mayor importancia a las enfermedades de transmisión sexual, considerándola como un problema de salud pública y no como una transgresión a la moralidad.

Las leyes Comstock cada vez tenían menos fuerza y habían perdido terreno, aunque la aduana continuaba reteniendo los paquetes de anticonceptivos que se enviaban de Europa.

El puerto de Nueva York estaba abarrotado de amigos y familiares que esperaban la llegada de los soldados, Nilda y Charles eran unos de esos ansiosos desesperados que no habían visto a su hijo por más de dos años. Expresaban en su mirada una emoción imperecedera, aunque también la incertidumbre de saber si llegarían en ese barco, pasó horas hasta que desde lejos divisaron una mano que daban por contado que era la de Edward...

—*¡Hijo!* -gritó retumbando y conmovido Charles-.

—*¡Hijo! Estamos aquí...*

—*¡Hola padre!* -respondió emocionado Edward-.

Charles gritó desde unos metros de distancia

Un abrazo de varios segundos estremeció a Nilda y Charles, Edward había aprendido que llorar, era una opción valiente a la que no había que reprimir.

Nilda acarició a su hijo, lo esculcó como queriendo investigar que estuviera completo, que no se hubiera quedado en esas tierras lejanas, una pierna, un dedo, un cabello.

—*¿Cómo estás hijo?* -preguntó su progenitor-.

—*Este es el mejor sitio, junto a ustedes* -les dijo Edward mientras se limpiaba sus lágrimas de la cara-.

—*Tengo que contarles mucho, fueron meses de angustia, conocí puertos, ciudades, perdí amigos y casi pierdo mi propia vida, pero también pasé momentos agradables, la guerra es un despropósito en la que mueren dónde la cuerda es más floja, se vive el día a día suplicando no morir al día siguiente.* -concluyó Edward-.

En el camino Nilda y Charles le platicaron a Edward que luego del anuncio de la derrota Austro-Húngara-Alemana, la economía tuvo un ligero repunte, que Estados Unidos se había erigido como la primera potencia mundial, las bolsas de valores tuvieron una importante alza. Los movimientos dirigidos por Margaret Sanders y otras mujeres habían logrado victorias importantes, en 1916, en Nueva York se pudo establecer momentáneamente una clínica de fertilidad a pesar de las contraposiciones de los moralistas. En algunos estados se aprobaron leyes que permitía a los hombres casados utilizar preservativos solo cuando tuvieran relaciones extramatrimoniales, para evitar el contagio de enfermedades como la gonorrea o sífilis, pero era prohibido con sus esposas. A pesar de lo absurdo de la prohibición, el rescatar el uso de los condones era un significativo avance en una sociedad retrógrada y moralista. Los Scott llegaron a casa, con el regocijo de la llegada del hijo ausente. Edward respiró ese olor familiar de vida, de amor que su hogar le proporcionaba, se sentó en la sala mientras miraba sus paredes blancas y su techo celeste que extrañaba, muchas veces pensó que nunca más volvería a sentir ese regocijo familiar de paz y tranquilidad que tanto amaba.

CAPÍTULO 66

El auge de adrenalina había descendido de su pico más alto, estaban a varios kilómetros fuera del colegio. Atrás dejaron al conserje quien no advirtió que el vehículo del jefe era conducido por cinco jóvenes rebeldes y pendencieros. Franklin parecía eufórico, esta vez se salió con la suya, ya no había sido sorprendido como la vez anterior tratando de saltar la cerca del colegio, pero su plan no terminaba allí. El instituto 24 de Mayo los esperaba, mejor dicho, lo más valioso de ese colegio femenino, sus chicas. Abandonaron el carro y salieron despacio dejando ese toque de galantería por las veredas que circundaban la academia. Pablo sentía que en pocas horas hizo lo que nunca habría hecho mientras estaba con los curas. Sabía que era algo pecaminoso, de ilegal, pero sus pies solo se dejaban llevar, no había freno a la aventura envilecida.

Faltaba un cuarto de hora para la salida, no eran los únicos machos fuera del colegio esperando la salida de las féminas, de otros colegios también merodeaban; pero al fin llegó la hora, la puerta de salida se abrió, ese pasillo se convertía para los muchachos en la ansiada libertad: ver desfilar hermosos cuerpos de mujercitas de diferentes estirpes, altas, pequeñas, gordas, delgadas, blancas, trigueñas, negras y mulatas, cada una con un encanto, dispuestas a dar una sonrisa, y no era nada obsceno, era solamente el esplendor de la juventud a flor de piel la que irradiaban aquellas adolescentes.

Pablo, quien tenía la costumbre de enfrascarse en una mujer, no perdió la oportunidad, de entre ese mar de chicas, observar a una en particular. Frente a él pasó una joven de cabello negro, piel arisnegra, cuyo iris de los ojos relucían su brillo, no parecía cansada después de la jornada escolar, se paró a tomar un refresco de esos que vendían en las afueras de los colegios, el canicular calor por el sol lo ameritaba. Esa fue la oportunidad para el muchacho.

-*¡Me sirve uno, por favor!* -le dijo Pablo al refresquero-.

Mientras aprovechó la ocasión para mirar más de cerca a la chica, ella inconsciente todavía del inoportuno admirador sacó unas monedas para pagar lo suyo. Él la miraba y su gesto expresivo fue muy evidente. La adolescente solo sonrió y se fue. Pablo regresó donde sus amigos y esa sonrisa fue para él como un cumplido. Todos se rieron del joven Scott y comenzaron a hacerle todo tipo de mofa.

-*Eres un tonto*-le dijo Franklin-.

-*Esa sonrisa le dio al refresquero*

-No -dijo Rodrigo-.

-*Se burló de esos zapatos negros rotosos que llevas puesto.*

Las carcajeadas no paraban. Pero eso a Pablo no le afectó y respondiendo con una leve sonrisa y sonrojado, no dejó de pensar en la hermosa chica y su expresión encantadora.

Franklin dejó de molestar y fue a buscar a su novia. El resto conversaba mientras observaban el mar de mujeres bonitas. Pero Pablo no, quedó impactado con aquella muchacha de ojos oscuros y cabellera negra como el azabache. Juró que regresaría al día siguiente. Y así fue, no sin antes junto a sus amigos, entrar en una investigación por fuga y ser los principales sospechosos del robo del vehículo del rector, el carro fue encontrado al día siguiente en las afueras del colegio.

Pablo, ya no necesitó fugarse para ir al colegio de chicas, fue suspendido por tres días hasta continuar las investigaciones y esperar el veredicto de las autoridades educativas, por lo que tuvo todo el tiempo para ver otra vez a esa chica. Muy pronto la vio salir, se acercó, estaba decidido. Si sus amigos conversaban sin tapujos con la féminas, ¿por qué *él* no lo podría hacer?, quería conocer su nombre. Ella hizo una parada, esta vez no para tomar un refresco, sino para comprar un cuaderno cerca del colegio. Esa fue su oportunidad, entró a la papelería y mientras pedía que le vendieran un esfero que no necesitaba, se aproximó donde la chica…

-Hola ¿cómo te llamas?

Ella lo miró y lo único que le llamó la atención de entrada eran los ojos azules y la cabellera rubia del muchacho, pero no le contestó.

-Perdón si soy inoportuno, pero permítame insistir por conocer su apreciado nombre. (La tarde anterior había pasado más de cuatro horas tratando de aprender cómo iniciar una conversación con una mujer, algo que él no tenía experiencia, lo único que encontró en la biblioteca fue un libro de Giacomo Casanova en donde relataba muchas formas de conquistas amorosas, era la primera vez que Pablo buscaba literatura, diferente a la religiosa).

-Mi nombre es Rosario, pero a mi padre no le gusta que hable con desconocidos -contestó la muchacha-.

-Entiendo y aceptó lo que su padre le ha inculcado, pero su belleza me ha dejado obnubilado y mis intenciones son

positivas, no deseo el mal para usted, mi bella dama -expresó suavemente Pablo-.

Rosario no tenía amigos. Su padre un coronel retirado, había participado en el reciente conflicto bélico de Paquisha con el vecino del sur. Su temperamento le dio la fama de hombre rudo e implacable, dirigió un batallón ecuatoriano, se había ganado el apodo de *"el maldito del Paquisha"* por haber matado él solo a tres soldados contrarios a punta de bayoneta. Le tenía prohibido a su hija juntarse con cualquier "llamingo", ella no dudó entonces en advertirle a Pablo que se abstuviera de acercarse, pues su padre no lo toleraría, para él solo un oficial del ejército era digno de cortejar a su hija.

CAPÍTULO 67

Pablo con casi diecisiete años regresó a su casa cabizbajo, Rosario le había puesto un candado y había tirado las llaves al mar. En el camino, el joven Scott reflexionaba sobre esa desilusión. Se preguntaba cómo acercarse a una hermosa chica cuyo padre ostentaba horrenda reputación de despiadado. Al llegar a su casa se encontró afuera con el único ser que tal vez le podría dar un buen consejo, Don Pascual, quien ya estaba demasiado viejo y enfermo, pero que continuaba en sus andanzas de empresario de burdel.

-*Hijo ¿cómo estás?* -preguntó Don Pascual-.

-*No tan bien como usted señor* -exclamó el muchacho-.

-*Pero quería aprovechar la oportunidad para pedirle un consejo si usted es muy gentil. Hay una chica que me gusta mucho, pero el papá se la tiene jurada a quien se acerque donde ella, y como no soy de la milicia no tengo posibilidades.*

-*O sea ¿es hija de un militar?* - preguntó Don Pascual-.

-*Hijo mío, los militares son solo palabras, son como los perros que ladran "no muerden", mientras tengas contenta a la hija y además ella te quiera, el padre tendrá que tragarse su mierda por la boca, ¡anda! ¡conquístala! tú eres lo mejor.*

Pablo sintió las fuerzas que requería, fue como el ave fénix que hidalgo, resplandecía por los cielos. Su mentor quien no había intervenido por mucho tiempo apareció de nuevo para darle ese impulso que necesitaba. Se despidió de Don Pascual esperando las reprimendas que en casa le daría Angélica y su padre, no sin antes el anciano darle un pequeño sermón:

-Te mandó saludos el Padre Hermidas, dice que no le has ido a visitar desde hace mucho tiempo. Él siempre reza por ti, no te alejes de la iglesia, muchacho, ya estás grande, pero Dios siempre cuenta las ovejas una por una.

El muchacho no le dio mucha importancia a las palabras de Don Pascual, su mente se centró obsesivamente en ir a buscar al día siguiente a Rosario. No le hicieron mella los reclamos de sus padres por la infracción acaecida con el robo del auto del rector. Fue a dormir y a esperar incesantemente el siguiente día.

El joven Scott abrió sus ojos, los primeros rayos del sol osados ingresaron por su ventana, hasta convertirse en luminarias casi incandescentes. Se despertó abruptamente, eran casi las siete de la mañana y se precipitó veloz a ver a la chica a la entrada del colegio. Llegó casi con las justas, su corazón palpitaba a más de cien y sudaba como una olla de presión, pero allí estaba ella, hermosa, esbelta y con una sonrisa encantadora. Pablo le hizo con la mano llamando su atención y ella respondió complacida. Espero más de cinco horas hasta su salida, pudo haber ido a su casa, pero prefirió esperar allí, en plena calzada opacada por el resplandeciente sol.

*-Hola Rosario-*Se acercó prolijo Pablo, al ver el tumulto y vertiginoso mar de faldas que salían del colegio-.

-¿Cómo está?

-Bien ¿creo? , ¿Si le hable de mi ofuscado padre?

-¡Sí! - contestó el joven-.

-*¿Entonces qué hace aquí?*

-*Solo vine a visitarla, le traje estos chocolates que compré en la esquina, sé lo de su padre, solo permítame acompañarla hasta su casa. Por cierto ¿dónde vive usted?*

La muchacha, a riesgo de cometer un error, resolvió la inquietud de Pablo.

-*Vivo en el barrio El Dorado, Allá pasando el parque Alameda.*

A pesar de la advertencia de Rosario, Pablo insistió en acompañarla. La caminata era agradable, ambos encontraron un tema de que conversar, la música del momento, *la canción "amor, amor" de José José en su nuevo álbum o la inolvidable "vivir sin ti" de Camilo Sesto.* Esa tarde el sol no era implacable como otros días, se había escondido dejando relucir solo unos pocos rayos que amortiguaban el leve viento frío que comenzaba a aparecer.

La casa de Rosario estaba en una pendiente, de ella bajaban jóvenes con mandiles blancos de la Facultad de Medicina de la Universidad Central, muy cerca la maternidad donde había nacido Pablo hacía más de diecisiete años.

-*¡Pablo déjeme aquí! mi padre puede verle, vaya a su casa* -le suplicó con voz tensa la muchacha-.

El joven Scott no tomó "la sutil sugerencia" de Rosario y la siguió hasta la misma puerta de su casa. *¡No pensarán que Pablo carecía de miedo!* su corazón palpitaba como caballo galopante, comenzó a sudar más frio que de costumbre. Pero eso no tenía que amilanarlo, su afán era no mostrarle miedo a la fémina, sin embargo su aspaviento le iba a costar caro.

CAPÍTULO 68

-¡Entra a la casa Rosario! -gritó irritado el coronel-.

Rosario entró sin refutar nada a su padre, pálida subió las escaleras.

-¡Y usted joven, no de un paso atrás! venga conmigo.

Pablo obedeció la orden castrense y esta vez sí aflojó los esfínteres, gota a gota fue mojando su pantalón. No tuvo la valentía para huir e impávido se quedó perplejo a esperar lo que pudiera sucederle. Aunque desconocía las intenciones del papá de Rosario, una mala espina le aguijoneaba el esófago. El coronel lo llevó a un sótano. Prendió la luz y lo que Pablo observó fue deleznable. Ropas y zapatos de hombres tirados por el lugar, equipos para descargas eléctricas, sangre salpicada en las paredes, sogas, paquetes de parafina, cuchillos afilados de varios tamaños, martillos, alicates y clavos de cemento, al fondo debajo de un closet pudo visualizar una guillotina.

El susto y el miedo se apoderaban más de él. Ese horror se precipitó cuando el coronel agarró su cuello y le tumbó hacia la pared.

-Maldito hijo de puta ¿Quieres fornicar con mi hija? ¡Te quemaré los huevos primero!

El joven Scott trató esta vez de defenderse y huir, pero fue tarde, el coronel tenía todo bajo control. Sacó un trapo de tela con un líquido especial y colocó en la cara del muchacho; en pocos segundos le hizo dormir como un poltrón. Minutos después Pablo despertó amarrado de pies y manos a unos tablones bien fijados a la pared, de pie sin camisa, al frente sentado el coronel, cruzadas las piernas desplegando humo por su rostro mientras fumaba un cigarrillo.

-*El último que intentó cortejar a mi hija no vivió para contarlo, a ti te dejaré vivir, pero primero pasarás diez días y noches sin agua y sin comida. Después te dejaré salir, si sobrevives.*

Las facies del coronel no denotaban arrepentimiento ni misericordia, se levantó apagó la luz y atrancó la puerta.

Cuando la oscuridad se apoderó del lugar, Pablo sintió el pavor más grande que hubiera sentido antes, sabía que no sobreviviría diez días sin comer ni tomar líquidos, pero primero lo mataría el frío de la noche, estaba semidesnudo y la hipotermia de seguro lo sucumbiría, las frías noches quiteñas eran inclementes. Comenzó a llorar con desconsuelo, su mente se hizo un filtro de pensamientos pasados.

< *¿Tal vez todo esto era un castigo del señor por abandonar la iglesia?*>

< *El problema no era la santa Iglesia, sino el padre Eduardo*>

< *¡Dios me está dando un escarmiento por mi lujuria, por dejarme llevar por la carne y no por su alto espíritu!*>

Los dos primeros días se habían tornado interminables, en efecto no había recibido ni agua ni alimentos, sus brazos extendidos como una crucifixión estaban adoloridos, no se diga sus piernas que permanecieron amarradas de pie sobre el tablón, las lágrimas se habían agotado después de llorar por dos noches y dos días. Afuera en la convulsionada ciudad de Quito, sus padres lo habían dado por desaparecido. Sus amigos lo buscaban por los alrededores, en especial en las riberas del río Machángara, allí se encontraban con frecuencia cuerpos mutilados desaparecidos por días o semanas.

Un tenue sonido irrumpió la puerta, unas manos delicadas llevaban un plato con papas y un pedazo de queso.

-*¡Soy Rosario!*

La muchacha encendió la luz. Pablo apenas pudo abrir los ojos luego de reconocer la luminiscencia que apareció luego de dos días de oscuridad. Pero eso no importaba, sus ojos podían esperar, al parecer ese resplandor venía acompañado con la luz de esperanza para salir de aquel lugar. Rosario se acercó y le extendió con su mano un pedazo de queso a la boca del prisionero, pero la ración cayó al piso, una mano tosca agarró a la chica del cuello y la empujó hacia atrás. Su padre, el coronel estaba furioso, ella había aprovechado un descuido para socorrer al muchacho, pero el coronel no bajaba la guardia. Apagó la luz, sostuvo fuertemente a Rosario de su antebrazo y le llevó hacia fuera. Pablo se desmoronó, sus esperanzas de salir de allí se desvanecieron. De seguro moriría.

La puerta sonó otra vez, pero ya no con la misma sutileza, un torbellino la tiró por el piso. La luz se hizo de nuevo, el coronel también cayó por los suelos, los hombres de blanco entraron al sótano, Pablo no lo pudo creer, eran los mismos que le habían salvado la vida la última vez. No dijeron una sola palabra. Le zafaron de los nudos y le sacaron de esa casa. El joven Scott se dejó llevar sin reparos, esta vez sí salió libre. Pocos minutos después se encontró en su casa con su madre y sus amigos. Nunca dijo lo que sucedió.

CAPÍTULO 69

Se fueron todos de su casa, el susto pasó, Angélica le dio un beso y se fue a dormir. Sin embargo para Pablo la noche no terminaba, el diario de su padre lo hipnotizó otra vez.

Edward no estaba interesado en aquella empresa anticonceptiva que llevaban sus padres, un hombre pragmático como la mayoría de la gente en esa época, no estaba en contra, pero las necesidades de estabilidad económica y personal eran lo más importante. Encontrar empleo se convertiría en su primera misión, a pesar de que Charles y Nilda aspiraban a que su vástago fuese abogado, para que desde las leyes defendiera a los más desposeídos, y en especial a quienes enfrentaban lo establecido en contra de la libertad de procreación, sin embargo las aspiraciones de Edward eran otras.

Muy por la mañana se levantó a buscar empleo, no importaba lo que le demandara el oficio, para él era imprescindible ser autosuficiente, no tardó mucho en conseguirlo, y de la manera que un "inexperto" no lo hubiese conseguido, su experiencia en la guerra le sirvió mucho y el haber sido parte del "batallón perdido" le sirvió aún más.

En una de las calles principales de la ciudad en la Quinta Avenida se construía un gran edificio, uno de los capataces había renunciado, Edward entonces tenía que dirigir una veintena de hombres quienes estaban a cargo de las estructuras metálicas de los cinco últimos pisos del rascacielos, su función era la de corroborar el cumplimiento de cada una de las disposiciones del ingeniero jefe de la obra. En eso no tendría problemas.

-*Señor Edward Scott* -le dijo el encargado de talento humano de la obra, el Señor Told Spilserth-.

-*¿Si señor?* -respondió apresurado Edward-.

-Hemos tenido casi quince días de retraso en la entrega de lo solicitado a los proveedores, y eso usted entenderá que retrasará la obra, aquello no le importa a quienes nos han contratado, es necesario entonces que apretemos el acelerador, y creemos firmemente en su disciplina militar para que los hombres a su cargo cumplan a cabalidad la tarea y ojalá en menos del tiempo establecido.

-*Eso es un hecho Señor Spilserth* -contestó Edward-.

Edward no pudo saborear ningún descanso empezó sin vacilaciones, tuvo acceso a los planos y a los términos de las condiciones del contrato, se reunió con el ingeniero jefe y luego se reunió con todo el personal a su cargo, estableció un plan de priorización y ejecución con el apoyo de la parte técnica.

Los resultados no se hicieron esperar, en menos de dos semanas había conseguido una excelente relación con los trabajadores, esto logró rebasar las expectativas de las metas establecidas, pero también se empapó sobre las situaciones diarias del convivir de los trabajadores. Conoció a la señora de la esquina que realizaba unas sabrosas hamburguesas, aunque había rumores de la carne de dudosa procedencia, que a más de uno había enviado al hospital; o del trabajador que había sido despedido por fornicar con la esposa de su jefe, así como de la hermosa mujer que trabajaba en el edificio contiguo.

Muy por la mañana una hermosa mujer entraba todos los días a un departamento ubicado en la Quinta Avenida, Edward desde hacía varios días tenía la costumbre de observar la llegada de esa mujer, su silueta lo tenía imbuido. Se solía preguntar qué hacía en ese lugar o qué función cumplía en dicho departamento una dama sola de ese cautivador semblante. La mujer era muy atractiva y cada vez se enganchaba solo viéndola llegar. Pronto tuvo la oportunidad de originar una "coincidencia" para encontrarse con aquella misteriosa mujer.

-*Buenas tardes señorita*

-Perdone caballero ¿le conozco? -contestó la cautivadora mujer mientras se acercaba a pocos metros del departamento al que acudía-.

-*¡No señorita!, yo trabajo en aquel edificio y quería prevenirle que muy pronto iniciaremos con explosiones en ciertos espacios muertos y probablemente el ruido llegue hasta acá, lo que le podría ocasionar molestias.*

La señorita le agradeció el gesto a aquel hombre con botas y casco de obrero, pero continuó su caminata de destino sin darle más importancia al aviso "desinteresado", Edward actuó con prudencia tratando de no importunarle más a la joven y se limitó a despedirse caballerosamente.

Era la primera vez que el joven Scott tenía de cerca aquella mujer, aquel ligero desplante no le borraba la notable y encantadora experiencia que vivió en contados minutos, realmente fue un disfrute a la mirada, su tez blanca y pómulos rojizos, sus ojos café claros profundos, su nariz refinada y la hechura perfecta de sus labios, iban rezumbando en su memoria como el toque del campanario de la iglesia cercana a su sitio de trabajo.

Edward trató de averiguar sobre la mujer que lo había extasiado, nadie conocía nada de ella, ni siquiera qué hacía en aquel departamento, los obreros que trabajaban desde hace tiempo atrás no conocían de la hermosa muchacha. La curiosidad le sobrepasó y fue en busca de información concisa y directa.

Una vez concluida la jornada laboral decidió acercarse al departamento, lo hizo sigilosamente, era casi de noche, no encontró luces encendidas, la puerta estaba bien asegurada, pero una ventana semiabierta le ofreció la entrada, al interior observó una habitación desordenada, poco ventilada, varias mesas con libros por doquier, panfletos y un lema que decía "Bienvenidos a la Liga Americana de control de la natalidad (ABCL)" dió un giro hacia atrás y receptó un golpe de empellón. Sus manos como lanzas cubrieron su cabeza protegiéndola como esperando que continuara el round, de inmediato recibió un golpe en sus piernas, fue derribado y sintió de lleno el suelo frío de la habitación. Alguien encendió la luz del interior, el atrevido Scott estaba doblegado con una corpulenta pierna en su pecho, una voz grave le preguntó:

-¿Quién eres? ¿Que buscas aquí?

Edward retiró sus manos de la cara, a la vez que escuchó una voz familiar

-*¿Padre?* -dijo el muchacho sorprendido-.

-*¿Edward?, ¡Edward!*

-*Hijo, ¿qué haces aquí? ¿Estás bien?*

Edward miraba con ojos estupefacto desde el suelo a su padre, quien tenía la compañía de Nilda y Polly.

Muy pronto, calmada la situación, Edward tenía que dar una explicación, aunque para el joven se hacía comprometido contar a sus padres y mucho más si estaba allí la mujer a la que estaba husmeando, Polly. Se inventó una mentira, que fue articulada a detalle:

-El equipo constructor hace unas semanas ha observado que algunos insumos de trabajo han desaparecido, y sospechan fuertemente en un obrero, uno de los compañeros de trabajo había dicho que aquí en este lugar los esconde, entenderán que yo estoy encargado de la disciplina y la seguridad de mi grupo, entonces quise acortar el trabajo y buscar lo perdido.

Charles y Nilda asintieron con su cabeza, confiando lo dicho por su hijo, Polly aparentaba que también aceptaba la explicación de Edward, en realidad no le creyó una sola palabra. Nilda le presentó a Polly, quien le explicó que aquel obrero le había dado una información errónea, pues ese lugar no era refugio de ladrones.

-*Este departamento ha sido alquilado para que funcione como oficina de la Liga Americana de control de la natalidad, se han abierto oficinas en otras ciudades del país y en Nueva York requerimos tener un lugar donde reunirnos y seguir trabajando por nuestros principios* -dijo Charles-.

Edward encontró el momento sublime para sanear una curiosidad.

-*¿Y quién es ella?* -Preguntó a sus padres, mientras miraba con cara de acaecido a Polly-.

-*Polly es una de nuestras más aguerridas activistas por la causa de la anticoncepción, es médica*

-*respondió Charles* -y prosiguió-.

-*Ella duerme aquí momentáneamente, por lo menos hasta que nos organicemos, tenemos encima a las SSV, pero me doy cuenta que después de lo de hoy, la seguridad de este sitio no es la adecuada.*

-*Es muy tarde y estoy exhausta* -dijo Nilda, expresando un sonoro bostezo-.

-*Vamos a casa hijo, mis golpes te provocarán uno que otro hematoma* -Charles le dijo a su hijo-.

-*Un poco de hielo lo aliviará* -acotó la doctora-.

Edward sin perder la oportunidad se acercó a Polly para despedirse, ella muy cerca de su oído le preguntó al intrépido *¿encontraste lo perdido?* El joven sonrojado enmudeció, se fue junto a sus padres con los ojos fuera de órbita. En el camino sus pensamientos solo aterrizaban en la belleza de aquella mujer, la vio más de cerca y esa experiencia fue espectacular, el dolor de los golpes en la cabeza y en el tórax que le propinó su padre, fueron opacados por la bella galena.

CAPÍTULO 70

Polly jamás creyó los argumentos de detective de Edward, los golpes de la vida le habían enseñado a desconfiar de los hombres, hacía poco tuvo un romance con uno de sus compañeros de la universidad y tuvo una gran decepción, el muy cretino le había engañado con su propia prima, eso la dejó devastada, pero también aleccionada.

La joven médica estaba muy convencida de las reivindicaciones anticonceptivas, fiel admiradora de Margareth Sander, había librado con ella muchas batallas de toda índole, así que por ahora su vida circulaba alrededor de sus reivindicaciones y de la medicina. El romance no tenía espacio en su vida, el enamorarse era algo de estúpidos que los idiotizaba hasta perder la razón.

En los días siguientes Edward, a pesar del bochorno de la noche anterior, sus pensamientos estaban abstraídos en Polly, como si aquella mujer hubiese adormecido su psiquis y casi lo tuviera a sus pies, el joven enamorado no dudó entonces en acercarse, ser un poco más directo, ya no inventarse cuentos de detectives, ni encuentros casuales; como el de aquella tarde en donde le llevó donas y café.

-*Señorita Polly* -dijo   Edward mientras tocaba la puerta del departamento-.

-*Hola joven* -Expresó   Polly con prudencia, impregnando entre ella y él una barrera de hielo-.

-*Creí que en este frío le vendría bien unas donas y un poco de café*

-*Muchas gracias, joven Scott, pero mi azúcar esta elevada y el café con donas lo   tengo contraindicado* -Dijo con somera arrogancia la joven mujer-.

Mientras miraba al pobre muchacho tiritando de frío con un par de bolsa en sus manos.

-*Si se le ofrece algo estaré aquí querida Polly, recuerde en la construcción, a lado.*

El pobre hombre acongojado y decepcionado dio media vuelta y regresó a su cuadril, ni siquiera sintió la insolencia de la mujer, el amor romántico de Edward aunque no era recíproco lo tenía tan obnubilado que ni siquiera le permitía discernir entre la humildad y la humillación, de todas maneras como decía una científica de la era moderna *"el amor romántico puede ser una enfermedad mortal que suprime el espíritu del hombre".*

Las semanas siguientes Edward seguiría insistiendo, con una flor, con un libro o incluso con una carta, era como un efecto rebote, a más desprecio más insistencia, pero nada daba efecto. El joven quiso entonces acogerse del punto débil de Polly, empezó progresivamente a participar en las actividades anticonceptivas, iba a las reuniones nocturnas, entregaba panfletos en las plazas, e incluso acudía a las oficinas a ayudar a realizar pancartas, afiches y ayudaba en la redacción de manifiestos.

Charles y Nilda estaban contentos por lo aplicado que estaba haciendo Edward en relación a sus principios, aunque Polly era muy buena amiga de los Scott les había advertido del interés de su hijo, y su desinterés por las cursilerías del romanticismo, a ellos no les desagradaba la idea. Polly era una mujer maravillosa y podría ser una buena compañera para Edward, aunque sabían que en asuntos de amor "solo mandaba el corazón".

Pasaron meses y el cántaro se rompió.

-Hola Polly, ¿cómo estuvo tu día hoy? -preguntó con facies serias Edward-.

-Muy bien -contestó seria la mujer- .

Edward prosiguió:

-No quiero quitarte más tiempo, y quería ser puntual, he tratado de estar cerca de ti por casi tres meses, nunca había estado tan interesado en una mujer y me había dedicado a ella día a día aunque no fuera correspondido, pero creo que es momento de tener otros senderos. Partiré en dos días a Chicago, me han ofrecido un empleo más remunerado y viviré allí definitivamente.

Mientras Edward le explicaba a Polly su desencanto, una breve inyección conjuntival humedecía los ojos de ella, al principio él no se había percatado pues su mirada se escapaba, muy pronto cuando advirtió sus lágrimas impetuoso le preguntó la razón, ella usando su perspicacia una gripe fingió y él le creyó.

-Adiós, mi querida Polly, ¿segura no quieres que te lleve a casa? esa gripe no se ve bien

-No te preocupes Edward, estaré mejor si descanso, salúdales a tus padres, si los ves.

CAPÍTULO 71

Polly llegó a su departamento acongojada, no sabía a ciencia cierta lo que le pasaba, tal vez algo de melancolía, de todas maneras ese hombre había estado junto a ella en los últimos meses, y no había tenido el coraje de darle la puntillada final del desprecio. Edward siempre fue amable, solo había tenido el delito de querer estar con ella. < ¿Había sido injusta en haberle ofrecido desprecio? ¿No se merecía ese hombre una oportunidad? ¿Por qué negarse al amor, si este estaba tocando su puerta?> Su corazón por fin se había doblegado, pero necesitaba confirmar su aliento, su sensación de pérdida, ya era tarde, pero aun así decidió tocar la puerta de alguien que la consideraba una amiga, pero que estaba muy ligada a los dos, Nilda.

-*Sé que es tarde*-con voz acontecida le dijo Polly a Nilda-.

-*¿Que sucede Polly?*

-*Necesito tu ayuda, oriéntame, dame una luz, es sobre tu hijo*

-*Querida amiga, sabes que una regla que he tenido junto a Charles en relación a Edward es no inmiscuirnos en sus sentimientos, pero te veo devastada, ven, tomemos un café y dime lo que te pasa, te escucharé... Vamos al sótano, allí no nos escuchará nadie.*

Polly le contó a Nilda como solo lo sabe hacer una mujer, los detalles de su último encuentro con su hijo, entre lágrimas y sorbos de café.

-Polly, no sé qué pretenda mi hijo con lo del viaje a Chicago, allá no tiene amigos ni conocidos de lo que yo conozco, pero lo que te pasó hoy solo tiene un nombre ¡estás enamorada! -sentenció Nilda-.

Aunque Polly puso una cara de asombro, tal vez solo esperaba que alguien que no fuera su conciencia se lo dijera. Ese momento había llegado.

-Eso creo que es así, ¿Pero qué puedo hacer?

-Simplemente hazlo conocer -le dijo Nilda, sintiendo una felicidad a la reciprocidad que Polly tenía con su hijo-.

Polly no estaba dispuesta a caer tan bajo, sus creencias no le permitían que una mujer pudiera cortejar a un hombre, sin embargo convenció a su amiga Nilda hacerle conocer a Edward que según su percepción de madre esa noble chica podría interesarle su propuesta de convivencia y amor, debía ser muy sutil para que Edward no se enterará de que Nilda era su emisaria.

Dos días después, Edward se acercó a las oficinas de ABCL a despedirse de Polly, el tren saldría al día siguiente… Apenas Nilda había podido conversar con su hijo un par de temas, las horas pasaron raudas y no pudo decirle a su hijo lo pactado con Polly

-¡Hola! ¿Estás ocupada? -con voz apacible le dijo Edward a la joven rubia-.

-No, en lo absoluto, estaba meditando un poco, mañana partiré y solo venía a despedirme

-*¡Mañana! ¿Te vas mañana? ¿Conversó tu madre contigo?*-preguntó ansiosa Polly-.

-*¿De qué?* - interrogó Edward-.

Polly se amordazó, estaba entre las cuerdas, era el momento, si dejaba perder esa oportunidad, no volvería a ver jamás al joven Scott. Edward notó en ella una profusa desesperación y confuso la escuchó.

-*Nunca había hecho esto, pero creo que los sentimientos pueden más que la razón, tus atenciones, tu ímpetu en lo que haces, el amor en lo que crees, tus valores, tu honor, han calado en mí. Jamás pensé en atreverme siquiera en decirle a un hombre que lo amo, pero tú te has ganado ese puesto, ese galardón, de ser el primero en ganarte mi amor.*

Edward en ese momento no sintió, no pensó, tal vez ni escuchó, el mutismo lo acaparó, frente a la puerta, ni la lluvia lo espantó, si un rayo hubiese caído, no lo habría advertido. Solo cuando la mujer se acercó, concientizó y la alegría lo envolvió. De inmediato sintió un fuerte abrazo de aquella mujer que se abalanzó hacia él, ella colocó sus brazos sobre su cuello y Edward la besó, ella no dejó de hacerlo, pasaron casi tres minutos entre abrazos y besos como si el mundo pudiese acabarse en pocos minutos, se disiparon en el tiempo, se perdieron juntos en la inmensidad del espacio, Nueva York en ese momento era pequeño, abstracto, minúsculo.

Esto es insufrible, ya no soporto más, la historia ridícula de un obrero que casi muere en la Primera Guerra Mundial y una médica neoyorquina es asquerosa. Esas historias de amor son desesperantes, absorbentes, aniquilantes.

Es la una de la madrugada y todavía no encuentro una excusa para justificar mi exabrupto de hoy en la mañana. La desdeñada veterana me pondrá la denuncia temprano en la fiscalía, si mi jefa no la convence de lo contrario. Seguro el Fiscal pedirá prisión preventiva. Aunque no haya pruebas, seré un chivo expiatorio más, la señora Zambrano utilizará todo su poder de viejecilla inocente para hundirme. Pero mi jefa me salvará de ese error que cometí, confió en su buen juicio y en su poder en la academia, al fin no tiene pruebas, solo necesitó darle un informe que la convenza que solo lo hice por la ciencia. Al final yo no hice nada, solo acepté la propuesta de la calenturienta anciana. Necesito ponerme a pensar y finalizar el informe, pero este hombrecillo de blanco no me deja en paz. Seré más enérgico esta vez. ¡Oiga! no me interesan sus historietas de gringos, le ruego que se vaya, ya dejó de llover hace rato, puede retirarse. Me levanto otra vez de mi cómoda cama y el tipo me vuelve a mirar con rareza, con sutileza y con imponencia, en realidad me da miedo y aunque no tuviera, con una mirada suya me tumba otra vez a mis sábanas y lo escucho otra vez de cabo a rabo.

CAPÍTULO 72

Las leyes Comstock perdían cada vez más fuerza, y en la década de los treinta se daría un hecho judicial que marcaría un precedente para la libertad, la médica Hannah Meyer Stone una mujer comprometida con la lucha en favor de los controles reproductivos había recibido por pedido de Margareth Sander un paquete de diafragmas desde Japón. La aduana de Nueva York los había retenido, pues seguía siendo considerado un delito no tipificado claramente con vacíos legales. Varios fueron los objetos embargados en el puerto, muchos anticonceptivos solicitados desde Europa o Japón guardaban espacio en las húmedas bodegas de la aduana neoyorquina.

La doctora Meyer y la enfermera Sander habían llevado a la corte una solicitud para exigir la devolución de los implementos, por lo que se inició una lucha legal en los tribunales, el juicio recayó en el Distrito Sur de Nueva York en manos de Augustos Noble Hand, un juez sexagenario nacido en Elizabethtown, quien había sido designado como Juez por el Presidente Wilson y confirmado por el senado en 1914.

El caso conocido como el United States vs. One Package tuvo resonancia fuera y dentro de Nueva York, pues puso a tambalear a las leyes Comstock, lo hizo al dar la razón a Sander y a su movimiento, el juez concluyó a favor:

-Este tribunal hará prevalecer el derecho de un médico en defender lo que de acuerdo a su raciocinio sea en beneficio de sus pacientes, para salvar vidas y proteger su prosperidad, por lo que la doctora Meyer podrá hacer uso de esos dispositivos conforme a las capacidades que su profesión le establecen.

Este hecho no era una victoria aislada, se relacionaba con otras victorias legales en la década de los diez, emitidas por el juez Frederick E. Crane, en el que también absolvió directamente a Sander, especificando que solo los médicos podrían prescribir anticonceptivos, pocos años antes también un juez determinó la legalidad del uso de condones, en el sonado caso de "Youngs Rubber".

Las SSV percibían como habían perdido terreno, no solo en el campo judicial, sino en la misma sociedad que aceptaba los métodos anticonceptivos como realidad, pero sobretodo como una necesidad. El castillo de naipes se desmoronaba, la humanidad se abría al surgimiento de una visión renovadora. En 1937 la Asociación Médica de los Estados Unidos aceptó formalmente a los anticonceptivos como parte de los servicios de atención y se incluyó progresivamente en las mallas curriculares de estudios médicos en las universidades.

Margareth Sander había conseguido varios laureles, pero quería más, se había dispuesto a conseguir financiamiento para uno de los inventos que revolucionaria el mundo del control de la natalidad, la píldora.

CAPÍTULO 73

Con más de trece millones de habitantes en 1941, Nueva York se había convertido en uno de los centros mundiales de comercio, a pesar de la Segunda Guerra Mundial en vigencia, Estados Unidos se negaba a participar en ella, las familias vivían todavía en un ambiente de tranquilidad y armonía. Un joven de apenas diecinueve años celebraba junto a su familia el día de acción de gracias, Jhon, el único y primer hijo que Polly y Edward habían engendrado. La familia Scott había crecido, Charles y Nilda habían envejecido, pero seguían siendo parte de la organización, habían ayudado en la crianza del joven Jhon, impregnando en él los valores de la libertad sexual y reproductiva. Jhon se parecía mucho a su abuelo Charles, alto, con cabellera rubia, atlético, en la secundaria se había destacado en varios deportes, entre ellos el futbol americano y el boxeo. Estuvo seleccionado para representar al país en el equipo de boxeo en los juegos olímpicos, pero en 1940 por efectos de la guerra, los juegos se suspendieron. Desde hace varios meses estaba trabajando como amanuense en una de las clínicas de fertilidad fundadas por Margareth Sander en Nueva York, su trabajo era sencillo, se encargaba de tomar notas de las pacientes que ingresaban a recibir información, y cuidaba que todo estuviera en orden, pues las amenazas de los conservadores siempre estaban latentes.

Jhon caminaba frecuentemente por la Broome Street en el bajo Manhattan hacia su trabajo, cuando estuvo cerca de la clínica de fertilidad, oyó un estruendo que venía de aquel lugar, llamas de fuego avivaban el ambiente que aumentaba la temperatura de esa mañana fría...

-*¡Fuego!¡Fuego!* -gritó Jhon sorprendido-.

De a poco los vecinos del lugar comenzaron a congregarse alrededor del lugar, el cuerpo de bomberos de la ciudad actuó expedito, sin embargo pudo más la velocidad de las llamas que lo había consumido todo, la clínica de fertilidad se había convertido en escombros negros e insustanciales producto de las llamaradas. Horas después cuando el calor se disipó y se pudo entrar al lugar, los activistas a la cabeza de Sander descubrieron que tal incendio no había sido un accidente, observaron rastros de gasolina, y un pedazo de mechero que había sobrevivido el embuste del calor, en una de las paredes contiguas había una leyenda escrita con pintura negra y con letra sinuosa que decía *"out of here obscene sons of bitches"* (Fuera de aquí obscenos hijos de puta)

Para la organización esto era otro ataque y a la vez advertencia de las muchas que habían tenido durante décadas, pero esta vez su frustración llegó lejos, los resquicios de las SSV, la arquidiócesis de Nueva York, o gente incrustada en el gobierno con vínculos con los conservadores, alguien que no sabían con exactitud quemó por primera vez una de sus sedes.

Stey, quien administraba el lugar, no aterrizaba aún de la pavura, era enfermera y su vocación por la salud pública la había llevado a dejar un hospital en las afueras de New Jersey para dedicarse a la clínica. Estaba indignada, pero también temerosa, la organización tenía enemigos abiertos, pero también invisibles. Esos eran los más peligrosos.

-*Debemos tener más cuidado* -refutó Jhon-.

-*Si es preciso contar con más precaución y advertir a los compañeros no solo de Nueva York, sino de todas nuestras filiales en la nación, por favor Jhon comunícate con Polly, Anny, Theilor y Marcus. Tendremos una reunión mañana en el sitio que ya conoces* -le solicitó la administradora al joven Scott-.

Al día siguiente minutos antes de la reunión habían llegado la información de que otros incendios habían ocurrido en sedes de Boston y Chicago, con las mismas características, y casi a la misma hora, lamentablemente en Chicago había fallecido quemado un activista que se quedó encerrado en el baño.

Stey, quien dirigía la reunión, inició puntualizando la gravedad de la situación, luego Polly tomó la palabra y dijo:

-*Hay que lamentar estas circunstancias, pero no podemos apuntar directamente a nadie, es obvio que algún grupo esté interesado en hacernos daño, de los que han venido haciéndolo durante décadas...*

*-Pero hagamos un listado de los posibles responsables
-refirió Marcus-.* Uno de los asistentes

-Las SSV una sospechosa -manifestó Polly-.

*-Aunque últimamente no han aparecido, desde la
muerte de Comstock su accionar ha ido disminuyendo,
mucho más después de los litigios legales que hemos
ganado* -comentó Polly-.

*-Y si fueron los caballeros de Colon, o los templarios
americanos, o incluso los hermanos amigos del
Vaticano...* –exclamó alguien del grupo-.

Theilor, un activista contemporáneo de Edward,
tenía otra preocupación que expresar a la organización:

*-Como es de su conocimiento los estudios para
desarrollar la píldora están avanzando, Margareth
Sander consiguió financiamiento para este gran
proyecto que está en marcha, esto cambiará sin
duda drásticamente el mundo reproductivo en favor
de millones de mujeres, hay varios investigadores que
están trabajando en eso, tenemos que ponerlos a buen
recaudo. Las SSV o cualquier grupo de aquellos no se
conformarán solo con quemar nuestras clínicas, sino
desaparecer cualquier rastro de la futura píldora.*

Aquella noche la organización llegó a una conclusión,
debían crear un grupo de seguridad de alto nivel, con la
rigurosidad que las circunstancias demandaban, que
estuviera en capacidad no solo de proteger las sedes,
sino el invento más extraordinario para la vida de
millones de mujeres libres en el mundo, la píldora.

CAPÍTULO 74

Jacob Smith un exmilitar afín a la organización, recio, infranqueable, impenetrable, sería el encargado de realizar la formación del grupo de seguridad, su esposa había fallecido cinco años antes luego de un parto que él nunca quiso. Se había incorporado a la organización, era ateo y despreciaba todo aquello relacionado con las iglesias o la religión.

Recibiría una paga por la seguridad de los proyectos de la organización, las clínicas de natalidad eran rentables lo que financiaría el dificultoso adiestramiento del equipo de seguridad, el primer paso, la selección de los miembros de la guardia de seguridad, tema complejo. El principal requisito se consideraba el convencimiento de los ideales hacia la organización, a sus principios, a la innegable defensa de los derechos de anticoncepción, eso estaba por encima de cualquier dinero o sueldo que pudiera otorgar la organización.

Smith recorrió muchas ciudades de Estados Unidos, en cada sitio escogió con pulcritud a cada miembro, además de su lealtad al grupo y a sus ideales, debía destacar también un estado de salud pertinente, una talla acertada, y un estado físico excepcional. Ocho de esos miembros, actuarían de cerca cuidando a los investigadores que trabajaban en la píldora, ellos se dedicarían casi a tiempo completo a su protección, debían incluso viajar fuera del país, en especial México, donde el científico estadounidense Russell Marker estaba desarrollando la ruta sintética de los tres pasos para la producción de esteroides, que sería el probable precursor de la píldora. El tiempo de trabajo para estos hombres de seguridad dependería del tiempo en que se demorara en desarrollar la píldora, podría ser años o incluso decenios. El proceso para escoger a estos hombres era monumental, comparable solamente al escogimiento de los gladiadores medievales.

Jhon Scott pretendía ser uno de aquellos hombres, tenía la fuerza y convicción de hacerlo, entró a la preselección luego de una visita de Smith al distrito sur de Nueva York, fue escogido inicialmente como preseleccionado, participando en cada etapa del proceso, arduos ejercicios de rendimiento que incluían correr más de veinte kilómetros en plano y en subida, así como nadar en aguas frías varios kilómetros, fuerza de resistencias, y el manejo fluido de armas de fuego.

Pasaron varias semanas y en las pruebas finales John capituló, mientras realizaba la prueba de nadar algo sucedió súbitamente:

-¡*En sus marcas!* -gritó con mando militar uno de los auxiliares de Smith- .

¡Listos! ¡Fuera!

Smith miraba cómo los doce hombres agitaban sus manos cual gacelas huyendo de su depredador, en las frías aguas de aquel lago escogido para dicha prueba, uno a uno iban acercándose a la primera vuelta, esperando poder avanzar a la segunda y última. Todos observaron cómo un hombre alzó la mano y quedó estancado en el agua mientras el resto continuaban vertiginosos hacia la meta…

-*¿Qué sucedió?* -gritaron unos auxiliares que fueron al rescate del hombre-.

-Es Jhon- gritó uno de ellos-.

-*¿Qué ocurrió? ¿Estás bien?*

Jhon logró sujetarse a la pequeña embarcación, con ayuda subió y se quejó estrepitosamente de dolor en su espalda, una neuritis le había jugado una mala pasada, no pudo concluir la última competencia.

Aquella noche Smith se acercó al lugar donde acampaba Jhon, refiriéndole la noticia de que no estaría entre los ocho, pero que lo necesitaba en Nueva York al cuidado de una de las clínicas de natalidad, el joven resignado asumió la responsabilidad.

CAPÍTULO 75

La inminente entrada a la Segunda Guerra Mundial de los Estados Unidos llevaría consigo muchas presiones de diversas connotaciones. A pesar del bombardeo a Pearl Harbor todavía existía oposición a participar de la guerra, de todas maneras la inaplazable guerra movilizó a la nación entera, la industria armamentística debería triplicar su manufactura, la capacidad de producción de alimentos no eran suficientes. Una producción a gran escala de esteroides las cuales servirían para aliviar el dolor a los soldados se constituía en otra de las necesidades indiscutibles del gobierno norteamericano. Russell Marker, un químico estadounidense de cuarenta años graduado en la Universidad de Maryland, después de su invención del sistema de octanaje en la gasolina, se empecinó en buscar una ruta más barata para conseguir hormonas esteroideas a gran escala, la producción de esteroides en los años treinta y cuarenta era cara e insuficiente.

Marker era un hombre incansable y logró llamar la atención de la Universidad Estatal de Penn por lo que recibió su apoyo así como de una gran empresa, Park-Davis, en este contexto pudo purificar una cantidad importante a partir de ganado vacuno, posiblemente de la orina y de los testículos de toro, pero todavía no era lo suficiente para suplir las cada vez más sedienta necesidad de la sustancia activa.

Marker era un hombre muy inteligente y observador, en uno de sus viajes a México tuvo conocimiento de algunos viejos sabios sobre una planta, un tubérculo llamado cabeza de negro, que tenía uso medicinal; calmaba los dolores que atormentaban a los moribundos, el joven científico viajó a Veracruz de donde procedía el bulbo, lo hizo junto a sus colaboradores, ¡el objetivo! : demostrar que esa planta servía para producir cantidades importantes de diosgenina, precursor de las hormonas esteroides.

Uno de los colaboradores del equipo de Russell, Martín Lucas, un licenciado en idiomas, manejaba muy bien el español y el francés, y por supuesto su idioma madre, el inglés. Su dicción en español, casi perfecta, que de no ser por su test blanca y cabello rubio, hubiese pasado desapercibido entre los mexicanos, aunque no sabía mucho de química, conocía desde hacía unos meses los trabajos de Marker. En una ocasión mientras el químico disertaba una charla sobre la clasificación del octanaje de la gasolina, un estudiante de habla hispana trató infructuosamente de hacerle una pregunta a Marker en un pésimo inglés, Martín muy afanoso sirvió de intermediario para que Russell resolviera la interrogante del muchacho, ese fue el punto de partida de su relación.

La selva de Veracruz era inhóspita como casi todas, por lo que la llegada del equipo de Marker no fue fácil, les esperaban en un caserío recóndito, luego de varias horas camino a lomo de caballo, los expedicionarios llegaron. Fueron recibidos por Roberto, un nativo del lugar, quien les enseñó el afamado tubérculo cabeza de negro, pero no solo ese, habían otros vegetales autóctonos que llamaron la atención al científico, sin embargo, sin lugar a dudas, ese barbasco como también le llamaban, fue el que cumplía con las características externas y fue sometido a los estudios del químico estadounidense.

Después de varios días de estudios el científico pudo corroborar lo que suponía y lo comentó a sus colaboradores:

-*En realidad estos compuestos llamados sapogeninas sí pueden tener una reacción en cadena más estable, mis antecesores lo negaron, pero he descubierto que pueden hacerlo, si bien no pueden degradarse en condiciones básicas o neutras, lo pueden hacer en condiciones ácidas, esto nos permitirá sintetizar diosgenina y a `partir de allí, esteroides... pero lo más importante lo tenemos en este tubérculo que crece a buen tamaño.*

El profesor Marker lograría recoger más de diez toneladas del tubérculo lo que produciría más de tres kilogramos del esteroide, la mayor cantidad producida hasta ese entonces en un solo lote, eso en valor monetario equivaldría a casi tres millones de dólares americanos en la actualidad. El descubrimiento de Russell abrió las sendas que requería la humanidad.

Para Marker y sus colaboradores la producción del esteroide sería más práctica hacerla en México, que junto a la materia prima, abarataría los costos, y permitirían que pequeñas empresas mexicanas ingresaran al negocio, pero la avaricia no convenció a la compañía Park-Davis, este desacuerdo terminó con la ruptura de la alianza y Marker se estableció por su cuenta en México.

CAPÍTULO 76

Un camión Stewart norteamericano salió cargado de barbasco desde las selvas mexicanas hacia laboratorios Syntex, el nuevo aliado de Marker, en el camino poco convencional, el conductor decidió parar, pues la impertinencia de un gran tronco impidió el paso del armatoste, como si fuesen animales silvestres excitados en busca de su presa, salieron desaforados desde los árboles un grupo de hombres armados. Dispararon al aire y exigieron al conductor que ingresara a la selva y no vuelva nunca más, uno de los forajidos preparó combustible para incendiar la carga, al grito de *¡quemen el barbasco!*

Dos de ellos estaban cerca de quemar el barbasco, de pronto al unísono, el acto fue impedido por otro grupo de pistoleros quienes se apostaron al otro lado de la vía explayando una ráfaga de balas al cielo, ninguno de los dos bandos tenían la intención de menguar, esto desembocó en un enfrentamiento entre los grupos, los estruendos eran atronadores, las balas cruzaban de un lado a otro, no sabían a quién o quiénes se enfrentaban los unos con los otros, lo único a ciencia cierta era que cada uno quería para sí la carga, los unos la querían incinerar y los otros proteger. La civilización más cercana estaba a más de treinta kilómetros, sin posibilidad de intervención de ninguna autoridad, el conductor del vehículo ingresó al camión y se protegió debajo del asiento del mismo con las manos cubriendo su cabeza.

La tarde y noche fueron trágicas, dejaron de estremecer el ruido de las balas, no había cuerpos inertes o moribundos, pero los charcos de sangre yacían regados por el camino lastrado que delataban la carnicería que se había producido. No se escuchaban los silbidos cánticos de las aves, solo la hiel helada del campo se podía percibir, ambos grupos habían dejado el lugar, y el camión con la carga pudo continuar con su trayecto hacia la industria farmacéutica, el conductor del camión llegó cabizbajo, nerviosos y en shock, no sabía cómo había podido manejar casi 30 kilómetros después de lo sucedido, a su llegada fue recibido por el jefe de la planta quien escuchó absorto lo ocurrido.

El cargamento con el barbasco estaba intacto, alguien como caído del cielo lo tenía a salvo, sin embargo mayores precauciones no dejaron de ocurrir, Syntex contrató seguridad privada y nunca más los camiones que salían del campo lo harían desprotegidos, la empresa liderada por Marker promovía casi la mitad de todos los esteroides que se usaban en los Estados Unidos y la fabricación a partir del tubérculo no podía parar su ascendente éxito. Pero la seguridad del barbasco no solo estaba protegida por una seguridad privada, los activistas por los derechos de anticoncepción cubrían también sus espaldas.

CAPÍTULO 77

Una intensa ola de frío azotaba las céntricas calles de Manhattan, un corte de energía eléctrica sorprendió desprevenidos a los Neoyorkinos, incrementando el tenue frío de la ciudad. Una chimenea daba calor, mientras Polly y Stey disertaban a un grupo de mujeres trabajadoras de una fábrica textil las bondades de la anticoncepción. El lugar era pequeño de unos veinte metros cuadrados donde estaban unas treinta personas, unas velas daban visibilidad, el edificio era sucio y viejo, pero acogedor. Atrás un activista que se había entrenado en el grupo de Smith observaba que todo estuviera en su lugar, había sido asignado para resguardar el evento, le llamaban "Oso loco" y no precisamente por su contextura gruesa y su cara rellena de oso panda siberiano, sino porque tenía un abrazo que podría aniquilar a sus rivales en segundos, sin darles oportunidad a escapar de su implacable fuerza.

-¡Una de las consecuencias de usar un método de protección es que podemos disminuir el riesgo de padecer alguna complicación innecesaria por un parto que simplemente no hemos deseado! -disertaba Stey a sus oyentes-.

Continuaba…

-Las estadísticas, aunque frías pero reales, dicen bastante, en muchas ciudades como Nueva York, Massachusetts, Chicago e incluso Los Ángeles las cifras de muertes relacionadas con el parto han descendido vertiginosamente en relación con siglo pasado, a pesar de este dato halagador, todavía las mujeres siguen padeciendo trágicamente.

Una mujer exasperada de la última fila que estaba muy atenta a la disertación alzó la mano.

-¿es posible que se pueda actuar directamente en el sistema hormonal del hombre o la mujer para evitar la ovulación o la salida de los espermatozoides? ¿Sin provocar la muerte del feto?

La pregunta dejó a muchos perplejos, pues en la organización sabían que aunque faltaba mucho, las investigaciones iban por ese sendero, pero por lo delicado del tema no se podía entrar en particularidades, menos aún en suposiciones, Polly decidió intervenir dándole a la interrogante una visión médica diferente:

-Desde que el médico Ginecólogo japonés Kyusaku Ogino en 1924 describiera el proceso de ovulación, estableciendo el ciclo menstrual, sí es posible actuar en alguno de esos segmentos, sin afectar la vida de nadie, ¿si me pregunta cómo? realmente no lo sé. Eso está por verse.

La mujer volvió a indagar al púlpito

-He escuchado que en Europa están desarrollando un medicamento para los hombres que provoca la muerte

de los espermatozoides justo en el momento de ingresar al cuello del útero.

-*No lo sé, de todas maneras en la ciencia todo es factible o casi todo* -refirió Stey-.

Las interrogantes de la obrera rebosaban de razón, aunque en aquella época se consideraba ciencia ficción hablar de sustancias que provocaran cambios en los ciclos reproductivos del hombre o de la mujer, de todas maneras las activistas debían dejar claro que el mensaje principal independientemente de la forma era la necesidad de que los individuos especialmente las mujeres asuman su rol y puedan controlar su capacidad reproductiva, sin ataduras de gobiernos o iglesias.

Las preguntas comenzaron a promover el debate y la discusión, un principio inalienable de la organización, toda duda generaba un debate y está a la vez generaba resultados enriquecedores, "Oso loco" no pudo disimular la fatiga que en ese momento acaecía en su cuerpo, ni pudo también resistir la embestida que unos cinco policías realizaron al irrumpir en la sala de la conferencia...

-*¡Todos al suelo!* -gritaron los gendarmes-.

Con insultos golpearon con toletes a las mujeres que se encontraban en el suelo, pero dirigidos con más fuerza a los conferencistas, había una dedicatoria, sin embargo no hubo mujer que no recibiera su mecatazo. "Oso loco" arremetió cuanto pudo, debía proteger a Stey y a Polly, alzó a uno de ellos por los techos y a otro le propinó un puñete destrozándole los incisivos superiores. Varios golpes en su testa le hicieron perder equilibrio cayendo encima de uno de los policías, aplastándole la pierna izquierda, se levantó de inmediato, era un hombre duro de contener. No era la primera vez que se enfrentaba a más de uno, hace poco, hombres de las SSV intentaron secuestrarlo y llevarlo algún lugar lejano, Oso loco levantó un auto con sus dos manos y los inclinó con hombres y todo adentro. Los activistas entre hombres y mujeres eran superiores numéricamente y con un estandarte como Oso loco tenían las de ganar. Los pocos policías que quedaron subieron a hombros al policía herido de su pierna y huyeron del lugar.

Varias mujeres resultaron con contusiones, pero una en especial quedó muy malherida, Polly, que yacía en el suelo con la cara ensangrentada, inconsciente y socorrida por sus compañeros.

A mediados de la década de los cuarenta, México se había convertido en el mayor productor de esteroides que proporcionaba a los Estados Unidos, Marker había producido, gracias al barbasco, cantidades importantes de estas sustancias, la progesterona que se vendía llegaba a costar hasta cincuenta dólares el kilo, las ganancias de Syntex fueron estrepitosas. Smith y su grupo de México, habían protegido cada cargamento del barbasco, la orden de la organización era clara, el barbasco, el elíxir perdido de la píldora muy pronto sería realidad.

Smith tenía un centro de operaciones en la ciudad de Veracruz, allí había montado un equipo de espionaje, equipos electrónicos, documentación falsa, dólares, pesos mexicanos, armas y contactos que le ayudarían a tomar decisiones en forma oportuna e inmediata. Le había llegado información importante en la que grupos conservadores tejían una gran organización internacional para frenar todo lo que empujara el invento de la píldora. Este grupo de conspiradores hacían centro de operaciones en la Arquidiócesis de ciudad de México, a pesar de que el Arzobispo Medina desconocía el plan. El trabajo sucio lo organizaban en las afueras de la ciudad, en un convento abandonado. El enfrentamiento en Veracruz solo era la punta del iceberg de los muchos duelos que frenéticamente los había enfrentado. Marker y su equipo desconocían que alrededor de su suculento negocio, dos grupos se enfrentaban sangre a sangre, cuerpo a cuerpo, por preservar o desechar su empresa. Sabían de los muertos, de los heridos, pero para ellos las sublimes o malsanas causas eran desconocidas.

El mando principal de la organización en Nueva York conocía que los grupos conservadores no darían su brazo a torcer, podrían quemar clínicas de planificación familiar, utilizar la justicia para meter presos a sus integrantes, colocar bombas o cualquier método lícito o ilícito para sus oscuros propósitos. Los conservadores habían perdido fuerza en algunas ciudades de los Estados Unidos, en Chicago una inmensa manifestación exigió al gobierno mayor apertura en las políticas anticonceptivas. Algunos manifestantes terminaron recluidos, pero el Senador Richard Jones llevó al Senado las demandas de los protestantes; otros políticos se unieron a la propuesta. En México no había protestas ni grandes manifestaciones, el escenario era distinto, en las intrigas, en el espionaje y contraespionaje. Smith había perdido a muchos de sus hombres, algunos habían regresado a Estados Unidos muy malheridos y otros en un ataúd de madera a un frío cementerio. El pequeño grupo que protegía el barbasco estaba comprometido a cuidar lo que significaba el embrión de la anticoncepción farmacológica, habían sobrevivido los mejores.

Smith confiaba en ellos, sabía de sus cualidades, podían cumplir sus tareas a cabalidad. A algunos ya no les importaba la paga que recibían sus familias quincenalmente, el barbasco era el principio y el final, esa fuente de vida no tenía precio. Cuando llegaba la noche, Smith se refugiaba en ella, se percataba que el grupo designado cuidara los puntos sensibles donde podrían atacar al barbasco, luego trataba de leer un libro de Louis Bromfield *Early Autumno,* tomaba un café mientras reflexionaba sobre las estrategias que exigía su trabajo. Un añejo sillón de madera de roble se convertía en su mejor amigo para elaborar esas complejas ecuaciones, la tranquilidad de esos minutos, muy transcendental para atar cabos desgajados, se vio arrimada, en medio de su meditación, recibió una llamada inesperada, Williams un químico que se había ganado la confianza de Marker, que en realidad era un informante de la organización, tenía un dato sustancial.

-*¡Hola Smith!* -saludó la vocecita quebradiza del otro lado del teléfono de aquel químico que no se compadecía con el hombre alto, corpulento y tripudo de espejuelos esmerilados-.

-*Marker acaba de romper con Syntex, será oficial en las próximas horas*

-¿Y eso qué significa? -Smith preguntó contrariado-.

-*Marker hará su propia empresa y Syntex a su vez está decidida a prescindir de él, elaborará su propio esteroide.*

-¿Y qué hará Marker? ¿Se quedará aquí o regresará a Estados Unidos?-preguntó Smith-.

-*Se quedará aquí seguro, pero recuerda que Syntex es una empresa poderosa en México, no sé qué sucederá. Los dos se necesitan mutuamente* -balbuceo Williams-.

Smith cerró el teléfono, se dirigió a un cuarto contiguo, tomó una taza de café que había preparado antes de la llamada y encendió un cigarro. El humo que lo envolvió lo atosigó más, solo le latía un pensamiento en sus sesos congestionados, el trabajo para la organización se duplicaría, pues debía ahora seguir los pasos de Marker, pero también de la gran farmacéutica Syntex.

Smith tomó un sorbo de café, dejó el cigarro, y marcó el teléfono a Nueva York.

CAPÍTULO 78

Charles y Edward corrían presurosos por la Avenida Lexington, pocos minutos después un gran letrero "The Brooklyn Hospital" y unas resbaladizas escalinatas enlentecieron sus pasos, ambos ingresaron al nosocomio preguntando por una paciente en particular:

-*¡Sala 24 al fondo suba un piso! -les informaron en recepción-.*

Subieron enseguida y se encontraron con mucha gente que buscaba a la misma persona, sus corazones taquicárdicos palpitaban como tambores en la hoguera, sus poros abiertos extravasaban un copioso sudor, no podían disimular la incertidumbre. En medio de la muchedumbre que abarrotaba la pequeña sala de espera, un grupo de médicos salía de una habitación cabizbajos, el Dr. Thompson, jefe de guardia, fue interrumpido inmediatamente por Edward….

-*Doctor Thompson, soy el esposo de Polly*

-*Venga necesito hablar con usted, entremos a esta habitación.*

-*¿Puede ingresar mi padre?- preguntó el turbado esposo-.*

-*Por supuesto -refirió el galeno que emanaba cansancio e impotencia-.*

-*Su esposa recibió muchos golpes en la cabeza, se encuentra en terapia intensiva, no le puedo decir cuál será el desenlace, pero su condición es grave, ¡lo siento mucho!-sentenció el médico-*.

Edward sintió un tenue frío que pasaba junto a él, el tiempo se le paralizó momentáneamente por segundos, y una vez que volvió en sí, unas lágrimas que salían de sus ojos adormecidos le pusieron otra vez en la realidad, su padre Charles le abrazó y le acompañó con un prudente silencio.

El doctor Thompson le invitó a ver a su esposa advirtiéndole que el cuadro era desgarrador, Edward y Charles acudieron timoratos a la habitación, un par de personas con batas blancas les recibieron y se hicieron a un lado, Polly estaba allí, inconsciente, con hematomas en su cara y una venda que cubría su cabeza, varios cables de todo calibre y consistencia enmarañados cubrían casi todo su cuerpo. Edward acongojado, abatido, la miró, topó su mano y salió junto a su padre casi de inmediato, no sobrellevó ver a su compañera, a su amada de tantos años en esas condiciones.

Al salir de la habitación estaban Anny, Theilor y Marcus; aunque Polly había sido la más afectada, otras personas que estuvieron en la reunión habían recibido también fuertes contusiones, y ellos, como dirigentes de la organización aunque convalecientes, necesitaban estar pendientes de su compañera. Anny se acercó a Edward y le preguntó por Polly, la respuesta le afectó. Recordó en ese momento cuando ella estuvo afectada por una caída luego de correr huyendo de la persecución de unos matones de las SSV después de una manifestación en Nueva York. Evocó cómo sus pies patinaban por la fatiga del cansancio, uno de sus tobillos le jugó una mala pasada y resbaló provocándole un doloroso esguince de tobillo. Polly estuvo con ella todo el tiempo aplicando sus cuidados, los médicos le dieron de dos a tres meses de recuperación, pero Polly le ayudó a rehabilitar provocando su recuperación en un solo mes. Anny lo atribuyó al amor desinteresado de su amiga, que a cualquier fórmula médica utilizada.

Pocos minutos después el ambiente se alteró. Jhon Scott llegó y fue recibido por un fuerte abrazo consolador de su abuelo Charles, el joven no pudo evitar las lágrimas, al contrario de su padre su reacción fue poco pacífica.

-¡Malditos policías! ¡Lo que le hicieron a mi madre lo van a pagar!

Unos metros al fondo se encontraban un par de policías resguardando el lugar, Jhon se abalanzó hasta ellos, su fin era descargar todo el rencor que le ocasionaba ese uniforme, esos bastardos habían agredido a su madre pensó en sus adentros. Afortunadamente no pudo consumar su propósito, Marcus y Theilor lo sostuvieron con todas sus fuerzas y le dijeron con vehemencia:

-Tranquilízate Jhon ¡Ellos no fueron, la policía no fue!

Jhon los miró con admiración

-Todos esos hombres eran impostores, no son policías,

Oso loco atrapó a uno de ellos y lo confesó, son de las ADM.

Las ADM era un brazo de las SSV que actuaban en Nueva York, en realidad se habían separado de las SSV por diferencias religiosas, pero su propósito era el mismo, frenar la expansión liberal que azotaba al país.

CAPÍTULO 79

Smith recibió noticias de Nueva York, que eran preocupantes: camaradas heridos, oficinas destruidas, y una compañera al borde de la muerte. Inmediatamente acudió al Puerto Aéreo Central de la Ciudad de México desde donde viajaría a Nueva York, debía reunirse con la directiva de la organización, era imprescindible realizar ajustes, los ataques eran frecuentes, había que rearmar a la organización en México y Estados Unidos. Smith dejó un equipo preparado para los acontecimientos que se pudieran dar en Veracruz o en Ciudad de México, en su corta ausencia. La farmacéutica Syntex había perdido a su principal socio, Russel ya no estaba más, alguien tenía que reemplazar su ingenio, la búsqueda de un científico de la talla de Russel fue vertiginosa y sagaz, la empresa no podía improvisar de ninguna manera quién dirigiera y diera continuidad a este transcendental programa. Por aquellas épocas un químico húngaro que había estudiado en Suiza, George Rosenkranz se incorporó a la empresa, estuvo huyendo por años de la barbarie nazi, encontró en México la paz que solo esas tierras podían dar en aquellas épocas.

Muy pronto se incorporó a Syntex, Rosenkranz debió empezar desde cero, su talento dejó atónitos a los ejecutivos de la empresa, sus aportes fueron importantes en relación al desarrollo de la progesterona a partir de la diosgenina. El húngaro ayudó a implementar el desarrollo de la química en un país que requería nuevos senderos en esas ciencias. Mientras trabajaba en Syntex fundó junto a otros investigadores el instituto de Química en la Universidad Autónoma de México.

El instituto se convirtió en un semillero de jóvenes prospectos de la química, México, como casi, todos los países latinoamericanos, requería ingresar abruptamente en el sinuoso campo de la química para poder competir a nivel mundial, desde Andrés Manuel del Río, quien en el siglo pasado había descubierto el elemento químico Vanadio, los aportes de México a la química habían sido escasos, pero no menos importantes en el contexto latinoamericano.

Las paredes marchitadas por el tiempo eran testigos del apogeo de las ciencias, de la libertad de cátedra, del florecimiento de lo oculto, la universidad irreverente en su esencia acobijaba a los escritores, sociólogos, políticos y científicos. Una tarde de un deleitoso verano en una clase de química, el húngaro quedó gratamente sorprendido con uno de sus estudiantes. Un joven de talla mediana, con lentejuelas de vidrio, cabello negro y mirada segura, le petrificó cual ave de caza identifica su presa. El estudiante de último año pudo mostrar con tal pulcritud la cascada hormonal sexual femenina, nadie lo había hecho como él, lo hizo como si él mismo la hubiese inventado, su nombre era Luis Miramontes, un joven mexicano nacido en Tepic, quien semanas después se unió al equipo de Rosenkranz. Miramontes estableció por mucho tiempo una relación científica que desarrolló una alianza investigadora ineludible, que marcaría un hito en la historia de la humanidad.

Rosenkranz era escrupuloso en conformar el equipo de investigación y estudio que le acompañaba, se le unieron dos investigadores, el Austriaco Carl Djerassi quien decidió igualmente radicarse en México para dar sus valiosos aportes y el bioquímico uruguayo Alejandro Zaffaroni quien luego de culminar su doctorado en la universidad de Rochester decidió embarcarse en esta empresa. Ambos tenían lo que Rosenkranz exigía para las investigaciones que demandaban la exigencia del momento.

Williams, a quien le urgía tomar contacto con el equipo de Rosenkranz, no podía fácilmente deshacerse de Russell quien había tenido la intención de apartarse del estudio de las hormonas y de vincularse a otros menesteres menos conflictivos y riesgosos, los metales.

No fue fácil pero lo logró, fingió una rotura poco amistosa con Russell, y convenció a Syntex para que trabaje con el nuevo equipo, pues él podría dar información relevante sobre los inventos de Russell, en especial a partir del barbasco. Ahora la organización tenía un control sobre el futuro de la 'píldora, Williams se ganó la confianza de Rosenkranz y formó parte de su equipo.

CAPÍTULO 80

-*¡Hola Anny! ¡Hola Marcus!* -saludó Smith-.
-*¡Siéntese compañero! ¡Tómese un café! Y ¡relájese!*
-dijo Marcus-.

Con un tono tranquilizador y paternal Marcus, en una secreta oficina en un edificio de Nueva York.

-*Creo que necesitaré más que un café para tranquilizarme, aunque de hecho la tranquilidad y la cordura es lo que más necesitamos, los últimos acontecimientos me han causado una enorme incertidumbre. ¡Estoy agobiado!* -Smith con un tono no tan alentador expresó cabizbajo-.

Anny le agarró de su mano, le miró a los ojos color café del veterano de guerra, le dijo:

-*Entiendo tu ansiedad, nosotros hemos tenido que resistir la embestida, pero a pesar de aquello, cada día se abren más clínicas, la ciudadanía está tomado más conciencia sobre sus derechos reproductivos, tenemos más apoyo político, congresistas y jueces están abrazando nuestra bandera. Margareth Sander ha recorrido varios estados y países donde ha recibido apoyo moral, político e incluso económico.*

Smith, con una voz quebrantada, quiso darle hilo a la conversación.

-Sé que nuestros esfuerzos no han sido en vano y hemos avanzado con fuerza difundiendo en cada familia estadounidense las ideas del derecho a la reproducción y sexualidad libre de ataduras, pero los ADM parece que también se fortalecen y nos hacen bastante daño, están por todas partes, en Nueva York, Chicago, Boston, México... es difícil enfrentarlos ...

Smith paró repentinamente su breve catarsis, cuando una lágrima recorrió su mejilla. Por momentos recordó la dulzura y suave mano que lo acariciaba cuando estaba en problemas, su esposa, esa antítesis que relajaba a ese espíritu intransigente y corajudo que él representaba. Pero ella ya no estaba allí para calmarlo, para ahogar esa presión por la desdicha que él expresaba.

Era la primera vez que lloraba frente a sus camaradas, sobreotrora sus hombros había estado la delicada tarea de proteger el barbasco y ahora al equipo científico que, con mucha seguridad, descubriría la píldora. Tenía sobre su espalda la muerte de muchos jóvenes, amigos. Sabía que estaba exento de culpa, pues era parte de esa guerra no declarada que tenían con los conservadores. Sin embargo, el remordimiento lo abatía, hubiera querido ser uno de aquellos hombres aniquilados. Pero no, la vida desalmada lo retenía para verlos caer uno a uno, escuchar sus súplicas, observar sus caras ensangrentadas en cada una de sus pesadillas.

Marcus, quien estaba a pocos metros, se acercó y le puso su mano derecha en uno de sus hombros, diciéndole con voz tenue y consoladora:

-*Te entiendo hermano, te entendemos camarada, previamente hemos conversado con los compañeros de la dirección. Producto de tu trabajo es normal que se provoque un desgaste, y eso pueda repercutir en tu salud, es hora de que tengas un relevo...*

Smith levantó su cabeza mirando a Marcus entre desconcertado e incrédulo.

Quiso refutar la idea, pero tácitamente Marcus no dio lugar a cuestionamientos

-*La decisión está tomada, enviaremos a dos hombres a México que se pondrán en contacto con el equipo, pero tú tendrás dirección desde aquí.*

La idea fue decidida por el equipo de dirección, ellos tenían informes de que Smith a pesar de su entrenamiento militar, de ser veterano de guerra en Europa, de su vasta experiencia, su fortaleza mental se estaba deteriorando. Los constantes insomnios, cefaleas y las mialgias afectaban seriamente su salud. A pesar de aquello su trabajo era casi nítido y había podido controlar los ataques de los ADM en México. El equipo de dirección sabía que el trabajo en el país de los aztecas era fundamental y estratégico, pues la píldora estaba en camino, y no podían dejarlo a la deriva en estos momentos. El equipo del Dr. Rosenkranz debía ser protegido de cualquier amenaza, y el equipo de seguridad se encargaría de aquello, la oxigenación llegaría pronto, la guerra por los anticonceptivos estaba vigente.

CAPÍTULO 81

El abrir de una puerta rompió el silencio que previamente se había establecido, Theilor agitado, sudoroso, entró a la sala donde minutos antes Smith recibía la orden de su permuta. Anny y Marcus se pusieron de pie y vieron directo los ojos desazonados de Theilor, como esperando una desagradable noticia.

¡Amigos! ¡Polly acaba de morir!

La pesadumbre era indescriptible, desconsoladora, con lágrimas y apretujones eternos trataban de consolarse los presentes. Theilor abrazó a Anny, quien había sido por muchos años amiga muy cercana de Polly, incluso mucho tiempo atrás de que esta ingresara a la dirección de la organización. Ella le había asistido el parto del único hijo de Anny, habían pasado horas en labor de parto en donde Polly le dio toda la fortaleza que una parturienta necesita en ese momento, ese tiempo les sirvió para realizar un vínculo que duró por muchos años.

Al día siguiente los periódicos publicaron la trágica noticia, la doctora Polly Scott había sido conocida públicamente por su activismo por los derechos de las mujeres, pero también tenía notoriedad por sus publicaciones en revistas y periódicos de la época sobre temas sobre la reproducción y su control. Su deceso no fue inadvertido, incluso autoridades de la ciudad estuvieron presentes en las honras fúnebres, Margareth Sander no asistió, pues tenía un intenso periplo por Europa. Envió una carta de condolencias que fue leída al pie de su féretro.

La familia Scott había perdido a uno de sus miembros, Edward era el más afectado, no en vano había sido su compañera por más de veinte años, Charles, su padre, quien se había convertido en un hombre octogenario consolaba a un hijo y a su nieto que habían resistido en carne propia las consecuencias de la intolerancia y del conservadorismo extremo de la época.

Aunque la familia Scott conocía que los grupos religiosos conservadores acabaron con la vida de Polly, por su fe católica no los eximió las exequias religiosas del funeral. Polly se consideraba católica, se definía como católica liberal, siempre decía que la Virgen María tuvo muchos hijos entre ellos Jesús, ella no solo fue una mártir por concebir al hijo de Dios, sino por criar a un montón de muchachos en contra de su voluntad. Pocos eran los sacerdotes que tenían contacto con ella, entre ellos un sacerdote desgreñado de origen italiano quien dirigió unas palabras en el funeral, "Hermanos míos estamos aquí para…"

Edward tenía oídos pero no escuchaba, tenía ojos pero solo veía sombras, tenía piel pero no percibía el golpe de frió de aquella mañana en el New York Marble Cemetery. Por su parte, Jhon solo permanecía sentado con la mano en su cara mientras su abuela Nilda lo abrazaba. El viejo Charles se dirigió a los presentes para dar unas palabras de agradecimiento por las muestras de cariño.

-Amigos, compañeros de varias luchas, desde que llegué a estas tierras por casualidad hace más de setenta años, hemos construido una familia de valores, ¡sí! Una familia de valores! que se fundamenta en el respeto a la autodeterminación y en la capacidad de decidir sin agredir a terceros sobre nuestra descendencia. Esa capacidad que tiene la familia de decidir cuándo y cuántos hijos tener, sin el control del estado, ni de ninguna iglesia. Hoy ha muerto una mujer que dedicó su vida por esa causa, lo hizo sin titubeos, no se amedrantó jamás y murió haciendo lo que amaba, Polly, tu muerte no será en vano, pues miles de hombres y mujeres en todo el mundo seguirán tu legado.

La solemnidad del acto estuvo por un momento desplazada, dejando de lado las costumbres y la pasividad propias del momento; casi por unanimidad los compañeros de mil batallas comenzaron a aplaudir, algo impropio de una situación como aquella, pero que era sincera y conmovedora.

Al final de la jornada Jhon caminó unos metros reflexionando cada momento que pasó junto a su madre, paró por un momento, miró a un árbol de eucalipto que adornaba el inmenso cementerio, abrazó su corteza áspera y fría, detrás de él una mano se extendió en su hombro y le dijo:

-¡Necesitas otros aires!, irás a México.

Esta vez Pablo lloró, la muerte de su abuela Polly hizo que esa dureza en contra de la anticoncepción lo hiciera compungirse. La tristeza lo abatió demasiado que dejó de leer para siempre el diario de su padre.

Ahora sí me has hecho llorar, pobre mujer, morir como una mártir debe ser una experiencia halagadora, pero morir es igual. No sientes esos aplausos, ni los colores de las flores, no puedes observar, ni percibir las lisonjas. Esa médica Polly, mis respetos, no es como las de ahora, son frágiles, solo se dedican a atender pacientes, no saben de política, de cambio climático, de poderes oscuros, ni de deportes conocen. Quieren vivir en una nube de cristal. ¿Qué haré con el resumen? Son apenas las dos de la madrugada y me faltan 6 horas para presentar el informe.

¡8 en punto quiero el informe en mi oficina!

Me dijo con voz de capitana la eufórica de mi jefa. Estaba enojada, nunca la había visto así. Bueno, hace unos meses su marido se le perdió una semana, y no era que estaba secuestrado o preso en algún reten de mala muerte. Sospechaba que estaba con alguna amante. En realidad se hallaba con una colega en busca de veneno de serpientes en el Oriente ecuatoriano, necesitaban conseguir veinte serpientes, pero se perdieron en un bosque amazónico de la provincia de Orellana, los buscaron por días hasta que fueron rescatados por unos nativos de la zona. Llegaron con poca ropa a la oficina, sucios, sus greñas daban un olor nauseabundo. Mi jefa estaba feliz, rebosaba de alegría. Pero una semana antes estaba insoportable, quería los informes en menos de dos horas, cuando en general nos demorábamos una jornada completa, no podíamos ir al baño, y la comida la pasábamos sin tragar por lo rápido que teníamos que comer. Ese día me apunté para hacer trabajo de campo, había que estudiar las consecuencias del veneno de escorpión en una comunidad alejada de un campo manabita. Prefería eso a soportar su amargura.

No me conviene ver a mi jefa así de enojada otra vez, escucharé a este tipo una hora más y le pediré que se largue, aunque tenga que llamar a la policía.

CAPÍTULO 82

(EL LLAMADO DE DIOS)
"Centro de sólida formación académica y vocacional, comunica
a los jóvenes que sienten el llamado de Dios a seguirle, que las
inscripciones están abiertas para los seis cursos y que el examen
de ingreso será el sábado 4 de junio a las 9h00. Dirección:
Parque Italia teléfono: 231006." Año 1983.

Pablo leyó esa misiva de un periódico de la ciudad, *El*
Comercio, lo hizo por varias ocasiones, mientras permanecía
sentado en el escritorio de un abogado que le había contratado
como ayudante ya por varios meses. No podía continuar
leyendo el siguiente párrafo del periódico porque le llevaba a
la misma pregunta < *¿Yo sacerdote? ¿Podría serlo?>*, ya lo había
pensado antes, pero fue una idea fugaz que no tuvo retoño.
Sin embargo se le vinieron a sus pensamientos la perentoria
coincidencia de que la vida se le había devuelto por varias
ocasiones. Un mensaje divino tocaba su puerta, no lo podía
asimilar, alguien le había colocado una coraza a él para evitar
la muerte a toda costa, esos hombres de blanco que aparecían
en el mismísimo instante en que creía que se le apagaba su
vida. A su mente venían los recuerdos también de un cuadro
de pintura del gran maestro holandés Pieter Brueghel, le
llamaban "El Viejo" y representó en una de sus obras el triunfo
de la muerte. Allí describía genialmente las vicisitudes de la
muerte, incluida la representación macabra del juicio final, las

ciudades ardiendo, los náufragos pidiendo clemencia en el mar, hombres de un ejército muertos, se imaginaba él, escapándose y volando entre los cielos burlándose de la muerte. La idea le retumbó todo el día.

Jhon ya no vivía con su familia, los abandonó para siempre, sucumbió a las telarañas del amor con su compañera de trabajo, un día llevó más ropa que de costumbre y no regresó jamás. Angélica quedó devastada y su único norte era Pablo, quien había terminado su colegio, por poco no se gradúa en la secundaria, el robo del vehículo le costó caro. Recibió el título de bachiller ¡solo! en presencia del rector y de sus padres, no lo hizo con el resto de sus compañeros, no se mereció ese privilegio.

Recordó que en el diario de su padre, su tatarabuelo Charles, su abuelo Edward y su propio padre habían sido protegidos de alguna manera.

Ató cabos definitivamente, *¡Dios los había protegido!*, su linaje era especial, por casi un siglo y quizás por mucho tiempo más, sus antepasados y él habían sido elegidos para no sucumbir a la muerte. Esa misma noche fue a buscar a su madre que yacía dormida en su cama, tratando de escapar de la infeliz suerte que le agobiaba, ella despertó acongojada.

-*¿Por qué me haces despertar hijo mío?*

-*Madre, he encontrado una impresionante coincidencia, mis antepasados estuvieron cerca del ocaso, igual que yo, a todos Dios no protegió de caer en la garras de la muerte.*

Angélica, no tan sorprendida como su hijo, le añadió:

-*Tu padre también: varias veces se salvó de morir*

Y comenzó a contar la otrora aventura que tuvo con el ahora distanciado Jhon.

Mientras Angélica conversaba con su hijo, Pablo se convencía aún más que su apellido era excepcional. Cuatro generaciones que sin importar el tiempo o el lugar habían sorteado los designios de la agonía, el capricho de no darle la razón a la infamia del dolor, de impedir que el esqueleto empuñando una guadaña se llevase violentamente sus vidas, y no es que eran inmortales, sino que la muerte debía de llevarlos en forma natural. No dudó el hombre de dieciocho años contarle a su madre que había sido llamado por Dios, no como un hombre sino como un sacerdote para servirle a ese propio Dios que le había resguardado a él y a los Scott.

CAPÍTULO 83

Angélica quedó atónita con la decisión de su hijo, había apoyado sin convicción por muchos años sus ideas religiosas y conservadoras, su instinto maternal era elocuente en favor de su único *vástago, lo que le conllevó a problemas con Jhon en el pasado,* ese hombre que la abandonó y por la que había gastado un mar de lágrimas. Pero esta vez sentía que la decisión de Pablo además de impredecible era descabellada. Entregar su vida, su tiempo, su ser mismo a la Iglesia Católica, era algo extremo. No vería jamás en él, el hombre adulto con una profesión o algún oficio insertado en una familia con hijos, esposa, un porvenir, sin embargo entendía que la felicidad de su retoño era lo más importante, pero la duda le carcomía. Ella trató de indagar en él, si realmente eso que era tan transcendental para su vida lo haría feliz...

-*¿Crees que serás feliz con esa decisión? ¿Estás consiente de que te estas negando a tener una familia, unos hijos, el cariño y comprensión de una mujer? Piénsalo bien, hijo, no es necesario la entrega sacerdotal para servir a la iglesia.*

-*¡Madre mía!* -le cortó sutilmente Pablo-.

-*Entiendo que es una decisión difícil de asimilar para ti, si mi padre estuviera aquí él estaría colérico con ganas de darme una bofetada, amarrarme a mi cama y no dejarme salir hasta cambiar de parecer; pero he razonado, mi querida madre, quiero servir a Dios, no solo a la Iglesia. Mañana iré a entregar la documentación, usaré unos ahorros que tengo y el sábado daré el examen de admisión.*

La ruta del sol estaba lúcida y definida para el muchacho, Angélica entendió que las cosas estaban dadas, Pablo no recularía, se hallaba claro en sus intenciones de hacerse cura, decidió que antes de continuar insistiendo en que dejara esa absurda idea, lo mejor era respaldarlo, tal vez en el camino se arrepentiría o no, era una cuestión de tiempo, su amor como madre no tenía espacios para vacilaciones, debía estar junto a él.

Al día siguiente Pablo reunió la documentación requerida. En las calles de la ciudad una inusual y folclórica danza francesa hacía su difusión, era junio y el verano caluroso era propicio para   realizar actividades culturales de esa *índole. Se presentaría la compañía de Danza* Serge Keuten "*Chapiteau Francais de la Danse*", así como también el grupo teatral *Le Garcons*, todas francesas. Esa algarabía cultural que lo distrajo momentáneamente, le llevó a pensar en un mundo de ideas fluctuantes… < *¿Y si me dedicara a la oratoria? ¿Podría ser un buen político?*>

De repente sintió como un zumbido en su oído izquierdo que le puso en alerta y le regresó a su gran anhelo…

-< *¡Carajo!* , *no desvíes tu camino, el Señor te ha llamado y ese es tú destino*>

Gritó en su interior para sí. Pablo levantó la cabeza y continuó caminando por la calle Colón muy transitada en esa época. Llegó sudado y cansado, al frente de él deslumbraba un gran edificio, tres magnos pisos lo sostenían, en medio una gran torre que dividía a la edificación en dos, veintisiete ventanales en cada lado, arriba con letras grandes y decoradas decía "SEMINARIO MAYOR SAN LUIS". Caminó hacia la oficina donde receptaban los papeles, un hombre alto y vestido de cura lo recibió. En una mesa donde reposaba sus manos había una leyenda que decía, *Bienvenidos, aquí se respira, se ve y se vive la palabra de Dios. Más abajo en letras doradas: Padre José Ríos.*

-¿En qué le podemos ayudar?, súbdito feligrés -le dijo el cura de la recepción-.

-¿Dónde debo entregar los documentos para seminarista? -preguntó tímidamente Pablo-.

El padre Ríos, lo miró de pies a cabeza y atinó a decirle

-Sépase, mi querido amigo, que la vocación sacerdotal es de un compromiso inigualable con Dios, no podrás divorciarse de él, deberá cumplir a cabalidad los votos canónicos.

Pablo lo miraba fijamente y se distrajo observando una mancha transparente en la parte delantera de la sotana, era grande y muy llamativa por su ubicación, cerca de la parte pélvica... el padre Ríos sacó de esos minutos de letargo al muchacho y le dijo:

-Joven, continúe por esas gradas hasta el siguiente piso, allí le recibirá el director, él le hará la entrevista ahora mismo. La documentación está en regla.

Pablo subió las gradas; muy cerca del final se divisaba una enorme puerta cerrada que decía con letras negras, "DIRECCIÓN". Se acercó con estoica prudencia y golpeó por una ocasión la puerta, nadie le abrió, volvió a intentar y esta se abrió lentamente, pidió disculpas mientras ingresaba lánguidamente su cabeza y su cuello al interior del despacho.

-Pase por favor, con confianza -expresó con camaradería un sacerdote que se encontraba sentado al fondo detrás de un escritorio-.

Lo que los ojos de Pablo vieron fue tenebroso, casi sacado de una película de terror, al verlo sus manos sudaban sin cesar, el corazón palpitaba como un conejo. Entró vacilante pues ya no podía regresar, dio unos cuantos pasos hacia delante y observó fijamente a ese hombre con sotana que denotaba una amplia sonrisa y unos ojos brillosos. El Padre Eduardo estaba sentado en el puesto de director.

CAPÍTULO 84

-¡No cabe duda que el mundo del Señor no es tan grande como parece! -dijo con escueta ironía el sacerdote-.

-¡Ven, toma asiento!

Pablo se acercó vagamente a la silla que se encontraba frente a él, tomó el respaldar con su mano derecha, la inclinó brevemente hacia atrás y se sentó en ella, lo hizo con lentitud, con desconfianza, sin quitar la mirada un solo momento al sacerdote, casi sin parpadear. El padre Eduardo lo observaba con prepotencia, con ínfulas de poder, se sentía en la plenitud de manejarlo todo desde esa silla de mando de la Curia.

Empezó a ojear los documentos, movía una por una las hojas, lo hacía con elegancia, paró un momento.

-¡Bautizado por el padre Hermidas! ahhhh

-¿Dónde te bautizaste? -preguntó desconfiado el padre director-.

-En la iglesia de la Merced, Padre Eduardo -contestó Pablo-.

-¿Traes el dinero completo?, debes saber que es oneroso.

-Sí padre, el dinero está completo.

-¿Tienes las recomendaciones? ¿No las veo?

-Están al reverso, allí justo donde está su dedo.

Mientras el padre director trataba de bombardear de preguntas a Pablo, este sucumbía ante los acúmulos de pensamientos, < *¿El padre Eduardo supo que yo sabía de su amorío con... ? ¿Por qué está aquí? ¿No había sido expulsado* *del colegio? ¿Guardará algún rencor conmigo por dejar su clase en sus propias narices? >*

-Joven Scott su documentación está completa

-*¡Ahora sí! Empecemos la entrevista* -expresó esta vez con un tono parco el Padre Eduardo-.

-*¿Sabe usted cuáles son los votos canónicos que debe seguir?*

-*Votos de castidad, de pobreza y de obediencia*-Pablo contestó sin titubeos-.

-*¿Y qué significado tiene el voto para usted?* -indagó el padre Eduardo en el muchacho-.

-*El voto es una ofrenda reflexionada y voluntaria hecha a Dios de un bien posible. Y para mí tiene un alto significado, en virtud de aquello la promesa del voto es de aplicación irrestricta una vez hecha a Dios. Quien no la cumple debe recibir de la Iglesia y de Dios un contundente escarmiento.*

Dijo Pablo al Padre Eduardo mientras lo miraba directamente a los ojos, como haciendo hincapié en las últimas palabras.

-*¿Y qué voto cree usted que es el más importante y por qué?* -preguntó el padre-.

-*¿Usted cuál cree?* - preguntó Pablo-.

El padre Eduardo se sintió incómodo por la insolencia del muchacho, al fin y al cabo quien hacia las preguntas era él y no el aspirante a sacerdote.

-*Yo soy el que hago las preguntas, ¡conteste!*

Pablo guardó la compostura, articuló una ligera sonrisa y continuó.

-*Sí padre, el voto de castidad es el más importante, porque demuestra el espíritu que Dios nos ha dado para vivir para él, la castidad es el mayor regalo que podemos darle al Señor. Lástima porque algunos que han aceptado la castidad, sucumben luego a los placeres de la carne.*

El padre Eduardo frunció la frente, se estaba atestando de tanta insolencia, mirando con incomodidad reflexiva a Pablo, levantó su quijada y le dijo:

-*Espere usted, yo solo reviso la documentación completa, el Padre López, le hará la entrevista y le calificará.*

CAPÍTULO 85

El padre Eduardo fue enviado hasta el seminario mayor. Luego del oprobio con la catequista de las Juventudes Cristianas, tuvo que pagar su pecado con sudor, tenía prohibido salir del seminario, ya había pasado más de dos años, sus paredes tétricas y espacios oscuros lo llevaron a la agonía, de no ser por la práctica del silencio mental, su desazón hubiese terminado en suicidio. El silencio mental consistía en practicar el ascetismo cuya doctrina filosófica se basaba en negarse a los placeres materiales, además de la abstinencia. Los ayunos eran prolongados y el baño con agua fría lo contraía, sus camaradas sacerdotes del seminario lo habían catalogado como "frágil a la carne", por lo que se le negaba la comida con carne animal. Era como sacar a un animal silvestre de su hábitat natural abruptamente, se intentaría recuperarlo colocándolo en cuarentena y se lo devolvería otra vez a la naturaleza. Por lo menos eso pretendían con el Padre Eduardo. El tiempo para tal acometido era irresoluto. Solo una junta de sacerdotes podría decidir si ya estaba apto para volver a cumplir una función sacerdotal.

Pablo Scott se mantuvo sentado. Mientras una sombra salía, la que entraba se sentó en el escritorio, el joven se puso de pie. El padre Ricardo López, sacerdote de varios años, hombre de letras y de presencia respetable y prodigiosa, con una vasta experiencia docente, estaba a cargo del Seminario San Luis, él era el director, le llamaban el Padre Rector. Hacía mucho tiempo atrás él ya tuvo su propia cruz que cargar, cuidó a su padre por varios años quien padeció cáncer de próstata, la enfermedad lo deterioró pronto y luego prosiguió a la muerte. Esa desdicha lo llevó a una profunda tristeza que se disipó con una intensa disciplina y dedicación espiritual en favor de la iglesia, características que lo llevaron a ser reconocido por la Curia. Realizó un doctorado en Teología en Europa donde ejerció también como docente en la formación de nuevos seminaristas. Su sola presencia era imponente. Sus facies aristocráticas, su impecable vestimenta, su cabello corto moldeado por la perfección y su voz grave, nítida y modulada lo sublimaban.

-*Usted es el señor Pablo Scott*-Así dice sus documentos, refirió el Padre López mientras leía el expediente del aspirante-.

-*¿Por qué quiere ser sacerdote?*

Pablo se interiorizó por segundos queriendo dar la respuesta correcta a tan pregunta generalísima, y recordó lo que una vez había leído de Ignacio de Loyola.

-*Hace más de cuatro siglos, el santo Ignacio de Loyola estuvo en Manresa descalzo y haraposo donde meditó y ayunó, y dijo: "quiero pasar de peregrino solitario a trabajar en bien de las almas con compañeros que coincidan en mi camino". Yo diría que no solo quiero ser sacerdote por "el bien de las almas", yo creo que hay que recuperarlas a esas que están perdidas, que vagan con la estirpe del pecado, y estoy convencido que Dios me ha escogido para tan inigualable empresa.*

El padre Ricardo, asintió con su cabeza, sin dejar que el muchacho notara en él su admiración por tan magnífica respuesta. Catapultó otra pregunta, quiso confirmar su éxtasis.

-*¿Sabe usted que uno de los principios básicos del sacerdocio
es el voto de castidad?*

-*sí padre, lo sé.*

-*¿Está dispuesto a someterse a él?*

-*¡Desde luego!*

-*¿Cómo haría para no caer en la tentación del placer de la
carne?*

-*El compromiso con Dios es fehaciente, es viviente, es real,
es activo, no sé si aplicar la hermosa historia de los Padres del
Desierto en el siglo IV, que pasaron por años en los desiertos de
Siria y Egipto buscando la separación de los placeres mundanos.
Muchos de ellos lo consiguieron, otros sucumbieron, por eso
es necesario no caer en la tentación, y casarse solo con Dios,
vivimos solo para él, al dejarse abatir en la tentación del placer,
el mundo se nos divide en dos y para Dios solo hay fidelidad
para él.*

El padre Ricardo observó en Pablo seguridad y confianza
en sus conocimientos. No quiso hacer más interpelaciones,
fue la entrevista más fructífera que había tenido en la tarde de
ese día, <este muchacho será un gran sacerdote> no dudó en
colocarle un alto puntaje en la entrevista, cinco sobre cinco.
Miró fijamente al muchacho y le dijo:

-*Has leído mucho, pero sobre todo, lo dices con convicción,
el Señor querrá acogerte en su seno para que propagues su
palabra. ¡Preséntate al examen el sábado!*

CAPÍTULO 86

Una campana roña y tosca resonaba en la habitación, eran las cinco y treinta de la mañana. Los treinta y un seminaristas se levantaron sin protestar, el padre Ricardo les esperaba en la sala de oración, el frío crepuscular que aún sentían los aprendices recalaba sus huesos. Sus prendas de vestir les acompañaban hasta la sala rectangular de color marrón con gráciles velas en su aproximación. Al ingresar ya sentían algo de calor, se sentaron en sencillos pupitres haciendo un círculo alrededor, el padre Rector en medio, al lado el padre Ríos, se inició la sesión:

-*Padre nuestro, amado por los siglos de los siglos, te agradecemos por un nuevo amanecer, que sin duda servirá para glorificar tu reino. Eres tú el inicio, el final y perdurarás por los siglos de los siglos, estamos orando para darte el lugar que tú te mereces como Rey de todos los cielos del Universo, amén.*

Los seminaristas en coro, respondieron "amén". Levantaron la cabeza y miraron devotamente al padre Rector, mientras daba un breve sermón. La oración comunitaria concluía con el rezo del padre nuestro, como parte del rito espiritual.

El desayuno les esperaba, una taza de leche caliente, un pan, una porción de frutas y un huevo de gallina sería el primer sustento material del día. Pablo se sentaba regularmente junto a tres seminaristas con los que había hecho argolla, aunque estaba prohibido crear grupos afines, ellos la pasaban muy bien a la hora de comer, casi siempre en la misma mesa. Lo que nunca cambiaba era quien servía los alimentos, el Padre Eduardo. *Él dispensaba lo que un par de monjas cocinaban con prolijidad y abnegación.* Sor Ernestina era una de ellas, cuarentona, de piel lisa que no denotaba los años, sus padres eran comerciantes peruanos, pero había nacido en Quito donde decidió dedicarse al noviciado. La otra, sor María quien a pesar de sus casi 30 años, no solo se dedicaba a cocinar, sino a crear poesías para Dios; su talento la había llevado a crear un libro de poemas religiosos. Ambas monjas preparaban la comida de los seminaristas y de los docentes sacerdotes, pero solo tenían permitido ingresar a la cocina, ni siquiera al comedor, para eso estaba el padre Eduardo. Los curas del Seminario habían creado un pasadizo que les llevaba directamente del zaguán hasta la cocina, el afán era no tener contacto más que con el padre Rector.

El desayuno estuvo provechoso, los seminaristas se retiraron de las mesas y acudieron a sus canceles para asearse y retirar sus libros y libretas, la clase empezaría un poco antes de las ocho de la mañana. El padre Ríos estaba ya en el salón, listo para disertar su cátedra de Teología. Tuvieron cuatro largas horas de jornada académica donde el tema principal fueron los decretos del Concilio Quinisexto aprobados por el Papa Juan VII y sus repercusiones en la doctrina de la iglesia. Al principio la clase fue aburrida, pero su interés cambió de rumbo cuando se supo que la iglesia católica no reconocía los decretos del Concilio en la actualidad, a pesar de concordar con la mayoría de ellos. Pablo pudo elucubrar el designio:

- *"El narcisismo de hombres como Justiniano II o Juan VII no podían sobreponerse a la doctrina de la iglesia católica, ese fue el problema"*

El padre Ríos empezaba a observar la sagacidad y las habilidades analíticas de Pablo, lo sentaba siempre en las primeras filas, pues sus opiniones aportaban a mejorar los objetivos de clase.

Al medio día les esperaba un sazonado almuerzo con especias traídas de la región Amazónica, sor María y sor Ernestina habían cocinado pollo y arroz revuelto con otros vegetales. Antes de la comida el padre Rector dio por medio de una oración, el agradecimiento al Señor:

-Padre nuestro, agradecemos estos alimentos que nos proporcionas día a día para el bienestar de nuestros cuerpos, pero invocamos más tus bendiciones para el alimento de nuestras almas...

Las mesas estaban repletas, pero una vez terminado el almuerzo desocuparon las mismas. Los seminaristas ahora tenían que asearse y prepararse para una hora de retiro individual en una sala comunal, allí cada uno se sentaba en el piso sobre un telar grande y oraba por casi una hora al Señor, en silencio, el más desusado ruido era causa de retiro del infractor y de castigo en el cuarto de las penumbras. Luego de la liturgia individual, los estudiantes acudían a sus dormitorios para recostase una media hora y luego acudir a las cuatro en punto de la tarde para la clase de Filosofía. El padre Ricardo sería el mentor, sus clases eran atractivas, más que por el tema, por su capacidad de disuasión y de atención. Nadie podía parpadear, no porque no quisieran, sino porque no podían, la expresión lingüística, la imagen corporal, el tono estructurado y moldeado de su voz, tenían al auditorio de los treinta y un seminaristas con la atención contraída en un solo punto, en una sola mirada.

Ya en la tarde, una cena simple los esperaba, siete de la noche y estaban listas las tazas de café o té, junto con pan y fruta, y a veces trozos de queso. Era un momento para conversar entre camaradas sobre la jornada del día. Esta era la rutina que Pablo y sus amigos seminaristas debían mantener por meses y años, pero aún faltaba el cierre del día, una última oración comunitaria, asearse y a dormir, eran las nueve de la noche y cerraron los ojos hasta la aurora del amanecer.

CAPÍTULO 87

La noche estaba más fría que de costumbre, los poros de la piel se contraían para dar paso a una irresistible sensación de micción, Pablo era el más ansioso por desfogar su vejiga que no daba más. El piso helado y los pies descalzos denotaban una incongruencia, no era para menos, eran las dos de la madrugada y a esa hora levantarse advertía un sacrilegio. Pablo no lo dudó más, abrió sus ojos y lentamente levantó su todavía cálido cuerpo que como chicle se quería compenetrar con las sábanas que lo cubrían. Colocó los pies descalzos en el suelo y se dirigió hacia el baño. La sala donde dormían los treinta y un seminaristas era prolongada como insinuando un pabellón carcelero, al fondo estaba el único baño a disposición. Todo estaba oscuro, solo por los ventanales se reflejaba algo de luz natural que la luna llena regalaba para adormecer la noche.

Los pasos sigilosos y perezosos que daba Pablo se aceleraban cada vez que se acercaba al baño. Antes de llegar divisó una luz que venía de algún lugar cercano del patio central que se ubicaba tres pisos abajo, <quién mierda estará en el patio a esta hora, el frío debe estar carcomiendo cada uno de sus miserables huesos>, entró al baño mientras miraba hacia el lado derecho de dónde provenía aquella luz. El espacio era pequeño, apenas entraba la taza del baño y un pequeño lavabo. Lo construyeron hace poco, pues antes solo había un retrete en el piso de abajo donde se encontraban las duchas, pero un predecesor seminarista se había partido la cresta al bajar las escaleras una noche de aquellas. El padre Rector ordenó construir ese pequeño baño solo para los apuros de la noche de los muchachos del piso tres.

Bajó la manila del agua, se lavó las manos y las secó con una toalla inmunda que no habían cambiado durante semanas. Al salir observó que la luz extraña había desaparecido, caminó hacia su cama para buscar refugio en las cobijas y volver a conciliar el sueño. A medio camino escuchó un murmullo extraño que lo paralizó varios segundos, desapareció el ruido y volvió a caminar, pero retornó ese extraño sonido. Se paró otra vez y se acercó al ventanal, aproximó sus ojos al áspero vidrio y observó hacia el patio aquel gemido espantoso que solo él podía escuchar...

Divisó con visión algo borrosa un hombre con sotana de espaldas que abrazaba algo mientras se movía sincronizadamente, pudo advertir que se encontraba en la puerta principal de la cocina. Afuera estaban varios sacos de harina que no habían ingresado a la bodega. En uno de ellos reposaba el pie de una dama con zapatos negros sin tacos, que, de puntillas sobre el saco de harina, también se movía con idéntica sincronización junto al hombre. De pronto el tipo y la mujer ingresaron a la cocina y cerraron la puerta, el ruido jadeante por minutos desapareció, pero Pablo atónito por lo visto no se quedó inmóvil y lo sedujo la curiosidad. Decidió bajar las escaleras del pabellón oscuro hasta el patio y luego la cocina, lo hizo con mayor premura que antes de ir al baño. Sabía que una fuerte sanción lo amonestaría si a esas horas rondaba fuera del pabellón de seminaristas. Una vez en el patio se acercó a la cocina, un saco de harina tenía la huella del zapato de la fémina, la fécula yacía regada por el piso. Se acercó a la ventana y solo pudo escuchar el sigiloso jadeo de una mujer que lo hacía suave y excitantemente, entre más acercaba su oído a la entrada el ruido era más elocuente. Estuvo unos minutos y de pronto el eco lujurioso terminó, el oído dejó la hosca puerta de madera que la contenía, pero de inmediato se acercaron a la entrada. Pablo no tuvo tiempo de subir al pabellón de seminaristas y se escondió detrás de los sacos de harina, el hombre se marchó cubierto la cabeza hacia el edificio central sin dejar ver su rostro, el joven Scott apenas pudo ver la sombra con sotana que se alejaba del lugar con pasos agigantados, nadie más salió de la cocina. Esa noche Pablo regresó a su cama y no pudo dormir, él sabía o suponía con molesta seguridad lo que había sucedido, < *¿Pero quién sería el sacerdote que estuvo allí?* De los ocho sacerdotes que pasaban la noche en el seminario, *¿Quién podría ser?... ¿y la mujer?* Se suponía que a esa hora era imposible que una mujer estuviera en el seminario. No podía ir donde el padre Rector y acusar a nadie *¡pues no tenía nombres!,* además él sería el primer acusado *¿Qué hacía un seminarista en un lugar donde no podía estar?>* Esas preguntas lo tuvieron en vela lo que restó de la noche.

La hora del desayuno era un buen momento para chacharear, pero esa mañana Pablo no estaba de ánimo para conversar con sus compañeros. Se había trasnochado y sobre todo estaba afligido, alguien deshonraba al Señor de todos los cielos con su gama de fornicación. A lado izquierdo de él, su amigo Ismael expresaba alegría, estaba contento porque había obtenido la más alta calificación en Teología. Ismael, un joven extrovertido de poca altura y mucho cuerpo, había venido desde la fronteriza provincia de Loja, sus padres eran prominentes hacendados de la zona que deseaban que entre sus diez hijos varones, uno por lo menos se hiciera sacerdote, eran asiduos devotos de la Virgen del Cisne. A lado derecho, en cambio, estaba Mauricio, quien era introvertido y rezaba a cada rato, su madre soltera había sido guía espiritual en una parroquia andina de Chimborazo y fue la gran influencia para que su hijo tomara los hábitos. La madre de Pablo llevaba una vez por mes comida mexicana cuando visitaba a su hijo en el seminario, trabajaba de domingo a domingo en aquel restaurante que le había abierto las puertas desde hacía más de dos décadas. Ismael y Mauricio siempre se colaban para degustar de los tacos, el arroz poblano o los huevos motuleños que la madre del seminarista Scott llevaba.

-*¿Qué dices Mauricio? ¿Qué tal dormiste anoche?* -le preguntó efusivamente Ismael-.

-*Muy bien a pesar del frío, mi querido hermano, ¿Y tú?*

-*También muy bien, dormí como un oso perezoso*

-*¿Y tú Pablo?*

-*Bien*-contestó el joven Scott a secas-.

Mientras el par de seminaristas dilataban dicha conversación y la disfrutaban, Pablo, sentado en medio baboseaba un recipiente con jugo de naranja. Por ratos con la mirada perdida en el horizonte o mirando hacia la cocina, un movimiento involuntario con su brazo lo regresó a órbita al botar su vaso y mojar parte de su ropa y la mesa. El fiasco estaba hecho y solo atinó a levantarse y buscar una toalla para secar el jugo regado. Se acercó avergonzado a la cocina, preguntó por el Padre Eduardo, quien no acudió a su llamado, quien salió fue sor Ernestina.

-Por favor me puede facilitar una toalla, acabo de hacer un champús en mi mesa, y...

Sus ojos miraron el piso y lo que vio le sorprendió. Uno de los zapatos de la monja estaba con huellas de un polvo blanco, quería objetar sus conjeturas, pero eran obvias en ese momento, la mujer lo observó con inquietud frente a la rareza del joven, pero esta se acercó con la toalla y se la extendió, recordándole que no debía tener contacto con ninguno de los seminaristas.

-Gracias, le dijo Pablo, regresando cabizbajo hasta su mesa.

Empezó a limpiar la mesa con su cara petrificada, sus amigos ya se habían ido, *<esta es la sinvergüenza que estaba con el sacerdote anoche> <no hay dudas era el mismo zapato negro sin tacos que pisaba el saco de harina>*, un grito desesperado lo despertó de sus intrigas.

¡Vengan! ¡Vengan!

Gritó un seminarista desde la puerta de entrada al comedor

Todos salieron hasta los baños del primer piso, incluido Pablo.

Un hombre ahorcado yacía con la escena tétrica de la muerte en uno de los baños, todos se arrodillaron a orar.

El padre Eduardo estaba suspendido de una viga que se tendía en el techo de las letrinas.

CAPÍTULO 88

El seminario San Luis estaba conmocionado, por primera vez una muerte de ese tipo se daba en ese lugar. La última vez que falleció alguien, fue hace tres años. Un seminarista por accidente cayó desde la terraza mientras tendía su ropa mojada. El piso estaba empapado, desde entonces la entrada a la terraza se restringió solo con la presencia de un sacerdote asignado por el padre Rector.

¡El padre Eduardo era un débil! murmuraban los sacerdotes. Estaba pagando con el encierro por sus pecados, pero igual era uno de ellos, un sacerdote, un hermano cuyo camino se había desviado, pero hermano a pesar de todo. Le tenían misericordia, y su muerte autoinfligida era perturbadora, ahora le tocaría pagar el pecado del suicidio. ¡Que Dios se apiade de él! pensaban mientras se persignaban. El padre Rector organizó una misa de cuerpo presente. De a poco la pequeña capilla del seminario se iba llenando de seminaristas, sacerdotes y también de familiares del padre Eduardo que habían llegado desde su natal ciudad de Ambato para darle el último adiós. Una señora de avanzada edad agarrada en cada brazo de un par de hombres caminaba despacio hacia el templo, era la madre del padre Eduardo. En su rostro se denotaba la tristeza, la desgracia de su padecer fue recibida por el padre Rector quien le dio sus condolencias y le llevó junto al cadáver de su hijo. Aquellos hombres adultos que

caminaban junto a la anciana eran los hermanos menores del difunto, sus facies expresaban desconsuelo. Los seminaristas de todos los cursos se encontraban sentados en sus respectivos asientos, las dos primeras filas eran para la familia y para los sacerdotes. Los asistentes observaban la triste escena de ver a una madre llorar la muerte de su hijo, muchos desplegaban lágrimas por sus mejillas, otros pocos indiferentes, pero Pablo expresaba en su rostro algo diferente. Era una combinación de enfado y pena. La noche anterior ese sacerdote fornicó, se había dejado seducir por las sensaciones del placer mundano, pero él ahora estaba muerto, no soportó la culpa del pecado, la soga fue su escape. Tal vez el joven seminarista era el único que conocía lo que pasó la noche anterior.

Más allá en la tercera fila, estaba esa pérfida, esa pecadora mujer, sor Ernestina. Pablo la miraba con desprecio, para ella no debía existir pena ni misericordia, esa tristeza desmedida que contenía la mujer por la muerte del padre Eduardo le molestaba más, se imaginaba ese jadeo extravagante que la mujer emitió la noche anterior y más no soportó. Decidió salir de la capilla, no podía respirar el mismo aire que la monja mojigata, necesitaba salir de ese ambiente pesado que circundaba dentro de aquel lugar. Se marchó apresurado, pero afuera no estaba solo, el padre Ríos aún no entraba, miró al joven y le dijo:

-*¿Qué haces aquí, Pablo? Deberías estar adentro junto a tus compañeros*

-*Perdón Padre Ríos, necesitaba respirar un poco de aire, en breve entraré*

-*¿Te pasa algo?* - preguntó el padre Ríos-.

-No padre, bueno en realidad sí, hay cosas que solo las sabe Dios, no puedo confiar en los hombres.

Pablo sentía el rugir de una olla de presión a punto de reventar, pero no podía hablar, no confiaba en nadie.

-Y ¿qué es eso que no puedes confiar en los hombres?

-Son cosas mías Padre Ríos, pero ya encontraré el camino que me envíe Dios.

-Cada hombre tiene su momento, pero también es importante que le des a cada cosa su tiempo, lo que tengas que hacer hazlo ya -terminó diciendo el Padre Ríos-.

Pablo regresó a la capilla y se sentó en el mismo lugar, el padre Rector estaba por empezar la misa.

CAPÍTULO 89

-Doctor, ayúdeme por favor, se me quedó el condón dentro de mi vagina y ¿no sé cómo retirarlo?

-Le decía suplicando una paciente a su médico, en un Centro de Salud del Gobierno.

El Doctor Sánchez tomaba nota en su historia clínica sobre la desdicha de la mujer y luego procedió a pedirle que se retirara la ropa, se colocara una bata y se acostase en la camilla. Se colocó unos guantes de látex y le dijo:

-Veamos qué tenemos. Por favor abra sus piernas, introduciré mis dedos para revisar. En efecto aquí hay un preservativo en el interior de su vagina, pero lo podré retirar con mis dedos sin problemas solo relájese y respire profundo, por favor.

El médico retiró el preservativo que estaba envuelto en toda clase de fluidos, la mujer agradeció al médico, pero ahora su ansiedad se centraba en otro problema.

-¿Quedaré embarazada, doctor?

-No es seguro, ¿hace poco tuvo la relación sexual?

-Sí hace una hora solamente….

-Estamos a tiempo, si usted está de acuerdo usaremos un método anticonceptivo de emergencia.

-¿De qué se trata, doctor?

-Es el método Yuzpe.

El método Yuzpe consistía en utilizar cuatro tabletas de anticonceptivos orales compuestos por estrógenos y derivados de la progesterona. Luego de doce horas de la primera toma, otras cuatro tabletas del mismo componente.

-¿Está de acuerdo?

-Sí doctor, contestó aliviada la mujer.

En el consultorio contiguo, otra mujer, en cambio, entró recelosa donde la única médica que trabajaba allí, en el mismo Centro de salud.

-¡Pase señora! -gritó la doctora que cómodamente estaba sentada en su sillón detrás del escritorio-.

-Tome asiento, ¿Cuál es su problema? -¡doctora! dijo en voz baja la paciente-.

-Necesito cuidarme, ya no quiero tener más hijos, pero mi marido no quiere, dice que eso me va a deformar o me voy a ir con otro marido, según él, vine a ver la vitamina para la niña.

La doctora le observó fijamente, como cuando mira a un pobre diablo y refunfuño a la paciente en forma poco cordial.

-¡Señora! le voy a ayudar, pero no está bien que oculte las cosas a su marido, al final marido es.

La paciente llevó su receta de la inyección anticonceptiva, salió feliz y contenta. Afuera le esperaban cuatro niños, el más grande, de diez años, cuidaba a sus hermanos, mientras ella se ocupaba en la consulta médica.

Esas historias reales de la cotidianidad quiteña eran conocidas por la máxima autoridad de la iglesia católica, la Conferencia Episcopal. No había duda de que a la Curia no le agradaba para nada esas prácticas anticonceptivas. En apenas dos décadas desde mil novecientos sesenta y cinco, la difusión de los métodos anticonceptivos modernos había logrado un libertinaje como nunca antes visto, según las palabras del padre Rector que explicaba a los seminaristas sobre la corrompida sociedad a la que el sacerdocio se veía abocadada.

-Recuerden que la encíclica Humanae vitae, del Papa Pablo VI decretada en 1968, establece claramente la prohibición para un cristiano sincero del uso de métodos de planificación artificial -dijo en una de las clases a los seminaristas, el padre Rector-.

-¿Qué le sucede Pablo, lo veo distraído? -preguntó el padre Ricardo-.

Pablo no le contestó de inmediato, sus brazos se encontraban abrazados a sí mismo, su mirada cabizbaja y perdida, sus piernas reposaban cansadas en la parte anterior del pupitre. El padre Rector tuvo que llamarle por segunda ocasión la atención, pero esta vez se acercó.

-¿No se siente bien Pablo?

Pablo asintió con la cabeza, el padre Rector tocó su frente y estaba quemando como el infierno, sudoroso Pablo le dijo:

-No me siento bien, tengo escalofríos, y me duele el cuerpo, Padre.

Enseguida el Padre Rector llamó al padre Ríos, no tenían cuerpo médico en el seminario y el seminarista tenía que ser llevado a un centro de salud. Se fueron a un lugar cercano, allí un médico revisaría a Pablo. Esperaron casi dos horas, el lugar estaba saturado de pacientes y moribundos que buscaban atención. La sala de espera era pequeña y calurosa, llena de afiches y papeles que trataban de informar a los usuarios. El joven Scott esperaba sentado junto al Padre Ríos que le acompañó en todo momento, la espera se hacía interminable. Pablo no se sentía bien, el malestar del cuerpo era muy desagradable, al girar a su lado derecho percibió un olor fuerte a cloro que provenía de la sala de procedimientos, pero al girar hacia el otro lado percibió, en cambio, un olor desagradable que venía del padre Ríos. Era un olor fétido que procedía desde sus entrepiernas, se le vino a la memoria lo parecido que era cuando niño entró al burdel de don Pascual y un hombre ebrio chocó con él. Recuerda que el olor que se percibían desde sus entre piernas era repulsivo, pero también evocó lo alegre que estaba el ebrio después de haber salido de uno de esos aposentos inmundos.

Minutos después Pablo era atendido por un galeno, una amigdalitis lo agobiaba, al salir del centro médico, solo se llevó dos recuerdos, el pinchazo de la penicilina que le inyectaron en el glúteo y el desagradable olor del padre Ríos.

CAPÍTULO 90

En la biblioteca del Seminario reposaba la réplica de una pintura de Guido Reni, *La matanza de los inocentes*. Justo delante del cuadro, Pablo estudiaba en una mesa rústica, su mirada incrustada repasaba las líneas de una decena de libros que había escogido. Necesitaba recuperar el tiempo perdido por la convalecencia de su enfermedad. Tenía que pernoctar hasta altas horas de la noche. Se le había permitido trabajar allí mientras sus otros compañeros soñaban plácidamente en la sala de dormitorios. Tomaba notas sobre un resumen que debía hacer para el día siguiente sobre la vocación del sacerdocio, comenzó a tomar apuntes e iba hilando de a poco cada uno de sus párrafos:

"Herodes persiguió a Jesús desde antes que naciera, primero fue en Belén y luego en Galilea, pero Jesús retirándose de esos aires peligrosos comenzó a proclamar la llegada de la *buena nueva, conviértanse, porque el Reino de los cielos ha llegado (Mateo 4: 17)*. Su obra de proclamar la palabra de Dios era indestructible e irrenunciable, pero sobre todo su tarea era aglomerar para la misión de evangelizar, por lo que *caminando por la ribera del mar de Galilea vio a dos hermanos… ¡vengan conmigo!… caminando adelante, vio a otros dos hermanos…Y ellos al instante, dejando a la barca a su padre lo siguieron (Mateo 4: 18-22)*. Es que para Jesús ha sido necesario renunciar a todo querer material ya que el que… *ama a su padre o a su madre más que a mí, no es digno de mí; el que ama a su hijo o a su hija más que a mí, no es digno de mí. El que no toma su cruz y me sigue detrás no es digno de mí. El que encuentre su vida, la perderá; y el que pierda su vida por mí, la encontrará (Mateo 10: 37-39)."...*

Las horas seguían su curso, había nubes de algodón en el cielo maravilloso de Quito, pero el frío madrugador que siempre irrumpía en la noche ya daba estragos al joven seminarista. Eran las dos de la mañana y solo le restaban un poco más de tres horas para estar de pie junto al resto de sus compañeros. Una fuerte pesantez aturdía su pelvis, acudir al baño le era urgente, no sabía si concurrir al tercer piso donde dormían sus compañeros o bajar una planta hacia el piso de abajo donde estaban los baños y las duchas. Por un momento se le vino la imagen macabra del Padre Eduardo colgado de su cuello, un escalofrió recorrió su piel, ¡pero que carajos!, no tenía fuerzas para subir dos pisos, a esa hora orinar era estrictamente necesario, su vejiga reventaba de las ganas de emancipar su vientre, además de terminar su resumen para la mañana siguiente, no quería por ningún motivo orinarse los pantalones.

Dejó la mesa atestada de libros, su pequeño cuaderno de borrador quedó atrapado en ellos, se levantó, salió de la biblioteca cubierto con una manta. Afuera a pocos metros, estaba en el patio y se dirigió al baño, su mirada estaba insidiosamente predestinada a mirar ese pequeño lugar donde desfogaría su impertinente vejiga, pero una luz proveniente de la cocina le desvió, < *¿Quién estaría otra vez en la cocina? ¿A estas horas? El padre Eduardo estaba muerto. No me digan que* *la fornicación continua, ¿Estará sor Ernestina con otro hombre, haciendo alguna bajeza?>*

Se acercó prolijamente, esta vez no había sacos de harina fuera de la cocina, tenía que acercarse con más cuidado que antes. Encontró otra vez la rugosa puerta de madera, no pudo escuchar nada detrás de ella, se aproximó a la ventana que era en realidad una claraboya muy pequeña por donde salía el humo de la cocina, sus dudas se esclarecieron, pero también lo estremecieron. Sor Ernestina estaba allí, de espaldas tirada en cuatro patas en una improvisada manta que cubría el piso escabroso de piedra, el padre Ríos estaba detrás de ella, sin pantalones ni calzones, la embestía con alevosía y premeditación, ella disfrutaba en cada arremetida, sus frágiles y blancos brazos que extendidos reposaban en el piso soportaban con vigor cada movimiento que hacía el hombre. Ambos excitados en la penumbra de la noche sudaban sin cesar expandiendo calor entre sus cuerpos, como si afuera el frío no corroyera los huesos. Solo una tenue vela en el interior de la cocina delataba a los obscenos que no dejaban de manosearse de pasión. Para Pablo fue suficiente, por ratos recordaba los días de curiosidad de su niñez, allá en el burdel de Don Pascual, pero esta vez, los infractores habían llegado demasiado lejos, en especial por romper su compromiso con Dios y con el celibato. Salió de ese lugar y se dirigió a la biblioteca. Mientras subía las escaleras recordaba algunos detalles que antes no le hubiesen causado sospecha. La mancha entre las piernas que notó en el Padre Ríos el primer día que fue al Seminario a entregar sus documentos de iniciación; o el olor nauseabundo que emanaba de entre sus piernas. Pero lo de esa noche fue categórico, fue lapidario.

Era de esperarse que esa noche no pudiera dormir las pocas horas que le quedaban, ni siquiera pudo concluir el resumen y darle un cierre presentable, pero su decepción lo agobiaba, lo absorbía en un sentimiento de rabia e impotencia, pensaba denunciar a los infractores, *pero ¿cómo hacerlo? ¿cómo ir donde el padre Rector y acusarlos, si al final no tenía pruebas?* Era su palabra en contra de la de ellos. Cavilaba infructuosamente cómo poner al descubierto esa trama de infamia que se había tejido dentro del Seminario.

CAPÍTULO 91

Era la octava noche seguida que Pablo se levantaba en la madrugada a vigilar la cocina. Lo hacía desde uno de los ventanales del cuarto de dormitorio de los seminaristas, había observado al sacerdote fornicador entrar a la cocina, era la misma rutina. Entre dos a tres de la mañana entraba sigiloso, cubierto la cabeza con una frazada, todas las noches, menos una, la del domingo; ese día el padre Ríos ingresaba a la sala de oración especial junto al resto de sacerdotes, rezaban de dos a cinco de la mañana y luego realizaban una oración comunitaria. Pablo ya los tenía vigilados, sor Ernestina debía retirarse a las seis de la tarde, pero en vez de salir por la puerta, regresaba del pasillo y se quedaba escondida en la cocina. Para Pablo el flujo de perversión estaba definido, duraba entre veinte a treinta minutos, solo había que buscar la forma que el padre Rector se enterara, no era fácil pues de por sí su denuncia no sería aceptada, además alertaría a los infractores. Debía de buscar la manera de unir el hecho de la fornicación con los ojos del padre Rector. Por días pensó cómo hacerlo hasta que ideó un plan.

Nadie se acercaba a tocar la puerta donde dormía el padre Rector pasadas las ocho de la noche, debía haber una razón de sumo peso para hacerlo. El dormitorio donde pernoctaba estaba en otro edificio distinto al de los seminaristas. Pablo sabía que desde el aposento del padre Rector hasta la cocina caminando rápido había una demora de unos ocho a diez minutos. El tiempo apremiaba.

¡Toc! ¡Toc!

Una mano temblorosa tocó la puerta.

¿Qué sucede? preguntó el padre Rector mientras se colocaba una bata de tela terciopelo. La última vez que lo hicieron levantar a esas horas fue hace más de un año, cuando un seminarista había dejado prendida una vela en la biblioteca y casi provoca un gran incendio.

-*¿Quién es?* -dijo el cura desgreñado al abrir su puerta-.

-*¿Qué haces aquí a estas horas, Pablo? ¡ dos y quince de la madrugada!* -dijo molesto el clérigo-.

-*Mil disculpas mi Señor, pero tiene que ver algo muy importante-* replicó dócilmente Pablo-.

-*¿A estas horas qué puedo ver? Aparte del cielo estrellado de la ciudad.*

-*Venga, se lo suplico.*

-*¿A dónde?*

-*A la cocina*

El padre Rector inconforme y escéptico decidió acompañar al joven seminarista. Bajaron las escaleras del edificio y cruzaron el patio principal hacia la cocina. Mientras caminaban hasta el lugar el padre Rector preguntaba insistentemente a que se debía el exabrupto, Pablo solo se limitaba a decirle "ya lo verá Santo Padre".

Cuando llegaron a la puerta de la cocina, observaron una luz muy grácil, Pablo le pidió que abriera la puerta.

-*Por favor padre, no toque la puerta, solo ábrala*

El padre Rector lo hizo, entró de golpe y su impresión fue espeluznante, observó al padre Ríos desnudo desde la cintura hacia abajo teniendo sexo con sor Ernestina. Ella acostada en el piso, sus ojos cerrados disfrutaban del festín sin parpadear. Pero el Padre Ríos dio un giro de inmediato hacia atrás al oír la puerta y ver entrar a su superior. La vergüenza lo sobrecogía, se incorporó de inmediato, fue a buscar su pantalón y ella apenas empezaba a concientizar la situación hasta que se levantó mientras sus senos caían a la vista del padre Rector y de Pablo.

-¡Vístase de inmediato, ¡repugnante! -le gritó el sacerdote visiblemente enojado-.

-Usted, Padre Ríos, es un sinvergüenza, mañana lo veré en mi despacho a las siete, ya sabe lo que se viene, y usted mujer repugnante, lárguese de inmediato del seminario.

-Pero, mi Santo Padre, a ¿dónde iré a esta hora? -suplicó la mujer-.

-Eso tuvo que haberlo pensado antes, pero tiene razón, a esta hora no hay taxi que la recoja y le lleve a su convento, dormirá aquí en la cocina y al amanecer se irá. No la quiero volver a ver por aquí nunca más, ya avisaré a sus superiores.

El padre Rector le ordenó al impúdico sacerdote y sobre todo a Pablo que no se dijera una sola palabra de lo sucedido a nadie, era una orden y había que acatarla, el prestigio del seminario podría estar en peligro. Debía impedirse un escándalo de proporciones devastadoras. Pablo asintió la disposición aunque en el fondo quería que el padre Ríos tuviera una lección y fuera divulgado como el mal ejemplo para los actuales y futuros sacerdotes. Esas ganas se postergaron.

Ese padre sí era un hijo de puta.... ¿Cuál padre, me pregunto?, el que se atravesó la soga o ese tal Ríos, da lo mismo quien haya sido el que usaba la cocina para comerse a la monjita. Los dos eran unos sinvergüenzas, aunque yo no debería decir nada. Si yo fuera cura, acabaría con todas las monjas de cuanto convento se me pusiera en frente. Nunca hubiese podido ser un sacerdote honesto. Hubiera sido un tinterillo como aquel cura de mi barrio. Le decían Paco, yo nunca lo conocí pues nunca iba a misa, pero comentaban que organizaba unas fiestas tan movidas como las patronales, que luego de horas terminaban en orgías. Mi madre me contó que un día alguien llamó por teléfono a casa.

-¡*Buenas noches!* -Habló del otro lado una voz masculina aguardentosa-.

-¿*Está el padre Paco?*, *pasé por la iglesia, pero todavía estaba ocupado en la misa. Dígale a ese cabrón que no se olvide de traer a Geovanita, acá le esperamos, solo falta él para empezar el zafarrancho....*

Mi madre quedó perpleja una vez colgado el teléfono, la imagen sacrosanta del curita se le fue al piso. Mucho más cuando unas amigas feligreses le contaron la historia completa. Al parecer fue la única que no se había enterado de que el padrecito Paco era todo un un "latin lover". Nunca más fue a esa iglesia, prefería cruzar unas cuantas cuadras, a la otra, la iglesia de San Fernando y escucharle al padre Hernán. A él en cambio no le podían chantar ningún desliz, era un sacerdote respetable, siempre guardaba una sigilosa distancia con la prole, era serio, osco a veces y casi nunca regalaba una sonrisa. Mi madre se acostumbró a él, prefería un cura seco que uno pendenciero. Yo miraba los toros desde lejos.

CAPÍTULO 92

La vida en el Seminario continuaba en su cotidianidad, las depuraciones eran parte de su agitada vida espiritual, el padre Ríos fue expulsado definitivamente de la iglesia y sor Ernestina fue enviada a un retiro en un sitio de la Amazonía cerca de la frontera con Perú. Se supo después que nunca fue perdonada por sus hermanas y murió de cáncer de seno, tuvo un final infeliz. Los años pasaban volando y Pablo estaba cerca de cumplir su meta, solo le faltaban unos meses en el Seminario y un último año de pasantía fuera de él, en alguna parroquia rural de la costa ecuatoriana. A esas alturas habían desertado cinco seminaristas; el resto se fortalecía en la doctrina de la iglesia y continuaban en sus perspectivas religiosas.

Pablo se había ganado la confianza de los sacerdotes, en especial del padre Rector. Lo acompañaba como ayudante principal en las misas que daba en la iglesia de San Francisco; allí pudo conocer de cerca la majestuosidad de una de las primeras iglesias construidas en América. Eran los años noventa y la iglesia católica había perdido terreno frente a otras congregaciones espirituales. La modernidad de la sociedad y la familia, la introducción acelerada de los métodos de planificación familiar modernos, las libertades hacían meollo en la evangelización católica. Pero Pablo tenía centrada su atención en llevar inquebrantablemente los postulados de la iglesia, en "evangelizar sin titubear en la tarea de Dios". Los franciscanos le tenían aprecio, por lo que acogiendo sus dotes oratorios, el padre Rector le había pedido que preparara una prédica para la misa del siguiente domingo. Se centró en el tema de la obediencia, muy venido a menos según él, por los fieles católicos. Otra vez, como siempre, la biblioteca del Seminario era el lugar adecuado para concentrase en aquello.

"Jesús dijo: Él que me ama, obedecerá mi palabra, y mi Padre lo amará, y haremos nuestra vivienda en él (Juan 14:23).

La divina providencia de nuestro Señor, nos aclaró muy concisamente el legado natural de nuestro Padre. La obediencia no es una opción, es una decisión que no contempla excusas de ningún tipo para el creyente que profesa la fe en nuestro Señor; si amamos a Dios, debemos obedecerle. Más adelante otro versículo del hermano Juan, testifica: Queridos *hermanos, si el corazón no nos condena, tenemos confianza delante de Dios, y recibimos todo lo que le pedimos porque obedecemos sus mandamientos y hacemos lo que le agrada (1 Juan 3:21-22).*

Hay que halagar a Dios, sus regalos son una bendición y nosotros tenemos que retribuir ese amor de nuestro Señor… La estructura de la prédica iba tejiéndose y estaría lista muy pronto, pero una interrupción la aquietó…

-Pablo, hermano, te buscan -dijo un monaguillo de años inferiores-.

-¡Gracias! ¿En dónde? mi querido hermano

-Está en la sala de espera del despacho principal

Pablo no había recibido visitas durante años, solo recibía constantemente las cartas de su madre, o la comida mexicana que enviaba los domingos, por lo que le desconcertó la visita y salió presuroso a dicho espacio, dejó su material de trabajo en una de las mesas de la biblioteca. Bajó las escaleras, entró al despacho, una sala enorme donde reposaban los cuadros de todos los Papas adornaba sus paredes verdeazul. Al fondo sentada en una silla su madre, Angélica, cabizbaja, con ropa blanca y con su rostro afligido lo esperaba. Sus ojos no dejaban de llorar, le recibió con un abrazo y le dijo:

-*¡Tu padre ha muerto!*

Pablo no había sabido nada de Jhon durante años, desde que decidió hacerse sacerdote, su padre cortó toda comunicación con él, igual vivía en el Oriente y había abandonado a su madre años atrás. Pero de todas maneras era su padre, lo amaba a su manera y derramó unas lágrimas mientras se abrazaba con su madre. Minutos después llegó el padre Rector, le acompañó en su dolor, y le ofreció apoyo moral, y material también. Ordenó que le facilitaran el vehículo y chofer del Seminario, por lo menos hasta los funerales.

Al día siguiente Pablo pudo ver a su padre en el ataúd, dejó la sotana y se había vestido con un traje negro, zapatos de charol, y el pelo calmado por el rigor de la vaselina, solo allí le entró la inquietud y preguntó…

-*¡Madre! ¿De qué murió papá?*

-*Un infarto lo mató*

Jhon tenía sesenta y nueve años, ya era un anciano que la vida le había golpeado o él se dejó golpear. Vivía solo en Lago Agrio, la mujer por la que dejó a Angélica le había abandonado; el viejo Scott tenía diabetes y rara vez visitaba a los médicos, no gozaba de incentivo, así lo confesó a un amigo, se descuidó hasta de su propia apariencia, poseía el pelo desgreñado y mal oliente, casi no se bañaba. Angélica trató de ayudarlo pero el alcohol y el resentimiento lo encarcelaron, no pudo salir de esa prisión hasta que el corazón no lo soportó más. Una mañana se levantó como de costumbre para ir al campamento, su trabajo era más sencillo que antes, barría y limpiaba, su puesto de seguridad se lo habían dejado a alguien más joven. Sintió un leve mareo, que le siguió de sudor excesivo, un fuerte dolor le atacó el pecho, decaía, pero trató de levantarse y buscar ayuda, el tiempo no le alcanzó, murió en el baño de su casa a orillas de un rincón. Para Pablo la muerte de su padre fue triste, no lo pudo disimular, aunque nunca tuvo cargos de conciencia, ya solo quedaba su madre, hasta Don Pascual había muerto, pero aún quedaban sus hermanos de fe con quienes seguro compartiría una vida al servicio del Señor.

CAPÍTULO 93

El Disnomia se acerca al planeta Eris, en los últimos tiempos los pequeños habitantes han percibo más calor de lo acostumbrado, los campos electromagnéticos que estimulan su vida están colapsando con más frecuencia. La velocidad de sus conexiones sensoriales disminuyen con vertiginosa velocidad. La reproducción asexual decae exponencialmente, y a pesar de su avanzada tecnología no han podido frenar el avance del gran satélite natural Disnomia.

Un hecho prendió las alertas en el planeta Eris. Jhon Scott ha muerto, solo quedaba vivo un depositario, el futuro sacerdote Pablo Scott, el secreto estaba en peligro de no reproducirse, Crasil convocó de urgencia al Consejo Spexer:

-*Miembros del Consejo, tenemos la información de que acaba de fallecer uno de los depositarios de nuestro secreto, esta vez fue imposible evitarlo, fue una "muerte natural", nuestros agentes no lo pudieron impedir. Ahora solo nos queda uno, Pablo Scott, pero está próximo a envestirse de sacerdote, ellos están destinados a no procrear, su vida es seguir a su Dios, no les interesa tener descendencia.*

-*¿No tendría la capacidad del impulso sexual, característico de toda la especie humana?* -preguntó uno de los miembros del Consejo-.

-*Bueno, es muy difícil de explicar, pero en el planeta Tierra hay unos pocos humanos que escogen una de sus varias religiones, y algunas no admiten la reproducción sexual, ni siquiera en pensamiento. En concreto Pablo Scott no podrá engendrar nunca más y nuestro secreto se perderá para siempre, a pesar de cualquier impulso sexual que pudiera tener.*

-¿Pero hay algo que podamos hacer? -preguntó uno de los miembros del consejo-.

Crasil lo miró suspicazmente y luego al resto del Consejo…

-Hay algo que podemos hacer, pero no es seguro que tengamos éxito. Los sacerdotes hacen votos de castidad, es decir no deberán tener sexo con nada ni con nadie; para algunos o tal vez para la mayoría eso es difícil pues va en contra de su naturaleza humana. Para ellos es como una balanza entre el "bien" y el "pecado". Su compromiso es no desfallecer. Nuestra tecnología ha avanzado tanto, podemos ser invisibles en tamaño y tan grandes como los mismos humanos, pero no podemos convencer a nadie de que tenga impulsos sexuales y mucho menos que los lleve a la práctica.

Alguien de los miembros del Consejo levantó la mano…

-Señor, los que hemos estudiado a los humanos, sabemos muy bien que ellos tienden a caer en la tentación…

*-Continúa-*dijo Crasil-.

-Dicen que Adán cayó en la tentación de Eva, eso lo supe por uno de sus más famosos libros, le llaman la Biblia, ¿Por qué no, un sacerdote puede caer en la tentación?

Algunos miembros del Consejo se quedaron perplejos con los argumentos de su compañero de reunión, pero mucho más cuando esas palabras fueron apoyadas por el mismo Crasil.

-Usted me ha entendido con lo poco que he dicho, es magnífico, ¿Cuál es su nombre, es nuevo aquí?

-Me llamo Miyat, Señor, y es mi primera reunión en el Consejo.

Crasil prosiguió:

-La única forma de que el futuro padre Scott caiga es hacer que sucumba a las delicias del placer mundano, nuestros informes dicen que por lo menos 3000 sacerdotes han sido tentados en los últimos años en todo el planeta Tierra, eso nos da esperanza. Enviaremos prototipos de mujeres para que exciten a Pablo Scott de una manera irresistible. Convertiremos los hombres de blanco en mujeres de piel trigueña, otras serán de piel blanca, y otras de color negro como la noche oscura del cielo de la Tierra. Tendrán piel suave, sus curvas serán perfectas, sus ojos serán un llamado a la lujuria, los labios carnosos y rojos como el carmesí. Tendrán pechos redondos y puntiagudos, su tamaño será razonable, pero lo suficientemente simétricas, para que cada parte de su cuerpo se ubique donde debe ser, casi perfectas, todas ellas serán un atavió de generoso frenesí. ¡A trabajar!

CAPÍTULO 94

Pablo preparó las maletas, cinco camisas y pantalones, y otras cuantas telas le acompañarían, terminaría su último año de seminarista en la provincia de Manabí, en tierras de muy adentro, donde las montañas y sus huéspedes reinaban a plenitud, donde las sombras de los árboles dan claridad y frescura y los días pasan lentos y con aire puro. Alguien entró mientras sus pensamientos se centraban en esa nueva experiencia, el padre Rector se acercó, con su cara de nostalgia, pero con la esperanza de no perder el contacto, le saludó y le dijo al joven Scott:

-Pablo, hermano Pablo, eres uno de los mejores seminaristas que hemos tenido, tu compromiso con Dios nos ha cautivado, eres un ejemplo para todos, estarás un año en esas tierras, pero cuando termines te queremos de vuelta con nosotros, ¡mira! Lee esto...

"Cura de la parroquia Cumbayá es descubierto semidesnudo junto a mujer en un baño de un comedor"

La Curia investiga el hecho y promete sanciones drásticas Diario el Amarillo, 20 de junio 1990.

-¿Qué te parece?

-Es terrible, padre Rector, se me llena la cara de vergüenza -dijo abochornado Pablo Scott-.

El padre Rector prosiguió:

-De estos escándalos la iglesia se agobia por decenas todos los días, parece que las luces de Lucifer están haciendo mella en

nuestros hermanos. Si no son catequistas, son guías espirituales o la terrible fornicación con hombres o con niños. Esto no solo se lo enfrenta con comisiones de investigación de la Conferencia Episcopal, ni rasgándonos las vestiduras. La burocracia de la Curia no sabe ni dónde está parada. Hemos formado un grupo de hermanos que lo combatiremos desde adentro. Yo dirijo el grupo y decidimos que tú nos puedes acompañar, observamos en ti, tu rectitud para desenmascarar a los infieles y sobre todo el verdadero amor que profesas a Dios

-Le agradezco, mi querido padre Rector, en especial por esa confianza que ustedes depositan en mí, pero ¿Cuál sería mi función en esa...?

El padre Rector de inmediato le contestó...

-La orden se llama "Santa Trinidad", y por supuesto si aceptas, tu función será detectar a los sacerdotes infractores y asumir una sanción.

-¿Qué tipo de sanciones están estipuladas? -preguntó con dócil inocencia Pablo Scott-.

-Expulsión, o incluso el arrepentimiento mediante el castigo físico, es lo que se merecen ¿no? -contestó con vehemencia el Padre Rector-.

-Por supuesto Señor, el castigo físico es poco para ese tipo de pecados, incluso el purgatorio sería insuficiente...

El padre Ricardo continuó.

-Entonces eso es un sí, ¿serás parte de nuestra organización?

-¡Por supuesto! era lo que estaba necesitando, un espacio como este para defender a Dios

Pablo se levantó y le dio un abrazo al padre Rector, y dijo con un tono casi castrense:

-Mi vida para la gloria de Dios, estaré donde me requiera y haré lo que sea para que su nombre jamás sea mancillado.

El padre Rector le avisaría dónde y cuándo se realizaría una reunión, fue muy explícito en decirle que solo cinco personas formaban parte de la organización, era ultrasecreta y su base estaba en la iglesia más antigua y emblemática de Quito. Se despidió y le deseó buena suerte.

Cuando atravesó la puerta el padre Ricardo López, Pablo Scott terminó de arreglar su maleta, estaba contento, por sus venas fluía ese ego de ser importante, esa sensación proscrita de la aventura secreta, era como un James Bond al servicio de Dios. No se arrepentirían de haberlo escogido para esta misión furtiva. Su contingente sería importante, imprescindible. Ahora le esperaba la tierra santa de Manabí.

CAPÍTULO 95

El sacerdote Vicente Saltos esperaba desde hace un par de horas el bus procedente de Quito, se había demorado a pesar del tenue calor veraniego de la costa. El cura esperaba paciente, no parecía que el calor oprimiera su larga sotana que le cubría del sol. Portoviejo era una ciudad pequeña, sus calles llenas de lodo en el invierno, apenas había empezado el verano polvoriento y su gente cubría con su calidez cualquier incomodidad que tuvieran los afuereños. El sacerdote Saltos era un párroco cuarentón de la ciudad de Bahía de Caráquez a quien la Curia de Manabí le había encargado la iglesia en "Boca de Pescado", al sur de la provincia. Era atlético, rubio, nariz respingada, tenía afición por la agricultura a pesar de haber nacido y crecido entre aceras y calles de hormigón.

En su traslado hacia la costa, Pablo recordó los viajes que solía hacer de niño al Oriente donde trabajaba su padre. Pero las planicies y las montañas manabitas llenas de verdor le cautivaron una vez entrando a la provincia. Observó que en el camino torpe y boqueteado de la carretera, se asentaban casas alrededor de la vía, la mayoría eran de caña guadúa y algunas de cemento, otras una combinación de ambas. Las plantas de plátano, naranja, mandarinas y yuca le daban vida a ese florido paisaje.

El bus llegó a la estación, allí, desde la ventana de su asiento, prestó atención a un sacerdote con una sotana larga y ploma, de seguro sería quien le llevaría a su parroquia donde permanecería un año.

-Buenos días, soy Pablo Scott, ¿usted debe ser el padre Vicente?

Preguntó Pablo sabiendo de entre manos cual sería la respuesta.

-Hola mi querido hermano, sí "el mismo que calza y suena"

Un fuerte abrazo le propició el padre Vicente, mientras le daba la bienvenida.

-Venga, traiga sus maletas, que el viaje continúa pero en otra estación -le dijo amablemente el padre a Pablo-.

En el camino el Padre Vicente, cual guía turístico, indicó al seminarista los privilegios de haber sido asignado a tierras manabitas, del paraíso que era Boca de Pescado. Le conversó sobre la calidez de su gente, la comida exquisita del lugar, las bendiciones de la tierra que producía, pero también de lo duro que era el trabajo en el campo y de las condiciones sanitarias que todavía afligían a la región. Pablo estaba con la expectativa enorme de conocer a ese apreciado paraíso terrenal. Ya en el otro bus la conversación fluía con mayor familiaridad.

-Padre Vicente, ¿cuánto falta de camino hasta Boca de Pescado? - preguntó el soliviantado Pablo-.

-Unas dos horas de recorrido, tal vez tres si hay muchos pasajeros en el camino -le contestó el cura, quien prosiguió-.

-Pero el tiempo no importa, has venido a un edén y tienes que disfrutarlo desde sus inicios, puedes observar esas montañas, mira esa cual pico de `pájaro mirando hacia el cielo, o esta otra, pareciera que Dios con sus manos la moldeó para que nuestros ojos se admirasen de su belleza. Cuando lleguemos te indicaré el

jardín de la parroquia, sus flores son autóctonas, no encontrarás unos lirios tan bellos en ninguna otra parte, las cuida cuando yo no puedo Don Camilo, él es mi mano derecha... bueno aparte la guía espiritual que ya la conocerás...

Pablo no dejaba de admirarse y hasta a veces aburrirse de la verborragia que tenía el padre Vicente, pasó casi todo el camino hablando de todo un poco. Parecía un monólogo. Pero hubo algo que sí le llamó la atención a Pablo de toda esa amalgama de verbosidad del sacerdote.

-Esto es muy importante, hermano Pablo, el hombre campesino manabita es muy amable y solidario con su prójimo, él no tiene problema en darle posada, en darle comida y hasta podría cuidar sus animalitos si tiene que salir al pueblo, pero eso sí, su mujer no la comparte con nadie y quien meta sus narices en su pareja no escatimaría esfuerzo en cortarle el cuello de un machetazo.

Pablo le miró con sus ojos engrandecidos por la admiración. Y le preguntó:

-¿Y a usted le consta?

-Claro, en el par de años que llevo aquí me ha tocado darle la misa de exequias a tres hombres que obraron de andariegos. Dos de ellos llegaron sin cabeza al Departamento de Medicina Legal en Portoviejo y uno de ellos sin brazos. Por eso piensan miles de veces para meterse con una mujer casada por estas zonas.

Pablo prefirió olvidar lo que sus oídos habían escuchado y situó su mirada en una plantación de teca que copaba varias cuadras alrededor del carretero, allí divisó aves y unos monos que saltaban de árbol en árbol. A lo lejos una casa de caña de la cual salía humo y unos hombres con machete en mano limpiando una plantación de maíz. Su mirada se concentraba en la naturaleza, y en la gente que compartía con la misma, mientras de vez en cuando propinaba una mirada al elocuente Padre Vicente, para no pasar por descomedido.

-*Por fin llegamos*-advirtió el cura-.

Pablo se levantó de su letárgico pensamiento y admiración, y salió del bus, era un pueblo pequeño, muy pequeño, cubierto de montañas, un parque en medio y al frente la iglesia, allí permanecería su último año de seminarista.

¡Boca de Pescado! ¡Boca de Pescado!, me suena, alguna vez escuché ese nombre de boca, de boca de... sí mi madre. Ella mencionó alguna vez esa palabra, ahora lo recuerdo, contaba que era un pueblo cubierto de una selva hermosa, llena de árboles frondosos y verdosos, se olía a campo puro, no había nada más que ocho o diez vehículos. ¿Pero por qué nombraba ese lugar? ¿Habría estado allí alguna vez? Ya son las cuatro de la mañana y este tipo solo suspende su interesante plática para conectarse con algo, o con alguien, parece como si estuviera acoplado a unas antenas en algún lugar en el espacio. Muy pronto veré a mi madre le preguntaré sobre aquel extraño pueblo recóndito de Manabí. Por ahora continúa, ¡sí tú!, deja esas antenas y prosigue, la historia del futuro padre Scott debe continuar.

CAPÍTULO 96

- *¡adelante Pablo! esta será tu habitación.*
- *Gracias padre Vicente, estaré cómodo aquí.*

La habitación estaba atrás de la iglesia junto a otros cuartos. Para llegar allí, se entraba por el despacho parroquial y luego había que atravesar un `patio grande que era adornado por flores y rosas de todo tipo. Un loro le daba la bienvenida, no estaba enjaulado, lo rescataron de unos contrabandistas de animales silvestres hacía dos años, era el consentido de los hermanos de la parroquia. Le llamaban Mario y le gustaba repetir palabras como "lindo" "loco" "hola".

Pablo calculó que habían seis habitaciones en la casa parroquial de dos pisos, él viviría abajo junto a la del padre Vicente, otra de Don Camilo, el mayordomo, a quien saludó con la mano tendida, era oriundo de Boca de Pescado, tenía cinco hermanos, él se quedó "a vestir santos", a sus cincuenta años como un solterón contumaz ayudaba al Padre Saltos en la tarea de Dios, todos lo creían su mano derecha. Arriba de la casa parroquial habían tres habitaciones de las que Pablo no sabía su uso. Tal vez un par podrían ser bodegas o algún otro menester de la iglesia, pero su habitación era bonita, con piso de madera y paredes de ladrillo enlucidas pintadas de amarillo, una ventana grande desde donde se divisaba el jardín, su propio baño, un ventilador para el calor y para ahuyentar a los zancudos, una gaveta grande de madera para guardar la ropa, y por supuesto una mesita y su silla donde podría leer y estudiar la palabra de Dios.

El padre Vicente fue a llamarlo, era la hora del almuerzo, salieron de la habitación y cruzaron el patio, cerca estaba el comedor junto a la cocina. Allí el padre Vicente les presentó a todos sus colaboradores a excepción de Don Camilo a quien ya conoció.

-Ven, ¡acércate Pablo! siéntate, este será tu puesto...

Le sentó junto a él…

-Mira, ella es sor Mariana, es experta en todo, pero en la cocina es de lo mejor, en especial cuando prepara comida del mar, su viche de pescado es espectacular, incluso con pescados de río.

La monja le sonrió y asintió con su cabeza. Su tez morena y piel lisa que a pesar de su edad era envidiada por toda la congregación de hermanas de la caridad de San Vicente de Paúl, de la que era procedente.

-Ella en cambio es sor Mercedes, si no está Sor Mariana nos prepara la comida, es muy hábil para un buen caldo de gallina criolla.

Aquella monja, mucho más joven que la anterior, apenas esbozó una sonrisa, la timidez la sobrecogía. Tenía ojos verdes que se reflejaban en el sol que parecían una comarca de frutos extendidos en una planicie.

-Y acá esta Rosa María, es nuestra guía espiritual, nos acompaña siempre a cada liturgia que vamos, a cada caserío o pueblito por muy recóndito que sea, siempre es fiel a la causa del Señor.

La joven mujer de mediana estatura pero de simétrico cuerpo curvilíneo se acercó a Pablo y lo abrazó, le dio un beso en la mejilla y le dijo:

-*Bienvenido, joven hermano, que la paz y la mano de nuestro Señor lo acompañe.*

-*Ven sírvete, ahhh perdón, se me olvidaba* -dijo el padre Vicente-.

-*Haremos una oración antes en agradecimiento por los alimentos, esta vez la haré yo, después tú nos darás ese privilegio...* -le dijo a Pablo-.

-*Padre nuestro, santificado sea tu nombre, te damos las gracias por los alimentos que hoy podemos servirnos desde esta mesa en tu nombre y Espíritu Santo, Amén.*

La comida estuvo deliciosa, Pablo la comió con tanto gusto que casi no hablaba, no había ingerido alimentos desde que salió de Quito, aunque sabía que un buen sacerdote debía ser una persona jovial y algo extrovertida, fue menos parco y receloso dejando la glotonería a un lado.

-*Y usted, sor Mariana, ¿cuánto tiempo nos acompaña en esta parroquia?*

-*Llevo casi cuatro años, me enviaron acá luego de servir en una parroquia de Ambato* -contestó rauda la religiosa-.

-*¿O sea, ¿usted no es manabita?* -le preguntó Pablo-.

-*No mucho.... Nací en Manta, pero mi padre era ambateño y viví toda la vida en Ambato, mi madre era de Pujili y diríamos que soy "ambateña-manabita", mi corazón está partido.*

-*¿Y usted, Rosa María?*

Pablo clavó su mirada en ella.

-*Bueno, yo soy manabita de pura cepa, hace cuarenta años nací en una hacienda en Chone donde mi padre era capataz. De allí vine a visitar a una tía muy querida que vive por acá y me quedé, ella me trata como a su hija y soy muy feliz estando a su lado.*

-¿Y usted joven seminarista? ¿De dónde proviene? Su apellido no es muy ecuatoriano como parece. Devolvió la pregunta Rosa María.

-Yo soy ecuatoriano, nací en Quito, mi madre es mexicana y mi padre norteamericano -contestó Pablo-.

-Pero, es una larga historia que la contaré después.

Pablo tenía reconcomio de detallar cómo sus padres llegaron por accidente a Ecuador, así que para él era un tema complicado, por lo que siempre lo esquivaba. Solo el padre Rector sabía con exactitud por un asunto de confesión.

El almuerzo había terminado y el padre Vicente se levantó de la mesa:

-Buen provecho a todos, Pablo, hoy tendremos misa a las 6 de la tarde, prepáralo todo, Camilo te ayudará….

CAPÍTULO 97

-Al padre Vicente le gusta que se adornen con flores amarillas la iglesia antes de la misa del domingo -mencionó don Camilo a Pablo, mientras preparaba el vino para la liturgia de la tarde-.

-Pero hoy no podremos ir a ver las flores al bosque, queda atrás de esa loma, ya es tarde, si lo intentamos ahora estaremos con los tiempos apretados, las tomaremos de aquí, de nuestro jardín, el padre entenderá -dijo con frases apenadas Don Camilo-.

Las flores del jardín de la parroquia eran las más bonitas de la zona, el padre Vicente solo las usaba para ocasiones muy especiales. La última vez decoraron el matrimonio del hijo de uno de los hacendados que había donado para la iglesia un crucifijo gigante, bañado en oro hecho en Cuenca.

Pablo observaba con prolijidad y con esmero los pasos que realizaba don Camilo para preparar el vino. En Quito no tuvo la oportunidad de aprender hacerlo, pues otros se encargaban de esos menesteres.

Pero la misa no solo era el vino, era la ropa, la ostia, las copas, el palo santo, la "Luz del Domingo", el pequeño coro de la parroquia, todo debería estar a punto para las seis de la tarde. Don Camilo lo había hecho durante casi 20 años y esta vez tendría un ayudante como Pablo que estaba deseoso de aprender.

Ya era la hora y los contumaces feligreses estaban prestos a escuchar la misa, venían de todas partes, caseríos y comunidades cercanas, con sus mejores vestidos, sus mejores zapatos, unos venían en motos, carros y hasta en caballos. Don Camilo siempre los esperaba en la puerta de la iglesia, entregaba información escrita muy breve sobre las actividades de la congregación. El reloj marcaba las seis de la tarde. El coro estaba listo para iniciar con los cánticos de alabanzas y dar paso al saludo inicial del padre, pero este no llegaba. Pablo quien en teoría era el segundo al mando de la santa eucaristía comenzó a inquietarse.

-*Don Camilo, dígame usted, ¿vendrá pronto el padre?* -preguntó el nervioso Pablo-.

-*Me parece que iría a "El Encanto" o a "Pescado Arriba", pero ya deberían estar aquí*

-*¿Deberían?* -preguntó Pablo-.

-*Sí, andaba con Rosita, ella es la guía espiritual y siempre debe andar con él en las comunidades*-le dijo presuroso don Camilo-.

Los minutos pasaban y los asistentes se comenzaron a incomodar, como cuando un paciente no es atendido a la hora pactada, o como cuando un niño se desespera ante la ausencia de la madre. Don Camilo dio la orden para que el coro empezara los cánticos. Y le dijo a Pablo…

-*Si en cinco minutos no viene el padre ¡usted dirigirá la misa!*

A Pablo la posibilidad de dirigirse al público no le agobiaba, su problema era qué decir, qué sermón podría hilvanar en tan poco tiempo, así que agarró su Biblia y buscó unos versículos para su fugaz e improvisada prédica. A las 6:23 minutos de la tarde el coro calló, Don Camilo alzó la mano y Pablo entró al estrado.

-¡En el nombre del Padre, y del Hijo, y del Espíritu Santo!

Los feligreses respondieron ¡amén!

-El Señor esté con ustedes

Los feligreses respondieron - *y con tu espíritu*

-Hermanos, para celebrar dignamente estos sagrados misterios, aceptemos nuestros pecados-dijo Pablo-.

Los feligreses en coro respondieron:

-Yo confieso ante Dios todopoderoso y ante ustedes, hermanos, que he pecado mucho de pensamiento, palabra, obra y omisión. Por mi culpa, por mi culpa, por mi gran culpa.

Por eso ruego a Santa María, siempre virgen, a los ángeles, a los santos y a ustedes hermanos, que intercedan por mí ante Dios, nuestro Señor.

-Dios todopoderoso tenga misericordia de nosotros, perdone nuestros pecados y nos lleve a la vida eterna.

Los feligreses respondieron *-amén.*

La misa continuaba con cada uno de sus ritos inmutables, ahora le tocaba a Pablo predicar, era la primera vez que lo hacía como cabeza principal de una iglesia aunque fuera temporal "por la ausencia inexplicable del Padre Vicente". Pero él era Pablo, el orador, el muchacho que ganaba concursos en la capital, la oratoria siempre fue su fuerte, y ahora un momento propicio para demostrarlo. Y no lo hizo mal, la muchedumbre atendía con devoción, estaba llevando con pulcritud la santa eucaristía, su cautivadora oratoria, la dicción clara de sus palabras, la expresión del español perfecto, eran apreciadas por los fieles que parecían por momentos haber olvidado al padre Vicente.

Un ruido de motor se escuchó afuera, era el Toyota Land Cruiser 4x4 de la iglesia de la parroquia, *¡el Padre Vicente llegó!*, junto a él, Rosa María, ambos denotaban en sus expresiones corporales y faciales encogimiento. Habían regresado tarde, la misa del domingo estaba por la mitad. El padre Vicente entró, pero casi nadie advirtió su presencia. Miraban a Pablo, quien disertaba un tema sobre el amor a Dios, luego entró Rosa María, allí sí las miradas fueron fulminantes, en especial de unas cuantas beatas que la observaban con desconfianza y asociaron su retraso junto al del sacerdote a alguna aventura en la que la mujer estaba involucrada. Pero Pablo, quien se dió cuenta de lo que sucedía, no dejó que los oyentes se desconcentraran, utilizó sus dotes de oratoria persuasiva para que todos regresaran a él. Así lo hizo, incluso el Padre Vicente dejó su vergüenza a un lado y lo observaba con admiración, nunca un seminarista llegado a su parroquia había tenido esa capacidad disertadora como el joven Scott.

Al final de la misa, por los menos hasta no llegar a sus casas, los feligreses se olvidaron del percance del atraso del Padre Saltos, las palabras de la prédica los llevaron a una fuerte reflexión y a un compromiso de llevar adelante la verdadera palabra de Dios, "Amar al prójimo como a ti mismo". A quien no se le olvido nunca la falta grave y bochornosa de la dilación fue a Pablo Scott.

CAPÍTULO 98

En las semanas siguientes Pablo se adentraba en la idiosincrasia de aquel pueblo recóndito de la costa ecuatoriana, aprendió de a poco sus costumbres, saboreó su gastronomía, se acostumbró a las picaduras de los zancudos, o por lo menos los toleró mejor. Al implacable calor lo soportaba usando ropa liviana; una camisa guayabera blanca, por dentro una camiseta sin mangas, pantalones de tela tenue de color oscuro, plomo o café, zapatos negros y un crucifijo que siempre llevaba colgado en el cuello, *¡y cómo no!* aferrado a su mano siempre la Biblia. No era difícil que las mujeres del pueblo, las solteras por lo menos, lo miraran con simpatía. Sus veinticinco años lo adornaban con sus ojos claros que eran tan azules como el cielo despejado de la costa, su nariz respingada como el pico simétrico de una montaña, su tez canela se ajustaba con la altura de su tamaño y sus cabello rubio platino tan natural como el amanecer.

La gente era muy amable con él. Conoció en poco tiempo sus escasas calles llenas de polvo y heces de caballos y mulas, a las pocas semanas ya conocía cada rincón del pequeño pueblo, pues visitaba con frecuencia a los enfermos para darles su sanación espiritual. El Padre Vicente le había encomendado esa misión, su trabajo era esencialmente extramural, la hospitalidad del campesino manabita desbordaba a plenitud, quien a pesar de sus escasos recursos, le ofrecía a Pablo una taza de café con empanadas o unos gigantes bolones de queso, a veces arroz con estofado de gallina de campo, o un viche de pescado, que era la comida preferida de Pablo. Lo que no conocía el seminarista, eran los caseríos y zonas más apartadas del pueblo, esos lugares estaban destinados solo al Padre Vicente, que siempre iba acompañado de la guía espiritual, eso a Pablo le extrañó y su mente comenzó a elucubrar, pronto descubriría la razón.

La cantina era un lugar en el pueblo predilecto para muchos. Una tarde el joven Scott pasó por el frente y observó a don Camilo junto a otros tomándose unos tragos de alcohol en el interior. A Pablo le pareció incoherente aquella sombría escena *<Un hermano aunque no sea destinado a ser sacerdote ¿En tal situación?>*. Decidió esperarlo afuera en una de las sillas que adornaban el pequeño parque. Pasaron casi dos horas hasta que don Camilo salió.

-Don Camilo, lo estaba buscando -le dijo Pablo en tono amigable y de confianza-.

-Hola Pablo ¿Qué sucedió?

Pablo aspiró el pútrido olor a aguardiente que emanaba don Camilo de su boca.

-Necesitaba saber, ¿cuándo va a recoger las flores para la misa del domingo?, las otras se están marchitando y no creo que sirvan para mañana.

-Hermano, no podré ir, no me siento bien de mi espalda ¿puedes ir tú al bosque de las flores azules? -le preguntó la voz áspera y borrachina de don Camilo-.

-No hay problema, solo que no conozco el sitio a pesar de estar aquí ya casi tres meses, dígame bien cómo llegar a ese

famoso bosque de las flores azules -le contestó Pablo, dispuesto a ir donde fuera con tal de conseguir esas flores prodigiosas-.

-*No hay pérdida, podrás ir detrás de la colina que vemos en la iglesia, solo cruza el riachuelo y recorre el sendero, son cinco minutos, encontrarás dos caminos, sigue el de la izquierda y en otros cinco minutos encontrarás a tu derecha el bosque encantado de las flores azules, es el 'único de acá, solo crecen en verano, porque en invierno la lluvia las espanta.*

El casi anciano fue muy preciso en la explicación a pesar de su condición.

-*Perdón mi indiscreción* -le preguntó el joven seminarista con aires de desaprobación-.

-*¿Qué hacía usted en esa cantina de mala muerte?*

Don Camilo se sintió abochornado, no quería dar una respuesta a pregunta tan indiscreta, pero afloró una confianza reprimida con el joven seminarista.

-*Estuve tomándome unos traguitos, con unos antiguos amigos de la infancia, al padre Vicente no le gusta que lo frecuente, dice que son unos borrachos empedernidos, pero me hacía falta...*

El longevo bajó la mirada y vertió unas lágrimas que se derramaron en la camisa sudorosa que llevaba puesta desde la mañana, decidido a contarle a Pablo su triste desventura se sentó junto a él y esa voz áspera se convirtió en una suavecita voz quebradiza...

-*La soledad me ha acompañado durante años, mi padre y madre murieron hace mucho tiempo, mis hermanos no están aquí y cada uno vive con sus propias familias, me he entregado a Dios, y lo seguiré haciendo con esmero y sacrificio, pero es difícil llegar en las noche a la residencia de la parroquia a dormir solo, a no tener a quien contarle mis penurias.*

-*¿y Dios?* -Le interrumpió con exasperó Pablo, mientras colocaba su mano en el hombro izquierdo de don Camilo, como queriéndolo despertar de un letargo-.

Don Camilo miraba directo a la cara del joven Scott, como diciéndole que no era suficiente y que se sentía avergonzado por eso. Pero continúo hablándole sus desencantos...

-*Un médico en Portoviejo me dijo hace unas semanas que mis dolores de cabeza y náuseas frecuentes se debían a un tumor maligno en el cerebro y mis posibilidades eran mínimas, ¡el Señor me ha abandonado! , ¿Entiendes Pablo? ¡No tengo salida!*

Pablo bajó la mirada, lo abrazó y esta vez con un tono conciliador y paternal le dijo:

-*Con mucha razón amigo mío, hoy es cuando más tiene que acercarse a nuestro Señor, él le dará la respuestas a sus desvelos y desesperanzas, venga, le acompaño, vamos a la residencia, le prepararé un café.*

Caminaron juntos hasta que desaparecieron en el atardecer.

CAPÍTULO 99

Pablo cruzó la colina, llevaba puesto un pantalón más grueso, botas de campaña, un machete en la mano *(que nunca había usado)* y en la otra un cartón para las flores, esta vez dejó la Biblia que siempre lo acompañaba en su habitación, un sombrero de paja toquilla llevaba en su cabeza, él sol aparecía inquisidor y furioso. El camino era plano y solo después de pocos minutos se hizo elevado. Allí se fue por la trocha incorrecta. Muy cerca de la Y escogió el sendero de la derecha, caminó varios metros mientras el calor flagelaba, el sudor hacía aguas, la visión se entrecruzaba con destellos de cansancio y la sed apremiaba. Se entretenía pensando en el infortunio de su amigo don Camilo, *<pobre viejo, ojalá ese tumor sea solo un susto, y pensar que me he encariñado con él, Dios quiera que solo sea una falsa alarma>.* Pablo seguía caminando y al mirar a cada lado no encontraba el bosque encantado de flores azules, por un momento pensó en regresar, sin embargo prefirió seguir un poco más. El bosque se hacía más denso y se escuchaba el cantar de las gotas de una rivera, cada paso que daba el ruido encantador de la naturaleza era más elocuente, además de la algarabía tenue del río, se escuchaban el tarareo de los pájaros y uno que otro animal terrestre que no logró divisar. Árboles de ceibos y algarrobos se apostaban en el camino.

Esos deslumbrantes cánticos de la naturaleza se entrelazaron con sensuales ruidos que Pablo no alcanzaba a esclarecer, por eso aceleró el paso para entender su extraña naturaleza. Siguió el camino por lo que tuvo que bajar una pequeña quebrada cubierta de matorrales, allí vislumbró el río nada caudaloso y de poca hondura que era adornado por bellas mujeres desnudas. Casi una veintena de mujeres jóvenes se bañaban risueñas en las aguas de ese manso río, cuerpos vigorosos que expresan curvas casi perfectas que deleitaban la finura de sus fragancias. Pablo se quedó como estatua, por casi un minuto no se movió, de repente las chicas le llamaban de diferentes formas, más con gestos, miradas y una se atrevió a llamarle...

-*Venga padrecito, sáquese la ropa, hace mucho calor, el río está fresquito.*

El pobre hombre, casi sacerdote, sudó más que por el ahogante calor, por la dominante presión sensual de las mujeres. Sus mejillas enrojecieron de lado a lado, un ligero temblor acompañaba su mano izquierda, su orejas se tinturaron de carmesí, decidió dar un par de pasos hacia atrás, casi se cae al colocar su pie derecho en tierra inestable. Las mujeres no dejaban de aclamarlo, incluso una de ellas salió rápidamente del río y le dijo suave y eróticamente:

-*Ven, dame tu mano, báñate con nosotras.*

Pablo retrocedió con vehemencia y salió corriendo del lugar, fue como un relámpago, como una gacela, como si de su rauda corrida dependiera su vida. Lo único que conservó fue su machete, pues ni la caja, ni la calma pudo atesorar. Llegó furioso a la parroquia, fue a la cocina, tomó un vaso de agua, se sentó, dejó esa respiración acelerada de a poco que en realidad era sinónimo de la angustia, la sorpresa y el disgusto del deplorable momento que había tenido en el bosque.

Pocas horas después empezaba la misa, el salón era adornado con flores rojas y claveles amarillos del jardín de la parroquia, no eran las flores azules de aquel bosque encantado que fue a buscar el pobre seminarista. Don Camilo le preguntó a Pablo por ellas.

-*¿Y las flores, hermano Pablo? ¿Qué pasó con ellas?*

Pablo le contó lo sucedido

-*Ese bosque es un Sodoma y Gomorra en pleno mar muerto, mujeres desnudas, totalmente desnudas, más de 30 buscando la incitación, ¡me trataron de tentar! pero no me dejé... gracias, mi Padre celestial, por alejarme del pecado...* -dijo Pablo mientras se persignaba- .

Sin darse cuenta Pablo no advirtió que Don Camilo no era el único que escuchó con atención lo sucedido, otros cinco pueblerinos que se encontraban entre los fieles de la iglesia lo hacían también y muy pronto regaron la noticia a la gente. Don Camilo solo lo escuchó, e incrédulo no dio veracidad a las palabras de Pablo. <*qué insensatez decía este muchacho, pensó en sus adentros, posiblemente el ahogante calor lo hizo ver un oasis, y en vez de agua también vio sirenas desnudas*>.

El padre Vicente dio inicio a la liturgia y Pablo como siempre estuvo presente para asistirle, aunque su presencia en realidad estaba en otro lado, sus pensamientos lo atormentaban, lo azotaban con la complicidad del pecado, con el enfado de que la naturaleza fuera profanada para desplegar lujuria. Mujeres desnudas en aguas santas, en tierras benditas, bañándose al fervor del calor de la naturaleza. Después de días de aquel incidente, Pablo pasó a ser de un tipo apreciado a un mentiroso, un charlatán. No hay ofensa más grande para un pueblo chico, que un afuereño trate de hablar mal de sus mujeres. Era como afianzar que en el pueblo había un club de putas o algo así. La formidable oratoria y capacidad persuasiva de Pablo se había caído por los trastes, los había decepcionado. El joven seminarista percibía esa animadversión, la respetaba pero no estaba de acuerdo, en realidad lo que él vio no fue una alucinación, fue real, estaba completamente seguro. Luego de divagar por minutos por las calles del pueblo llegó a la parroquia y encontró una carta que había traído el correo para él. La abrió y observó una nota corta y sucinta.

"IGLESIA DE SAN FRANCISCO, MIÉRCOLES 11 DE NOVIEMBRE DEL 90, 10H00, ATT. LA ORDEN S.T"

TE ESPERAMOS. ROMPER ESTA CARTA UNA VEZ LEÍDA.

CAPÍTULO 100

Había pasado mucho tiempo desde que Pablo subía la cordillera de los Andes, la bella capital de dos mil ochocientos treinta metros sobre el nivel del mar le esperaba, con bajas temperaturas, mucha neblina e incuantificable resequedad. Un contraste que al joven seminarista no le incomodaba después de haber zarandeado varios meses en las cálidas tierras manabitas. Era ya de día, el viaje estaba por finalizar, Pablo disfrutaba de la lectura del periódico que decía en su página principal *"En París se proclama el fin de la guerra fría"*. En otro recoveco de la prensa escrita, leyó con detenimiento *"Grandes avances en la píldora de emergencia, muy pronto será una realidad"*. Allí fue donde su juicio de valor lo enganchó sobre los terribles avances tecnológicos que denigraban la santidad de la naturaleza de Dios y su mente se embrollaba de pensamientos de disgusto.

El bus frenó a raya, Pablo guardó el periódico, bajó presuroso al terminal de Cumandá, caminó por la calle que lo conduciría a la plaza de Santo Domingo, llevaba su sotana puesta, en su mano derecha cargaba una pequeña maleta con poca ropa y con su tesoro más preciado, la Biblia. Solo estaría un par de días en Quito, debía estar a disposición de la Orden ese tiempo, aunque no sabía la razón del llamado, algo importante seguro debía de ser. Si le sobrase tiempo visitaría a su madre. Llegó rápido a la plaza de Santo Domingo, era inmensa y muy activa, comerciantes, mendigos y feligreses haciendo cola para ir a la iglesia que se encontraba enfrente. Dejó la plaza y caminó por la calle Rocafuerte hasta encontrare con la iglesia de San Francisco y su hermosa plaza, allí también el movimiento de negocios y leguleyos era también frenético.

La insigne iglesia estaba frente a sus ojos, una puerta de madera de casi tres metros de altura adornada con estilos barrocos, en medio del grotesco portón una más pequeña por donde entraban y salían los feligreses. El entró, se acercó hasta la sala de espera donde se encontraba un monaguillo…

-Buenos días, hermano, busco al padre Rector, soy el seminarista Pablo Scott

El monaguillo lo miró con cierto desplante de pies a cabeza, fingiendo no conocerlo, luego de varios minutos le dijo:

-Sí, muy buenos días, el padre Eduardo lo espera en la sala de coros.

Pablo entró al claustro mayor, recorrió parte de sus pasillos hasta que encontró unas escaleras que lo llevarían a la sala de coros de la iglesia, subió las gradas y se encontró con la impresionante sala. Allí pudo observar una sala redonda con más de treinta asientos ubicados en forma simétrica en círculo, una leyenda ubicada en una estructura de madera de forma ovalada que decía "DICIEMBRE XXII MCMXXXII". Debajo de aquella leyenda más de veinte puntas alargadas de metal hacia abajo unidas a estructuras de madera fina que conformaban un maravilloso órgano regular, en medio, estaban siete hombres con sotana, todos de aspecto agrestes y desconocidos. Dos caras eran familiares, Mauricio, su compañero seminarista, y su mentor el padre Rector quien se acercó de inmediato…

-¡Qué gusto muchacho! ¡Mi hermano Pablo!

Le dio un fuerte abrazo el que fue devuelto con efusividad por el joven Scott.

-Muy bien, padre Rector, acudiendo a su llamando -respondió Pablo-.

-Ven te presento a los hermanos de la orden, es el padre Julián Santiana...

Un tipo alto, barbudo y con lentes de cristales gruesos, tenía un enorme tamaño, nunca reía, era el encargado de hacer temblar el campanario, abrir la puerta principal en las mañanas y cerrarlas irrevocablemente en las noches. Daba misa los sábados en la mañana.

-El padre Mario Cortez

No tan alto como el anterior, pero muy gordo, barbudo y con una sonrisa de lado a lado, daba la misa todas las tardes, siempre llevaba en sus bolsillos algo que comer y sus dientes llevaban siempre algo que lo delataba.

-El padre Edgar Torres

Siempre andaba ocupado, sus pies casi nunca estaban más de dos minutos reposados en el piso, menos cuando pasaba horas en la biblioteca, era muy delgado, conocía historia medieval más que cualquiera, en especial sobre las cruzadas. Se encargaba de las liturgias de los miércoles, jueves y viernes de la mañana.

-El padre Rodrigo Márquez

Tenía una voz de ensueño, característica que le otorgó el rango de responsable del coro, tocaba con facilidad el órgano, el violín y la mandolina. Pero su voz de tenor era su principal carta de presentación.

-El padre Demencio Ospina

El único extranjero, Colombia su nación, llevaba más de cinco años ejerciendo el sacerdocio allí, nariz fina, dientes bien acolados, barbudo como los demás, cuerpo atlético, el más guapo en realidad, su misión principal acudir a las eucaristías que se daban fuera del convento de San Francisco.

-Y este es Mauricio Gualinga, tu compañero seminarista, ustedes dos son los únicos que todavía no son sacerdotes y pertenecen a nuestra Orden, pero da igual, su compromiso con el Señor es lo más importante, en pocos meses se ordenarán como clérigos.

Los cinco sacerdotes y el padre Rector eran los que estaban a cargo del Convento de San Francisco, y a la vez habían organizado esa orden sin el conocimiento de la Curia, consideraban a los miembros de la misma como burócratas ceñidos de insoportable legalidad. Los monaguillos, diáconos y otros colaboradores del convento desconocían de esta Orden que tenía como fin depurar a la iglesia de los sacerdotes inmorales y fornicadores que querían contaminarla. Pero el llamado a Pablo no solo era para hacerle conocer su "nuevo grupo de trabajo"…

-Hay algo importante que queremos que conozcas, Pablo -le dijo con severa seriedad el padre Rector-.

-Es sobre el Padre Vicente Saltos de "Boca de Pescado"

Pablo miró al padre Rector y asintió su cabeza como sospechando de qué se trataba.

-Tenemos suficientes pruebas de que él infringe las leyes de Dios, en concreto han venido hasta aquí en forma separada tres parroquianos que, con fotos, nos cuentan las porquerías que ese

malogrado sacerdote hace en especial con una guía espiritual, además del testimonio de un sacerdote que estuvo igual que tú como seminarista hace un año. Se la pasa fornicando con esa ramera como si fuesen esposos ¿sabes algo de la situación? -Pablo sin titubeos le contestó-.

-Tengo una ligera sospecha y lo diré por qué... (Pablo contó lo sucedido con el atraso de la misa)

El padre Rector lo miraba con detenimiento mientras contaba Pablo su relato.

-Entiendo muy bien, estimado hermano Pablo, sin embargo ahora tu misión será desenmascararlo y desterrarlo definitivamente de la iglesia. Pero deberá pagar su pecado aquí junto a nosotros... -le dijo el padre Rector-.

-De seguro, padre Rector, ese infiel pagará sus pecados, pero ¿cómo lo hará junto a nosotros? -preguntó Pablo-.

-Padre Demencio ¡traiga las llaves! -solicitó el padre Ricardo-.

-Llevaremos al hermano Pablo a dar un paseo.

Parecían calabozos como los de la época colonial, período donde murieron los primeros próceres de la independencia. La corona española destinaba a los presos a pasar varios años o incluso fallecer. Eran las mazmorras de la muerte, paredes húmedas, sin aire, sin luz, el piso apenas tenía unos cuantos pajonales donde dormían los prisioneros. Pero en el convento de San Francisco el desasosiego era aún más dramático. Pablo, el padre Rector y el padre Demencio bajaron varias escalinatas, el olor a moho era penetrante e insoportable para los que venían de ver la luz del día, uno de ellos llevaba una antorcha para que iluminara los oscuros pasadizos. El padre

Rector abrió una puerta de acero con una clave que poseían cada uno de los miembros de la Orden. Por fin llegaron, había dos prisiones con barrotes de acero, en una de ellas una docena de hombres casi desnudos, caquécticos la mayoría, algunos tenían cicatrices recientes en sus cuerpos, nadie se había rasurado, uno de ellos se acercó a pedir clemencia, pero las cadenas que llevaba en uno de sus tobillos se lo impidieron. El resto no acertaba ni siquiera a levantarse.

Cualquiera que observase ese cuadro dramático se hubiese por lo menos compungido, pero Pablo no. Enseguida entendió sin que el padre Rector lo dijera, que ese era el destino para los que habían ofendido la palabra de Dios. Ese era el puesto de los infieles.

El padre Rector explicó con escalofriante inducción pedagógica macabra lo que pasaba con estos individuos

-*Estas mazmorras apenas tienen unos seis meses, nadie conoce de su existencia a más de la Orden, no creímos que era justo que los fornicadores sacerdotes solo salieran como si nada de la iglesia o se mataran como el Padre Eduardo, aquí los traemos una vez investigados y declarados culpables por la Orden. Pasarán aquí semanas o meses. Solo se les da un pan y una taza de agua aromática al día, con eso la cantidad de grasa y músculos comienza a desvanecerse lentamente, su sistema inmunológico va perdiendo fuerza y se enferman de cualquier cosa, el objetivo es que sufran de a poco hasta que sus podridas almas y cuerpos dejen de existir.*

Pablo no se inmutó y se notaba en su mirada cierto sadismo.

-*¿Y sus cuerpos cuando mueren? ¿Qué hacemos con ellos?* -preguntó el seminarista- .

-*Son cremados y enviados a sus familias, se les dice que estaban en misiones en África o Asia, allá la vida es convulsionada y mueren de cualquier cosa* -respondió convincente el padre Rector-.

-*¡Ahora vamos! ya es suficiente por ahora. Tenemos que atrapar a muchos perjuros que andan por allí. Trae al padre Vicente aquí. Pero por favor se muy prudente. La Curia no lo debe saber.*

CAPÍTULO 101

En el viaje de regreso Pablo rumiaba cómo llevar a cabo su "noble tarea".

< *¿Lo desenmascararía en frente de todos los feligreses? Sería una lección de dignidad para todos. ¿O lo haría solo entre su círculo íntimo? ¿Don Camilo, las hermanas monjas y Rosa María...? No, no es buena idea ella es parte de la fornicación, además los otros colaboradores le quieren mucho al padre Vicente, podrían abogar por él. ¿Y si lo sigo y le encuentro con las manos en la masa? No tampoco, ¡las pruebas son contundentes!, tengo las fotos que me entregó el padre Rector, ese beso no es para nada maternal ni infantil. Tendré que hacerlo personalmente, le diré que ya no es un secreto para la Curia su comportamiento, que lo esperan en Quito y que será removido a otra parroquia, posiblemente al Oriente o por la Sierra sur.* >

Llegó al pueblo. Boca de Pescado estaba sucumbida en el lodo a causa de una inesperada llovizna de Noviembre que convirtió las calles en un lodazal. Mientras caminaba a la parroquia, la gente ya no lo miraba con buenos ojos, la insinuación de que el pueblo era un sitio donde desfilaban como hileras las mujeres sin vergüenza y se desnudaban en sus ríos como si nada, lo ubicaban como un ruin difamador. En realidad a Pablo no le importaba lo que pensaran de él o con los ojos que lo juzgaran, tenía cosas más importantes que hacer; por ejemplo buscar de inmediato al padre Vicente. Encontró a Don Camilo en el jardín, las flores estaban lindas y resplandecientes, incluso podía percibirse su inequívoca fragancia.

-*Hola, don Camilo* -le saludó con efusividad Pablo, acompañado de un abrazo- *¿Cómo está su salud?*

-*Mañana viajo a Quito, me indicaron una resonancia magnética, esa definirá si tengo o no el dichoso tumor. Pero me siento mejor, la medicina me ha ayudado mucho para suplir el dolor y las náuseas.*

-*Me alegro mucho, querido amigo, siga orando que yo lo estoy haciendo también. ¿Por cierto, sabe dónde está el padre Vicente?*

-*Está es su despacho* -afirmó don Camilo-.

Pablo con maleta en mano todavía, ingresó a la parroquia en busca del padre Vicente, golpeó la puerta por varias ocasiones y al parecer no estaba allí, hasta que luego de varios minutos salió el sacerdote junto a Rosa María. El joven seminarista esbozó una fingida sonrisa, ocultando entre sí lo desagradable que era ver a su superior en actitud más que sospechosa, aunque lo más cierto es que llegó a importunarlos.

-*Qué tal, mi hermano Pablo* -saludó con desembozo el Padre Vicente-.

-*Ven, pasa, por favor, ¿Cómo te fue por la capital? ¿Qué dicen mis amigos del Seminario? ¿Me imagino que le habrás dado mis saludos al padre Rector?*

Pablo ingresó al despacho recibiendo con reciprocidad su saludo, a la vez que solo hizo un frío ademán a Rosa María.

-*Sí, padre me fue muy bien, justo de eso quería hablarle, pero a solas*-le dijo Pablo mientras miraba a la mujer-.

Rosa María salió de la oficina, la puerta se cerró provocando un agudo ruido. Pero la cara risueña del padre Vicente se fue diluyendo de a poco cuando cambió la expresión facial de Pablo.

-¿Qué sucede, Pablo? , me preocupa tu semblante ¿Tienes algo que decirme?

-Esto es algo muy grave padre Vicente -le dijo Pablo mientras tomaba asiento-.

-La Curia sabe de sus pecados, de sus horrorosos deslices con la guía espiritual...

-¿De dónde saca esa mierda?

Pablo fue interrumpido por el sacerdote quien se levantó de su asiento y se acercó al joven.

-¡Siéntese padre! Tenemos las pruebas, fotos, testimonios, cartas... ¡Siéntese, carajo! - gritó con súbita insolencia el subordinado levantándose de la silla-.

El padre Vicente volvió a su silla y guardó silencio, se dio cuenta en segundos que no le servirían sus espurios argumentos, era mejor callar que agitar el avispero. Se sentaron los dos otra vez a sus sillas *cómodamente* y las palabras de Pablo continuaron:

-Padre, quiero ayudarlo, usted será trasladado a otra parroquia fuera de esta provincia, las razones serán meramente administrativas, usted reemplazará a un sacerdote que se jubilará, su contingente es tan necesario por sus antecedentes de buena labor sacerdotal. Nadie en Boca de Pescado tiene que saber las verdaderas razones. Usted no puede hablar con nadie sobre esto, ni siquiera con don Camilo o peor con Rosa María. El próximo domingo usted dará la noticia a la

congregación de su partida. El lunes iremos primero a Quito y luego se le designará su nuevo lugar.

-Y la Curia ¿por qué no me ha notificado?, ¡siempre lo hacen! -preguntó nervioso el padrecito-.

-Ellos no lo harán, ¡no sea estúpido! , no quieren que la mínima posibilidad de que se filtre la causa de su salida, hay muchos padrecitos que, como usted, le están haciendo a la lujuria, la Curia está harta de tener que responder por calenturientos como usted. Usted solo tiene que seguir mis órdenes, si no lo hace será deshonrado frente a todos y no habrá hueco en el universo donde se pueda meter.

CAPÍTULO 102

El olor que emanaba cada plato del viche de pescado preparado por sor Mariana era fastuoso, pero su sabor era aún más espectacular. La sopa con pescado albacora, el maní que le daba espesor y sabor, la yuca blanda como la esponja, las bolas de plátano simétricamente redondas, el camote dulce como la miel, el choclo tierno que le daba estilo, cada habichuela, cada pedazo de cebolla, cada pedazo de plátano maduro, le daba en conjunto el gusto más exquisito que un paladar pudiera saborear en tierras manabitas. Sin embargo ese mediodía en la mesa de la parroquia de la iglesia de Boca de Pescado, el sin sabor de la melancolía despreciaba el delicado sabor que pasaba por sus paladares. Minutos antes el padre Vicente les dio en la mesa la mala noticia. Sor Mercedes y don Camilo soltaron unas lágrimas que se mezclaban con el vapor de la sopa caliente, sor Marianita salió de la cocina sin ganas de poner el arroz en la mesa. Rosa María era la más melancólica, no podría ser de otra manera, en ella las lágrimas caían desfachatadas en medio del plato con sopa. El padre Vicente comía, pero era como un autómata que lo hacía mecánicamente, sin mover sus labios, no masticaba, solo imbuía como un sapo. El único que comía a placer era Pablo, siempre decía que el viche manabita era el plato más rico que sus papilas habían degustado en la vida y que cuando muriera le pediría a Dios que lo lanzara a una piscina llena de este rico manjar. Saboreaba cada cucharada de esa sopa con un sublime placer ajeno a la suerte melancólica de quienes estaban a su alrededor.

Los días pasaron y no fue hasta la misa del domingo en donde el propio padre Vicente dio la noticia a la comunidad, hubo caras compungidas, muecas taciturnas, pero casi nadie lloró, solo un par de viejecillos cuyo tierno corazón se encariñó con el sacerdote, vivían a una cuadra de la iglesia y eran visitados con frecuencia por el sacerdote. Al final de la misa Pablo tomó la palabra.

-*Queridos hermanos, el padre Vicente ha dado aquí todo su sacrificio y su contingente para Dios, su nueva misión será llevar de la mano a un nuevo rebaño que seguro le guiará por el buen camino. Muy pronto vendrá otro sacerdote a ocupar su sitio con ustedes. Pueden ir en paz.*

Afuera de la iglesia, don Ernesto, el más rico del pueblo, como todo ricachón, quiso congraciarse con la iglesia y lo despidieron al padre Vicente con una banda de pueblo. Hubo pancartas, flores y hasta unas gallinas como recuerdo hacia el padrecito. El bus llegó para llevarlos a Portoviejo, de allí su último punto de llegada sería Quito. En el viaje ambos se sentaron juntos, pero no se cruzaron palabras por un par de horas, Pablo tenía que guardar las fingidas apariencias, no convenía para sus instintos pretenciosos expresar su repudio a quien le acompañaba.

-*¿Cómo está, padre Vicente?*-le preguntó un comedido Pablo-.

-*No tan bien, mi querido hermano, allá dejé varios años de mi vida, extrañaré ese pueblo y también a...*

Pablo debió seguir siendo complaciente frente a la sinvergüencería del sacerdote, quien hizo una pausa como sintiendo apenas vergüenza por lo que procedía de su lamento.

-*¡Continúe!, ¡continúe! padre, no le dé pena* -insistió Pablo acólito y conciliador-.

-*También la extrañaré a Rosita, ella completó mi vida de paz, de amor, me enseñó que puedo servir al Señor también como ser humano, aunque a veces siento un creciente bochorno, creo que defraudé a mis maestros, a mi Iglesia... ¿Pero qué podía hacer? Yo amo a esa mujer.*

Pablo hacía un esfuerzo para borrar las arrugas que le provocaban malestar al oír esas ridículas palabras que denotaban exuberante blasfemia.

-*No puedo hacer nada, solo recibir el perdón de Dios.*

Pablo le colocó su mano en su hombro y guardó silencio por todo el largo camino que faltaba.

Quito los esperaba y llegaron al convento de San Francisco, los pecados del padre Vicente y su conciencia aturdida determinaron que obedeciera como un muñeco de ventrílocuo. No preguntaba nada, ni siquiera quién lo recibiría o por qué no se presentaría en la Curia antes que en un convento. En fin, no tenía opciones, sus pecados lo condenaban.

Ya era tarde, el sol estaba a punto de caer, pero la pequeña puerta de la iglesia por donde entraban los fieles estaba aún abierta, por allí también entraron para ingresar al Convento. El monaguillo de siempre estaba en la recepción, pero esta vez su amabilidad sí fue evidente.

-*Buenas tardes, hermano Pablo, (hasta se acordó del nombre)*

-*Vengo a buscar al padre Rector*-lo dijo Pablo, con cierto aire de soberbia-.

El monaguillo llamó por teléfono e inmediatamente hizo pasar a los visitantes.

-*Sí, pasen por favor, está en la biblioteca.*

Los dos hombres pasaron por el claustro mayor e ingresaron a la biblioteca, estaba cerrada y oscura, pero Pablo abrió la puerta con exquisitez y amablemente tendió su brazo derecho frente al sacerdote.

-*Pase adelante* -le dijo Pablo al padre Vicente-.

El padre Saltos entró a la habitación a pesar de no contar con buena visibilidad, parecía que cada paso que daba era una tentación a una caída, la oscuridad era escabrosa, atrás lo siguió Pablo. Caminaron unos cinco o seis pasos, se escuchó resonar el piso de madera, una vela se encendió y la claridad permitió al sacerdote fornicador ver justo en frente suyo al padre Rector, quien denotaba una cara seria e intransigente. Eso fue lo último que vio esa noche, atrás de él, el padre Mario lo enfundaba en una bolsa negra de tela y le daba un golpe de gracia en la cabeza. Minutos más tarde despertaría en las mazmorras del convento.

CAPÍTULO 103

Pasaron seis meses, ya no era Pablo, era el padre Pablo, dando con majestuosidad la santa palabra en el púlpito de la gran Iglesia de San Francisco, en el altar mayor de la primera iglesia católica de Sudamérica según algunos eruditos, la construida por Gaspar de Borjes, el gran maestro portugués. Detrás del nuevo sacerdote la imagen acongojada de Jesús cargando la santa cruz, como viendo con admiración las poses oratorias que emanaba con soltura la nueva voz de la iglesia. Esa voz aguda, certera, cautivadora e inquisidora. Frente a él los necesitados de paz, los sufridores, los hipócritas, los buenos, los curuchupas, los pobres, los ricos, los solapadores, los infieles, el pueblo escuchando las palabras de un sacerdote que tan irreflexivo, llenaba de frescura sus frágiles almas y mentes.

-Amados hermanos: la palabra de Dios nos debe llevar siempre a vuestra reflexión sobre cada acto que realizamos en nuestras vidas, las acciones negativas traerán consigo siempre, ¡escúchenme bien! ¡Óiganme bien! "lo dijo señalando a todos con su dedo índice derecho" a insostenibles consecuencias, ¡nadie! ¡nadie! "abrió sus brazos" se librará de aquello. El pecado Dios lo puede perdonar pero la blasfemia ¡no! ¡He dicho que no! se paga con sangre, ustedes, los hijos de Dios, deben comportarse como tal. Como lo dice Colosenses 3:5 ¡Por tanto, hagan morir todo lo que es propio de la naturaleza terrenal: inmoralidad *sexual, impureza, bajas pasiones, malos deseos y avaricia, que es idolatría! ¿Qué es eso de estar dando su cuerpo como chicha en fiesta en cada lugar? "soltó algunas sonrisas entre los presentes" ¿cuántos de ustedes se han comportado como una ramera? ¿Cuántos hombres de aquí se han comportado como míseros cabrones? A ver qué levante la mano quien no lo haya hecho.*

Solo unos pocos alzaron la mano.

-¡Ah! pocos son los que verán el Reino de Dios, ¿y el resto? ¡Yo los conmino a mirarse en ellos! no pierdan su valioso tiempo en cuestiones terrenales, miren arriba con humildad y benevolencia, observen que cada nube del cielo tiene forma y fondo de Jesús. Al ingresar a esta iglesia y al aceptar al Señor están adhiriéndose a un grupo de privilegiados y repito otra vez ¡privilegiados! de hermanos que llevarán la batuta de la dignidad de la iglesia. Esa dignidad que se construye no con mentiras, no con golpes en el pecho, sino con acciones reales que eliminen la blasfemia, la fornicación y nos lleven cada vez más cerca al Reino de Dios.

Era la primera vez que los feligreses escuchaban una prédica tan distinta, cruda pero real, habían esperado años para que alguien providencial les dijera sin censura lo que necesitaban escuchar. El padre Rector lo esperó en su despacho, *hacía poco* fue ascendido a un puesto importante de la Curia y tenía que comunicarle al prodigioso orador, Padre Pablo.

-Muy bien, mi hermano, ¡excelente prédica! -le dijo el padre Rector al padre Scott mientras le dio un fuerte apretón de manos-.

-Ven, siéntate, por favor

El sacerdote Scott se sentó plácidamente frente a su superior.

-Hace poco me llegó una carta de la Curia, he sido ascendido al Consejo de Presidencia como secretario adjunto de la Conferencia Episcopal Ecuatoriana. El Monseñor me espera mañana para posesionarme, esto para mí es un paso importante, pero lo más relevante es que nos permitirá hacer nuestro trabajo con mayor holgura.

-Felicitaciones, padre Rector, usted se lo merece, hoy más que nunca nuestra labor para el Señor se encumbrará aún más como un ave fénix.

-A propósito de nuestro trabajo, tengo que decirte algo -le interrumpió el padre Rector al alborozado joven sacerdote-.

-Ahora que estarás aquí permanentemente, debes conocer que nuestra Orden ha elaborado una lista negra de sacerdotes involucrados en actos indecorosos, fue una labor ardua de inteligencia llegar a concluir esa lista, nos demoramos casi cinco meses. De esa lista solo quedan cuatro sacerdotes, todos son de parroquias del sur de la ciudad, aquí en Quito. El resto, norte, este y oeste ya han sido eliminados y están sufriendo en su propio purgatorio aquí en la Tierra. Te daré los datos de dos de ellos para que hagas lo que tú sabes hacer. Traerlos aquí.

El padre Rector fue hasta un armario viejo y descolorido hecho con madera caoba del Oriente, abrió con una llave el cajón del medio, removió un sobre, extrajo un papel y sacó varias fotografías.

-Este es el padre Luis Tonato, cuarentón, regenta la parroquia de la Iglesia La Magdalena por casi cuatro años, es muy inteligente, sabe tres idiomas, y tiene una maestría en educación religiosa para niños escolares. Con el cuento de ir

almorzar en la fonda de Doña Tere, que se encuentra frente al parque, entra al departamento de su hija Cecilia de 20 años, tienen sexo, y a veces se queda a dormir. Ella "Lo ama" -frunció irónicamente la frente, el Padre Rector- ¡pobre incrédula! Doña Tere lo sabe, y de alguna manera le socapa sus inmoralidades, la acolitadora mujer recibe tratamiento psiquiátrico desde que su marido la dejó por una prima en segundo grado, la pobre sí está realmente chiflada. El otro es el padre Juan Carlos Fernández, este ya pasa los 50 años, es colombiano, dirige la iglesia de la parroquia de Lloa, el muy descarado, ya es padre... -Pablo expresó admiración-.

-Sí, es padre de familia. Pero solo lo sabe él, la mujer y al parecer un par de familiares de la ramera que se llama Martha. ¡Tienes que traerlos a los dos! El padre Julián te acompañará en esta misión

El padre Pablo se levantó de la silla y le dijo al Padre Ricardo:

-Solo deme unas cartas de invitación y los traeré a San Francisco, téngalo por seguro.

CAPÍTULO 104

-Llegamos, es aquí

El padre Julián conducía el pequeño auto Fiat Croma del 85'. Su copiloto, el padre Pablo, en cambio conducía la operación secreta designada por la Orden. Cuando era niño estuvo un par de veces allí, el parque La Magdalena, sus árboles frondosos cubrían la cuantiosa hectárea que le daba vida al lugar, al frente la iglesia con sus dos enormes torres con cúpulas afiladas adornaban el típico paisaje latino del pueblito andino con su iglesia y su parque junto a él. Pero este paisaje ya era parte del urbanismo quiteño exagerado de edificios y cemento con el smog de los buses y las mierdas de los perros.

-Vamos, Padre Julián, salgamos, preguntemos por el padre Luis, ojalá este allí el desdichado... -exclamó el Padre Pablo mientras hacía una mueca fingida de complacencia-.

Se acercaron al despacho parroquial, tocaron la puerta que estaba abierta y entraron recelosos...

-¡Buenos días! ¡buenos días! ¿Se encuentra el Padre Luis Tonato? -dijo uno de los visitantes mientras ingresaba en la inhóspita oficina-.

De pronto una voz ronca y grave les llamó la atención, atrás de ellos un espigado hombre vestido de camisa blanca y pantalones negros de tela de casimir, con zapatos tan limpios como el brillo del espejo.

-*Hola hermanos ¿me buscaban?* - dijo sonriente el Padre Luis-.

-*Mucho gusto conocerlo* - indicó el hermano Pablo, apretándole la mano con moderada discreción-

-*Este es el padre Julián*-acotó el padre Scott-.

El padre Julián solo asintió la cabeza con la seriedad que le caracterizaba…

-¿A qué se debe la gentil visita? - preguntó el padre Luis invitándoles a tomar asiento a la vez-.

-*El agrado de nuestra visita,* -continuó el padre Pablo- *es para hacerle una invitación. Nuestro benefactor el padre Rector ha sido nominado a ser parte del Secretariado adjunto de la Conferencia Episcopal. Hemos organizado un agasajo en honor de tan importante hecho que nos congratula a la iglesia de San Francisco y sus alrededores. Tenemos el honor de invitarle. Pero es una sorpresa para el padre Rector, rogaríamos discreción, pues no todos fueron invitados.*

El padre Scott no dijo nada más, quiso esperar la reacción de su interlocutor para continuar, esta no tardó mucho, el padre Luis esbozó una sonrisa por tal gentil invitación y confirmó su asistencia.

<*Agarró el anzuelo>* pensó Pablo.

< *Ahora a completar la otra parte de la misión.*>

Salieron del barrio La Magdalena y avanzaron hasta la avenida Maldonado, de allí siguieron la ruta hasta LLoa, un pueblo ubicado en las faldas del volcán Pichincha, cada vez que este rugía, el pueblito se ponía en alerta y algunos huían al centro de la ciudad. Aunque hacía años que el "*Guagua Pichincha*" no amenazaba con reventar, su imponencia era temeraria. El clima era benevolente, el sol brillaba como aquellas tardes de verano en donde la claridad dejaba ver hasta el último resquicio oscurecido, subieron la montaña por la carretera de asfalto, alrededor les acompañaban vacas y chivos que daban la bienvenida a los visitantes con la algarabía de los animales de campo. Desde lo alto se podía apreciar la agraciada ciudad capital cual maqueta perfectamente diseñada. Llegaron al pueblo donde el sol no estaba reinando, casi nadie rondaba el `pequeño parque, solo un par de viejecitos que cómodamente conversaban en las frías sillas del lugar.

El padre Julián estacionó el vehículo justo al frente de la iglesia de la parroquia. Salieron en busca del padre Fernández, preguntaron en el despacho y no estaba en la iglesia. El padre Juan Carlos era de esos clérigos que andaban de casa en casa, casi no paraba en la iglesia, excepto para dar la misa. A veces incluso no dudaba en quedarse a dormir en la casa de unos de los feligreses "o feligresas". Pero esa tarde luego de caminar varios kilómetros bendiciendo muchas almas de la comunidad, decidió llegar un poco más temprano. Justo antes de que decepcionados se fueran sus captores.

-*¡Ese es!* -dijo el padre Scott, murmurando al padre Julián-.

El padre Julián se acomodó sus tétricos lentes para observar al sacerdote.

-*¿Padre Fernández?* -dijo el padre Pablo mientras se acercaba a él-.

-*Sí herman......osss* -les respondió casi sorprendido el padre colombiano a los visitantes, acomodando su visión para distinguirlos de mejor manera-.

-*Ustedes son Franciscanos, sin lugar a dudas por sus ropas, vengan, acompáñenme al despacho ¿Qué necesitan de estas tierras tan longevas? Soy todo oídos.*

Pablo le narró el mismo cuento que le hiciera al Padre Luis. Pero esta vez algo era diferente. Pudo notar que el padre Fernández no confiaba en ellos, detrás de esa sonrisa abierta y franca del colombiano, había algo que lo delataba. Pablo había desarrollado la virtud de mirar detrás de los ojos de las personas, él nunca logró entender cómo adquirió esa ventaja, pero era momento de actuar, rápido y sin vacilaciones.

-*Me permite un momento, padre Fernández, necesito ir al baño*-dijo Pablo-.

-*Por supuesto, siga por la derecha, allí lo encontrará.*

El padre Pablo le hizo una señal al padre Julián, justo al levantarse y cuando el padre Fernández les dio la espalda, el mensaje era claro lo habían preparado en la Orden, aplicarían el plan B.

El padre Scott regresó del baño y se colocó frente al Padre Juan Carlos, en un descuido de este, el padre Julián lo agarró del cuello y le aplicó la llave del sueño hasta dejarlo inconsciente. El escuálido hombrecito no pudo resistir la fuerza de un hombre de casi 110 kilos. Ahora el siguiente paso era sacarlo de la iglesia y llevarlo al vehículo sin que nadie lo supiera. En un pueblo casi abandonado, no era difícil, pero no podían dejar cabos sueltos. El padre Fernández era un hombre pequeño, la mitad del corpulento y tosco padre Julián, así que cargarlo no sería una proeza. Muy delicadamente fue colocado en la joroba pegajosa del elefantiásico sacerdote, Pablo se encargó de amarrarlo a la espalda y luego de darle algo de forma al corpulento hombre. Debía aparentar un solo hombre, pero en realidad eran dos. Al final se convirtió en un gigante hombre con sotana y una gran joroba en la cervical. Salieron de la iglesia lentamente, no sintieron ojos embusteros, pero un cansancio sí sintió el padre Julián, al final, por fin llegaron al pequeño Fiat.

CAPÍTULO 105

Los padres Tonato y Fernández eran los nuevos huéspedes de las frías mazmorras de San Francisco, la operación dirigida por Pablo fue un éxito. El padre Rector, regocijado, convocó a una reunión de la Orden.

-*Hermanos míos, hemos logrado capturar hasta el último sacerdote hereje de la ciudad, sepan aquellos que intenten ofender las leyes de Dios que jamás podrán esconderse, que la espada justiciera de Jesús estará allí para combatirlos. Recuerden que los prisioneros no podrán ser ajusticiados directamente por nosotros, eso sería un galardón que ellos no merecen, su muerte debe ser lenta y progresiva, debe dilatarse mucho, hasta que sus cuerpos decadentes dejen de respirar* -eran las palabras victoriosas del padre Ricardo- .

Se habían reunido en el antiguo lugar donde se destilaba cerveza, un lugar cómodo donde difícilmente podrían ser escuchados. Hasta hace pocos años era el sitio donde los Franciscanos elaboraban la mejor cerveza artesanal de la ciudad. Para llegar allí los frailes debían pasar el claustro mayor y cruzar casi por 80 metros por el "callejón de la amargura". "El callejón de la amargura" fue llamado así por el sufrimiento de los soldados mal heridos que bajaron de las faldas del volcán Pichincha en busca de la enfermería del convento, luego de combatir en la histórica Batalla de Pichincha, el 24 de Mayo de 1822. Para algunos frailes aún se escuchaban los lamentos de los soldados que suplicaban ayuda mientras se desangraban esperando una atención que nunca llegó.

-*Gracias al padre Pablo y al padre Julián hemos capturado a los dos últimos que estaban en la lista negra.* -proseguía el padre Rector-.

-*Y los otros dos, ¿no eran cuatro?* -el padre Mario tuvo esa inquietud al instante-.

-*¡Sí!* -respondió el padre Rector-.

-*Los otros fueron encontrados ahorcados en sus habitaciones, nos ahorraron el trabajo.* -lo dijo en un tono de por demás sarcástico el padre Ricardo-.

El padre Mario, quien permanentemente presentaba una magnánima sonrisa, apenas fingió una sonrisita, no le pareció gracioso lo acaecido.

-*¿Qué sucede hermano?* -le preguntó amigablemente el padre Demencio, acercando su mano en la espalda del padre Mario-.

El padre Rector se acercó al compungido sacerdote y lo llevó a solas cerca del horno que se encontraba subiendo las escaleras. Le pidió con expresión paternal que se sentara junto a él justo en el borde frío de hormigón.

-*¿Qué sucede, mi querido hermano? Dilo con toda confianza, somos hermanos y estamos aquí para ayudarnos, ¿Hay algo que te aflija?*

-*No es nada, solo que por momentos sentí pena por esos desgraciados.*

-*Es normal, padrecito Mario, que tengas sentimientos, pero recuerda que la ira del Señor está presente y es su voluntad como lo dice las sagradas escrituras, "Ahora pronto derramaré mi*

*furor sobre ti y descargaré mi ira contra ti; te juzgaré conforme a
tus caminos y traeré sobre ti todas tus abominaciones" Ezequiel
7:8. Anda , descansa, que la pena no te aflija, son los designios
de Dios.*

El padre Mario fue el primero que salió de la antigua fábrica
de cerveza, tal vez su semblante expresaba conformidad,
pero llevaba en sí ese tibio desconcierto, él era el que menos
trabajos sucios había realizado en la Orden, cumplía papeles
muy concretos, después del Padre Gualinga y el padre Scott
era el más nuevo de la secreta organización; había actuado
de "campanero", manejado el auto, llevado la pírrica comida
a los prisioneros, pero jamás utilizó sus brazos o un arma
para matar. La Orden debía ser rígida, disciplinada y sobre
todo consecuente con su manera de pensar. El padre Rector
sospechó un pequeño quiebre en el padre Mario que debería
vigilar, dio la orden de que todos a manera individual
conversaran con el "confundido Padre Cortez".

CAPÍTULO 106

La claridad del día llamaba a distraerse por el lindo cielo de
Quito, eran de esas tardes que iluminadas de sol entibiaban
el ambiente frío de la mañana. Pablo no quiso desaprovechar
la oportunidad y salió a solas para explorar el fantástico edén
de esas calles imbuidas de magia e historia, su mente quería
divagar en las fábulas que en ellas se contaban. Tenía el día
libre, pudo visitar a su madre que bien le hacía falta, vivía sola
en las afueras de la ciudad, pero prefirió caminar por el valle
encantador del centro histórico. No llevaba su típico atuendo
de fraile franciscano, una camisa amarilla y un pantalón de
tela plomo lo acompañaban. Algo lo impulsó a dar un paseo
por el barrio donde creció, caminó unas cuadras y observó
la casa grande esquinera del difunto don Pascual, un letrero
gigante y polvoriento decía en letras grises *"SE VENDE ESTA
CASA"*, parecía que aquel letrero reposaba ya mucho tiempo,
porque denotaba antigüedad. Supo después que luego de la
muerte de don Pascual apareció una sobrina lejana que vivía
en Riobamba a reclamar una herencia que ella no merecía,
solo un par de veces visitó al pobre viejo. Al final un juez le
dio la razón a la bribona mujer y se adueñó de la casa de don
Pascual y doña Margarita. Un candado impedía la entrada a
la vetusta casa, Pablo acusó que la casa estaba abandonada
buscando nuevos propietarios. Solo una claraboya permitió
ver lo que para él fue tan familiar cuando era niño. La pileta

donde jugaba con el agua que emanaba de ella, vinieron a su mente frágiles recuerdos, ahora aquella fuente de agua causante de sus brillos y alegrías estaba seca, solitaria.

Una gota de sudor surcaba la frente del padrecito Pablo, sus papilas gustativas ansiaban una bebida helada azucarada que lo refrescara. Al frente vislumbró una tienda, MICROMERCADO "EL ENCOMENDADOR", era la de don Pascual, donde se vendían desde granos hasta escobas de cerda suave, esa no estaba en venta. Poco después de que le detectaran el cáncer de estómago, don Pascual la vendió para tratar sus males.

Pablo entró buscando la apetecible bebida, una señora con tez morena, robusta, con tacos que le daban altura y con un pañuelo blanco en la cabeza le atendió amablemente.

-*Padrecito, ¿qué desea usted?*

La mujer lo reconoció enseguida, acudía frecuentemente a las liturgias en San Francisco.

-*Necesito una.... esa, por favor, la de naranja. Pero antes necesito un baño* -la señora señaló con su dedo índice al fondo-.

-*Pase por favor, allí lo encontrará justo al lado de los estantes de fideos.*

Pablo entró al baño, hizo sus cortas evacuaciones, pero cuando salió ya no vio a la dulce mujer con extravagante sonrisa, en vez de ella la oscuridad opacaba el lugar, la puerta de salida la habían cerrado con elocuente alevosía que el asustado Pablo al quererla abrir estuvo tan hermética que ni el mínimo vibrar del viento pasaban por la hendiduras. Una sensual voz susurro detrás de él.

-*¡No te asustes!, estás en buenas manos....*

La oscuridad desapareció y entre sus penumbras dos mujeres aparecieron frente a él, una más bella que otra. Sus curvas corporales impactarían a cualquier desapercibido, sus facies, tan perfectas que parecían haber sido talladas guardando el más mínimo detalle, simplemente despampanantes. No había en aquellas mujeres ninguna imperfección.

-*¿De qué se trata esto, qué quieren?*

Les preguntó visiblemente enojado el cura, mientras observaba como las muchachas solo llevaban puesto una corta tela entre sus senos y un pequeño hilo entre sus nalgas.

-*No te aflijas, solo queremos pasar un buen rato contigo* -insistieron las afables damas-.

El padre Scott se dio la vuelta y comenzó a patear la puerta con tanta intensidad para salir, esa efusividad fue frenada por un golpe recibido en su cabeza. Cuando despertó se vio desnudo en posición dorsal en una cama, sus manos y pies amarrados, las dos mujeres estaban al frente y comenzaron a hacer todo tipo de juegos sensuales, una de ellas colocó sus senos en la cara del confundido cura, quien no salía del asombró. Otra colocó su boca entre sus piernas, tratando de darle vida al aturdido pene de Pablo.

Las mujeres hicieron todo tipo de esfuerzo para incentivar en él su ímpetu de macho que guardaba debajo de esa sotana. Pero ningún intento dio resultado, su falo entumecido no daba señales de vida. Era como si hubiese puesto un candado en su natural respuesta sexual. Las mujeres estaban perdiendo la esperanza, en un descuido el padre Scott se soltó de una de sus amarras y brincó exhausto de la cama, agarró su ropa y sin pensarlo dos veces saltó por una ventana que apenas estaba abierta, cayó sobre un montón de piezas de teja, desde arriba las mujeres desnudas lo miraban con estupefacción. Los cortes en la piel del arrebatado cura fueron innumerables, sin embargo no se rompió ningún hueso, pero sobre todo conservó indemne la postura que un sacerdote franciscano debía guardar para evitar caer en la tentación del sexo y la carne.

Al día siguiente regresó junto al padre Julián, quería enfrentar a la dependiente de la tienda que lo había puesto en esos apuros. El micromercado estaba cerrado, varios candados bloqueaban la puerta, volvieron los siguientes días y fue la misma rutina, los candados oxidados adornaban el pórtico de entrada. A pesar de haber perdido la pista de las raptoras, el padre Rector le dio credibilidad a las palabras de Pablo y lo sostuvo como un ejemplo a seguir.

-¡Así se enfrenta la tentación de la carne! Este es un verdadero hijo del Señor

Decía el padre Rector cada vez que podía.

Pensando en la tentación que le hicieron al pobre padrecito. Esto no lo pondré en la carta jamás, pero la señora Zambrano fue clara, muy elocuente... miró a mis ojos con una excitante profundidad, no se requería ser perspicaz para entender que esas miradas me querían devorar, necesitaba del suero de aquella mujer mucho mayor que yo, pero ella quería este cuerpo joven, lleno de plenitud, dispuesto a saciar todos sus instintos. Podría ser mi madre, mi suegra,

o aquella tía Albertina que odiaba la
cocina, pero en especial a los hombres.
Los detestaba, decía que eran buenos para
nada, que nunca se acostaría con ninguno,
en realidad los varones no se perdían de
nada. La pobre tía era salida de un cuento
de terror, el prototipo de Frankenstein
femenina, pero aquella mujer que me tentaba
con su ropa ligera y su mirada trepadora era
distinta, yo la deseaba, quería su suero,
pero la deseaba igual. Me acerqué, era
hora de atraparla, tenía que hacerlo por la
ciencia, por esas miles de personas que se
podrían inmunizar para evadir el terrible
mal del Zika, pero por sobre todo esas
mujeres embarazadas que evitarían niños
deformes causados por ese crápula virus.
Aunque también era por mí, esa señora con
arrugas encubiertas y con cuerpo dúctil
me incitaba, sin duda sacaría una doble
partida.

CAPÍTULO 107

Los gritos en las mazmorras eran desgarradores, los prisioneros morían de inanición, de frío y muchos de enfermedades producto de la exagerada humedad y poca ventilación, solo una vela les daba cierta claridad, era el único consuelo, pues la esperanza de salir con vida cada vez se perdía con el devenir del tiempo. Un miembro de la Orden estaba destinado a darles cada día solo un vaso de agua con un pedazo de pan a cada uno. Pero esta vez era diferente, alguien llevaba en un gran canasto frutas, panes, queso, mermelada y jamón. Los desgraciados hombres lo recibieron con notable impresión, unos lloraron de la emoción pues no habían comido bien por varias semanas.

-Hagan silencio, si ustedes se portan bien y no dicen mi nombre yo les traeré cada vez que venga dulces manjares para satisfacer su hambre, nada más podré hacer.

Todos los prisioneros aceptaron por demás la propuesta de aquel hombre que tenía compasión, por lo menos no morirían de hambre, soportarían de mejor manera la inclemencia del calabozo.

-Ahora guarden en esta funda todos los desperdicios, recuerden nadie debe sospechar que están comiendo esto.

Los prisioneros cumplieron lo que pidió el misericordioso, y todo quedó como si no hubiese pasado por allí un banquete extraordinario.

El hombre caritativo salió de las mazmorras y regresaba cada vez que podía con comida, su plan era realizado con prudencia, pero hubo algo que escapó a su cautela. El padre Rodrigo cuando entró con el mísero alimento olió algo distinto, *<Parecía leche podrida, o algún lácteo fermentado, podría ser el vómito de alguno de estos desgraciados>*. El desconfiado cura recordó lo que había leído una vez sobre Giordano Bruno, cuando este estuvo detenido por casi ocho años por el Vaticano. La Santa Inquisición le tenía solo a pan, agua y manzanas, pero uno de los monaguillos quiso ayudar al gran astrónomo y filósofo dándole en secreto bacalao cocido con pimienta negra, el olor que se emanó en las celdas del castillo fue tan evidente que las investigaciones llegaron rápido al infractor y fue sometido a fuertes castigos corporales hasta que pidió clemencia, fue desterrado a la isla de Córcega. *< ¿Alguien podría estar dando de alimentar a estos infieles? ¿Quién sería el traidor? >* . Miró a los prisioneros y observó que su poca piel y caquéxicos cuerpos no estaban tan mal como se hubiese esperado, nadie había fallecido, ni enfermado en los últimas tres semanas. Para el padre Rodrigo había un enorme enigma que resolver, algo estaba mal, salió de inmediato a contarle al padre Rector su sospecha.

-Lo que dice, padre Márquez es muy serio -mencionó con enorme preocupación el Padre Rector-.

El padre Ricardo acudió personalmente a las mazmorras y afianzó la sospecha, alguien los estaba traicionado dándole de comer a estos infelices, su semblante de preocupación cambió al de enojo.

-*¿Quién les está dando manjares en vez de pesares?* -preguntó colérico a los prisioneros-.

Las bocas de los desgraciados cautivos se mantenían selladas, nadie diría una palabra.

-*¡Pagarán cara esta traición!* <*Sospecho quién pudo haberlo hecho*>

Fue en busca de quien creía había cometido esa falta.

CAPÍTULO 108

Cientos, miles de mujeres salían del bosque, cada una montada en un corcel tan grande como ellas. En sus manos de guerreras llevaban cada cual una lanza de madera, con puntas de metal que parecían de cobre, su brillo no dejaba ni siquiera parpadear, la luz que emanaba de esas filosas puntas era resplandecientes, tan fuertes que penetraban directo en la sinuosidad de las pupilas. Aquellas amazonas modernas vestidas con poca ropa tenían los músculos bíceps y vastos tan prominentes, *tan llamativos como la luz del sol que caía en las ciénagas*. Unas *trigueñas*, *otras negras* y otras blancas, pero siempre todas de piel brillosa, escandalosas. Bien agarradas a sus caballos estaban decididas a vencer al invasor, sus expresiones de bravura se cotejaban con las sendas barbas y bigotes que le daban esa incoherencia de la escabrosa naturaleza que representaban. Estaban a punto de llegar, un inmenso río las detuvo, pero del otro lado se encontraron de frente con los bárbaros invasores, los conocían como los templarios, temidos en toda Europa. Llevaban la cruz roja y la bandera blanca del Señor, cruzaron el río como pisándolo por sobre rocas, ellos estaban listos a vencerlas, esos engendros del demonio tenían que sucumbir por la espada del Señor, dijo gritando el jefe de los templarios. Su misión era no dejar rastro de ellas. La batalla empezó, las cabezas volaban por el aire y la tierra, los gritos irrumpían el silencio, la sangre se regaba sin cesar...

-¡despierta! ¡despierta! Padre Scott

El somnoliento padrecito despertó de su sueño y la pesadilla que tenía se esfumó con la fructífera llamada...

-¿Qué sucede Padre Julián?

-Ha ocurrido una desgracia, el padre Rector ha caído del campanario de San Pablo -dijo el asustado padre Santiana-.

-¡El padre Rector!

Se levantó enseguida

-¡Santo Dios bendito! ¿Qué dices?

Al interior del convento se percibían pasos agitados, corrían de un lado a otro, se escuchaban voces que decían *¿Dónde? ¿Qué pasó?*

-¡Es afuera! -dijo la voz nerviosa del padre Julián-.

Cuando salieron, observaron la imagen espantosa del padre Ricardo partido en dos, la caída de casi treinta metros fracturó cada uno de sus huesos. De su cuerpo emanaba sangre y sus ojos fuera de órbita parecían el retrato de una escena de pavor. No había curiosos pues a esa hora de la madrugada sólo rondaba el escabroso frío que entumecía la piel de los frailes. Se arrodillaron alrededor del inanimado cuerpo, los que pudieron soportar tan lúgubre cuadro, cerraron sus ojos y comenzaron a rezar, *"Padre nuestro que estas en los cielos, santificado sea tu nombre...*

Al día siguiente las interrogantes se exacerbaban, en especial del inspector de la policía, el sargento Chupitarco. Luis Chupitarco, un pequeño hombre de piel canela y ojos negros grandes profundos, hacía toda clase de preguntas a cada uno de los frailes, mientras el féretro del padre Rector era velado en plena sala de liturgias de la iglesia. El sargento

Chupitarco había sido designado para investigar la misteriosa muerte, no era la primera vez que trabajaba en homicidios, pero relacionado con el clero, para él era inédito. Aunque en realidad eran los mismos frailes que se preguntaban qué había pasado, querían lejos de su iglesia cualquier gendarme, debajo de sus expresiones de monjes caritativos tenían mucho que deber a la justicia de los mundanos.

¿Qué hacía a esas horas de la noche el padre Rector en el campanario de San Pablo? ¿Habría sido un accidente? ¿Resbaló, y cayó a la calzada? Nadie vio ni escuchó nada, solo el aviso de un mendigo que después de una hora de la caída golpeó insistentemente la puerta de la iglesia para avisar del horrendo cuadro que observó en la calzada. De inmediato se reunió la Orden, era urgente nombrar una comisión para investigar el "accidente". Pero *¿quién dirigiría la Orden de allí en adelante?*

El padre Demencio tomó la iniciativa, inicio la sesión, estaban reunidos en la antigua fábrica de cervezas.

-Queridos hermanos, la muerte de nuestro amado padre Rector nos conmueve, pero sobre todo nos preocupa enormemente. Es necesario que conformemos una comisión para investigar el asesinato.

El padre Julián le interrumpió, alzando la voz tajante

-¿Por qué se adelanta a hablar de asesinato? Además necesitamos primero elegir quién será el sucesor del padre Rector, el barco necesita un nuevo timón.

-Yo no he dicho lo contrario, ¿que insinúa? ¿qué yo se algo de su muerte? -respondió el padre Demencio alzando también la voz-.

-*¡No podemos adelantarnos a decir "el asesinato" Bien pudo suicidarse* -volvió a responder el Padre Julián-.

Hablar de suicidio entre las sotanas de la iglesia siempre era considerado algo pecaminoso, aunque habían tenido amargas experiencias, el solo hecho de pensar en que un santo sacerdote como el padre Ricardo hubiese infringido su propia vida, fue una tecla que no debió tocarse.

-*No diga esa blasfemia, "El que guarda su boca y su lengua, guarda su alma de angustias"* -Incitó el padre Ospina, con evidente disgusto-.

Cada vez que se decían algo los hombres de sotana se iban acercando, sus miradas se clavaban entre ellos. El resto los miraba atónitos.

-*¡No es una blasfemia! es una posibilidad.*

-*Cállese, no diga más, eso no es posible, esta mancillando la honra de ese desafortunado hombre del Señor* -exhortó el padre Demencio-.

-*¡Basta! ¡Basta! No más.*

Pablo dedujo que esa discusión terminaría mal, algo tenía que hacer para detener ese torbellino.

-*La discusión termina aquí, tranquilicémonos por la memoria del Padre Rector les pido paz y reconciliación, ambos se alzaron la voz y se ofendieron, ahora requiero que se perdonen, ¡sin pretextos!*

Hubo un silencio celestial en aquel lugar, los encrespados se acercaron, se miraron a los ojos y se dieron la mano. El padre Scott prosiguió:

-*Tenemos cosas más importantes que analizar y tomar decisiones, el crimen del Padre López; un par de fornicadores* en Ambato a los que hay que pedirles cuentas, y un policía metido que está poniendo sus narices todos los días en nuestra iglesia.

Todos los hermanos le miraban con atención, sin que hubiese elección alguna, la solvencia de Pablo lo catapultó como el líder nato que necesitaban, nadie puso objeción.

-Padre Rodrigo y padre Mauricio encárguense del policía, las mazmorras serán un buen lugar para ese intruso.

-Padre Pablo, hay algo que tengo que decirle -interrumpió el padre Rodrigo-.

-Alguien le está dando de comer a los prisioneros, llevan más de un mes con buena salud.

-Encárguese usted de ese asunto padre Rodrigo, descubra quién es el traidor y tráigalo a mi presencia, sufrirá el triple de los prisioneros de las mazmorras. De aquí en adelante haremos parejas para ir a dejar comida a los fornicadores. Usted, padre Mario acompáñeme, investigaremos qué pasó con el padre Rector, después nos ocuparemos de ese par de párrocos ambateños que vienen con frecuencia a nuestra ciudad. Pero antes iré a visitar a mi madre.

CAPÍTULO 109

La vida se construye de grano en grano, de ladrillo en ladrillo, se llega a la cima de a poco. Pablito, Pablo, ahora el Padre Pablo había llegado a la cumbre, era el máximo líder de la iglesia de San Francisco, y de la Orden que tenía a raya a los curas fornicadores mancilladores del buen nombre de la todopoderosa iglesia. El fallecimiento del padre Rector fue un enigma. El policía Chupitarco descubrió que la muerte del sacerdote se debió a una fuerte depresión que mantenía; encontró en su habitación un fármaco llamado Amitriptilina que tomaba en secreto para enfrentar esa enfermedad que un médico psiquiatra le había diagnosticado hacía un par de meses. Nadie lo sabía, pero el padre Ricardo acudía a la consulta médica bajo cualquier pretexto, atravesaba media ciudad hasta el consultorio particular que se ubicaba al norte de la ciudad. El padre Pablo no creyó en los argumentos del detective, <*ese pigmeo policía es muy estúpido, pensó*> pues descubrió que el día de la muerte del padre Rector, el cura Julián fue el primero que sospechosamente se enteró de la caída del padre Rector, pero además hizo notar al padre Mario que los zapatos que cargaba esa noche el padre Julián llevaban moho verdoso, el mismo que encontraron en el campanario de San Pablo. La hipótesis era casi certera, la muerte del padre Rector fue un asesinato, no un suicidio como había argumentado el despistado policía. El principal sospechoso para Pablo, sin duda era Julián, por lo menos eso pensaba él, posiblemente por ocupar su puesto o por algún otro interés, lo que era cierto es que el padre Scott no tenía pruebas que lo pudieran corroborar.

El policía Chupitarco era el nuevo huésped de las mazmorras de San Francisco, el padre Rodrigo y el padre Mauricio lo habían capturado, pues estuvo cerca de entrar a las ergástulas del convento. El pobre Chupitarco suplicó que lo dejaran libre, hacía poco su esposa había dado a luz a su segundo hijo, no pudo estar en el parto pues estaba cumpliendo una misión en la frontera con Colombia. Investigaba la muerte de un prominente ganadero en la provincia del Carchi, había sido estrangulado y maniatado en su propia hacienda, las pruebas apuntaban a su hijastro que era un holgazán y bueno para nada, que exprimía todos los recursos que el padrastro producía hasta que este se cansó y le pidió que trabaje y se largará de allí. Eso no le hizo gracia al "pobre" chico y lo mató con sus propias manos. Pero el policía Chupitarco descubrió que quien en realidad lo había matado fue su propia esposa, la madre del vagabundo, fue la asesina intelectual, lo mandó a matar por una póliza jugosa de seguro y por los bienes del desdichado hacendado. El intrépido policía fue premiado y traslado a Quito, allí su primer trabajo fue justo el que le estaba causando problemas y lo llevó hasta las propias rejas. La Orden Franciscana no tenía compasión, habían sido adoctrinados para encarcelar, para amedrentar, para matar. Pero alguien se salió de ese siniestro esquema, el padre Scott no podía descubrir quién seguía alimentando a los detenidos, se encontraban robustos y vigorosos a pesar del calabozo.

Sospechaba del cura Mario, pero otra vez no tenía pruebas para comprobarlo. Se preguntaba si el infractor siempre estaba acompañado, <*¿lo hacía por su cuenta o estaba confabulado con alguien?*> Llamó al Padre Julián para que vigilara más de cerca al cura Mario.

-"*Hay un peligro evidente que quiere azotar nuestra santificada vida, los científicos que corrompen la mente de las juventudes, no conformes con inventar métodos que sobrepasan la naturaleza de Dios, han creado una pastilla que una vez consumado el acto sexual matará al nuevo ser. Esa arma letal, actuará de inmediato, le dicen "píldora de emergencia", es lo último creado por la "modernidad depravada" ¿Qué harán frente a eso? ¿Seguirán sentados en sus casas, calentando el trasero? Mientras un grupo de modernos anticristos nos corrompen con sus prácticas. ¡O por fin se levantarán y asumirán la responsabilidad con Dios de expresar su voz de protesta!*"

La gente oía con atención la prédica del padre Scott, unos cabizbajos como asumiendo su parte sintiéndose cómplices de dejar que esas argucias pasen frente a sus narices y otros demostrando en sus expresiones faciales vergüenza, coraje, estupor de presenciar hasta donde ha llegado la sociedad pervertida en la que estaban viviendo.

-*Veamos amados y despreocupados hermanos, imagínense que si después de cada libertinaje sexual asumiéramos que la vida que hemos engendrado es nuestra, los hilos de ese nuevo ser estarán en manos inescrupulosas que buscarán de inmediato tomarse una píldora asesina, esa vida no es vuestra, esa vida es del Señor, y si nosotros disponemos de ella, somos asesinos y estaremos en franca rebeldía en contra de Dios. Solo Él con su santa compasión y omnipotencia ha decidido, decide y decidirá cuándo y cómo se llevará nuestras almas, no un grupo de inescrupulosos que juega con las vidas de seres indefensos.*

La prédica de esa misa se fundamentaba en el peligro que sería para la sociedad de una píldora hormonal anticonceptiva de emergencia. La Curia fue advertida de su introducción en el país, aunque ya desde 1997 organizaciones no gubernamentales la habían introducido por el método Yuzpe, tres años después el padre Scott refutaba la introducción de una píldora única más fácil de usar. Tenía certera información de que muy pronto en el país ese medicamento aprobado por la FDA en Estados Unidos estaría por tierras ecuatorianas. El lema de los sacerdotes de esa época fue atacar el uso de ese medicamento que según su opinión era abortivo. A pesar de que los organismos competentes lo habían negado y probado por sobremanera.

-Inclinen su cabeza para recibir la bendición. Jesucristo el Señor y Dios nuestro Padre que nos ha amado tanto y nos ha dado el consuelo y la esperanza, que nos de fuerza para toda clase de palabras y de obras buenas, amén. (Replicaron todos)

Y la bendición de Dios todo poderoso Padre, hijo y Espíritu Santo, desciende sobre ustedes y permanezca para siempre. Hermanos pueden ir en paz.

El padre Scott luego de las eucaristías solía ingresar a su despacho, entraba, se sentaba frente a su escritorio y tomaba medio vaso de cerveza que tenía guardado en un estante. Tomaba algunas notas, firmaba algunos avisos, pero esa tarde hubo algo que nunca había visto sobre su escritorio, un papel escrito con letra imprenta azul narraba en cada una de sus líneas un hecho engorroso y escalofriante. De inmediato llamó a la Orden a una reunión urgente. La situación era extremadamente delicada.

CAPÍTULO 110

"No sabía que era realmente más suave, el piso perfectamente pulido de la sala de coros donde reposaban mis nalgas, o su suave cuerpo como el terciopelo que cabalgaba encima de mí. El éxtasis que aquel momento me daba esa mujer con caderas moldeadas me perdía en el abismo de extremo embeleso, que sensuales pechos que adormecían mi cara, que sin pensarlo terminaban en mi boca apasionada. Mas, cuando recuperé la conciencia de mis ansias, sus senos voluptuosos ahogaban mi alma, no podía respirar, pero la abracé y seguía penetrándola con maliciosa calma, ella se movía entre mis piernas sin miedo, sin recelo, solo con ambición escandalosa de ser amada, de ser deseada, sus labios me besaban, a veces me mordían, pero igual me excitaba. El sosiego llegó cuando derramé en sus entrañas el líquido de la lujuria, cada ángel de la sala me miraba con envidia sana pues sus cuerpos no fueron hechos para esas andanzas, el piano pretendía tocarse por sí solo, pero no era su momento, era el mío y de esa mujer apasionada que salió desaforada de esa entrañable sala"

Luego de la lectura de la carta todos se miraban desconcertados, el padre Scott sonrojado observaba de reojo las caras indignadas de los hermanos de la Orden.

-*¿Quien escribió esa blasfema carta?* -preguntó aireado el Padre Rodrigo- .

-*Han profanado mi sala de coros, donde canto para Dios* -volvió a refutar el sacerdote enojado-.

-No hay autor de la carta, pero de seguro está aquí en el convento -dijo Pablo a sus oyentes-.

-Tenemos que hacer algo, quien haya cometido ese terrible pecado deberá ser colgado directo en el claustro mayor, ni siquiera merece las mazmorras, eso sería un premio. -gritó el Padre Edgar-.

-Queridos hermanos, a parte de la Orden tenemos dentro del Convento, entre monaguillos, seminaristas y ayudantes casi cincuenta personas que conviven con nosotros. Desde hoy, cada uno se vuelve sospechoso, pero recuerden que todavía no está esclarecida la muerte del padre Rector y a pesar de las medidas que hemos tomado todavía no hallamos al responsable de darle comida a los prisioneros. -dijo apaciguadamente el Padre Scott.

-¿Y si es la misma persona que ha cometido todos esos abominables actos? -infirió el Padre Demencio-.

-No creo que sea tan inteligente -refutó Pablo-.

-Desde hoy la Orden se dedicará a buscar en cada rincón del convento a los transgresores de la moral, nuestra iglesia no se puede convertir en guarida de malvivientes, quien escribió esta carta, usó tinta azul, y un papel con líneas, partiremos de allí, busquen en cada habitación, en cada escritorio donde alguien pudiera empuñar unas letras. Personalmente vigilaré con más frecuencia la puerta de entrada a las mazmorras. Ya caerá aquel que este bendiciendo con comida a esos infieles.

Las órdenes del Padre Pablo fueron rotundas, la Orden estaba en alerta.

El calor costeño fue un buen momento para sudar mientras nuestros cuerpos se acariciaban y frotaban. La señora Zambrano me decía palabras soeces como agrediendo los gemidos que le propinaba. Terminamos mojados, literalmente empapados, yo sentía cansancio perpetuo pero ella no se inmutaba, su estado físico era descomunal. En el descanso de uno de los "round" antes de volvernos amar, me dijo que ella practicaba el atletismo desde que era muy joven. Su impresionante estado físico era el acopio de horas diarias de entrenamiento, en su casa podía faltar comida, abrigo o servicios básicos, pero todas las mañanas recorría más de diez kilómetros en las calles polvorientas de su ciudad. La conocían como la "gacela de la Trinitaria", pues de pequeña vivió en ese barrio en Guayaquil. Ya era de noche y fue el pretexto perfecto para irme, a ella no le gustó la idea, pero ya no tenía fuerzas para seguirla complaciendo, solo quería el suero, así que le pedí que me lo diera. Ella extendió su mano, usé mi equipo de extracción sanguínea, diez centímetros de sangre fueron suficientes. Allí podría estar el secreto de la vacuna. En realidad era tarde, pero me urgía llegar al laboratorio, dejar la muestra en refrigeración y enviarla a Quito al día siguiente. Ya está por amanecer, la historia de este tipo raro esta interesante, la iglesia ha sido infiltrada, *¿por quién diablo será?*, y la carta para mi jefa todavía no está lista. Pero eso ahora no importa tanto, lo que me espera mañana es aún peor.

CAPÍTULO 111

-Padre Mauricio es urgente hablar contigo, ven en una hora a mi despacho -le pidió en secreto el Padre Scott-.

Eran las cinco de la tarde, el padre Mauricio con la prolijidad que le acompañaba, llegó puntual a la cita, tocó la puerta.

-¡Pasa por favor! -le dijo Pablo sentado desde su escritorio-.

-Aunque las paredes pueden oír, te cité aquí pues los problemas que manifesté hace poco son más serios de los que planteé.

-¿Cómo así mi santidad? -preguntó sorprendido el padre Mauricio-.

-Sí hermano, es lo que digo, es tan serio el problema que quienes causan este rompecabezas están aquí mismo, en nuestra propia Orden.

El padre Mauricio no dejaba de mirar con asombro a los ojos azules del jefe de la Orden, cada palabra que expresaba le causaba extasío, pero mucho más cuando el padre Scott le dijo lo siguiente:

-El padre Julián mató al padre Rector, él lo empujó desde el campanario de San Pablo, ya encontraré la prueba que lo delate. Por otro lado, el padre Mario está dando de comer a los prisioneros, solo hay que cogerlo con las manos en la masa, uno de los dos debe estar relacionado con la carta, no confió en nadie más, por eso te lo cuento. Necesito que vigiles al padre Mario, día y noche, yo me encargaré del Padre Julián.

-*Me honra con su confianza Santo Padre* -le dijo al padre Pablo Scott, visiblemente emocionado-.

-*Te conozco desde que fuimos compañeros en el Seminario, el Señor apreciará mucho tu esfuerzo y tu discreción, nadie podrá saber de esta misión que te he encomendado* -dijo el Padre Scott, mientras le miraba a los ojos-.

Pasaron los días y el esfuerzo de los frailes era implacable, movieron cielo y tierra al interior del convento buscando alguna prueba que revele al fornicador, solo encontraron tres bolígrafos azules entre los monaguillos y un seminarista que concurría al Seminario, pero ninguno de ellos había estado en el convento por esos días. Justo en esas fechas estaban en una convivencia de la juventud católica en Cuenca, en preparativos para acudir a la Jornada Mundial de la Juventud en Río de Janeiro, Brasil. Desde entonces se prohibió que se utilizara tinta azul en las libretas o en cualquier escritura, pues si alguien era encontrado con bolígrafo azul o algo parecido sería sospechoso de inmediato, por arte de magia desaparecieron todos los utensilios con lo que se pudiera escribir con ese color, incluso los fieles que acudían a misa eran esculcados buscando esferos azules. Mientras el delirio se apoderaba de la Orden, otra carta llegó prodigiosamente al despacho parroquial, el padre Scott hizo la desagradable lectura.

"Mis manos acariciaban sus senos, que suaves, me entretenían, no parecían así cuando con esa florida blusa estuvo vestida. Ella me acariciaba también, la sutileza de su fragancia adormecía agradablemente el ambiente de moho que prevalecía. Era mediodía y la gran muchedumbre que

recorría la Plaza de San Francisco impávida la atravezaba, ignorando que en lo alto de la torre de San Francisco una campana nos guarecía, el sol brillaba con intensidad mientras nuestros cuerpos se enrollaban con premeditación y alevosía. Yo la besaba, ella se estremecía, ella me rozaba yo me divertía, poco después sus manos agarraban con premura el badajo del campanario y presentaba hacia mí, su rabadilla adornada con la sed de la concupiscencia, de la indecencia, pero era esa misma desvergüenza la que me llevaba al éxtasis, a la complacencia. La empotré con temple, ella gozaba, gimió todo lo que podía, nadie la podría escuchar, aunque los oídos se multiplicaran y la cizaña se adueñase de aquel placer incuantificable"

La Orden estaba compungida, otra carta los desafiaba. La misiva estaba escrita con tinta azul, alguien la dejó debajo de la puerta del despacho parroquial. El padre Scott pidió una pericia por medio de un amigo que tenía en el departamento de medicina legal de la Policía, pero no había ni siquiera una huella que delatara al provocador. La búsqueda se intensificó, el padre Pablo dio la orden de que dos monaguillos se ubicaran frente a la puerta de su oficina mañana y noche. Nadie podría acercarse al despacho parroquial si no era con su consentimiento.

CAPÍTULO 112

El padre Mauricio casi no hablaba, era parco, cumplía sus tareas con vehemencia y veracidad, entendió la misión que le confió el padre Scott. Aquel pedacito de cura estaba dispuesto a resolver el enigma del padre misericordioso que por semanas había alimentado prodigiosamente al grupo de mojigatos que guardaba en las mazmorras. Debía empezar por algo, por el principio, < ¿la cocina?, ¿no debía ser un lugar muy evidente para guardar comida?> buscó algo allí que le diera una pista, pero no la halló, entonces decidió ir a la fuente, al principal sospechoso que su jefe le había confiado con tanto cuidado, el Padre Mario.

Aprovechó que aquel hombre sospechoso estaba realizando una liturgia, entró a su lugar donde pernoctaba las noches, esculcó todo lo relacionado a él, pero no encontró nada. Solo un trozo de papel con unas cuentas financieras que no eran despreciables. Al final sumaban varios miles de sucres, que un fraile franciscano jamás podría acumular, afectaría su voto de la pobreza. < *¿Pero qué comprobaría con eso? ¿Era dinero enviado por algún familiar o amigo, alguna herencia o algo parecido?*>.

Pasaron varios días hasta que el padre Gualinga decidió interrogar a quien acompañaba a Mario a dejar el pedazo de pan y agua a los prisioneros, el padre Edgar, < *¿él podría ser el cómplice?* o *¿estaba alejado de cualquier conspiración?* Muy por la noche concertó una cita con el curita.

-*Padre Edgar, gracias por darme de su valioso tiempo.*

El Padre Torres asintió con la cabeza mientras mantenía en sus manos un viejo libro que estaba leyendo con dedicación.

-*¿Qué lee, mi querido hermano?* -le preguntó el padre Mauricio-.

-*Es sobre el arzobispo Roberto Rómulo Belarmino, su obra, su biografía, me llegó este libro de Roma hace un par de semanas ¿Me supongo que sí ha escuchado sobre él?* -le contestó el padre Edgar-.

-*No lo tengo presente, me parece que le llamaban el "martillo de los herejes", pero no recuerdo más...* -contestó Mauricio, con cierta velocidad-.

-*¡Por supuesto!* -dijo maravillado el regocijado cura-.

El Padre Edgar no perdía la ocasión cuando se trataba de historia medieval, de extasiarse en largos comentarios y detalles, parecía un reloj sin cuerda, podía hablar horas y horas sobre esos temas.

-*El arzobispo Roberto Francisco Rómulo Belarmino, santo padre canonizado en 1930 por el Papa Pío XI, nació en Montepulciano, la influencia de su tío, el Papa Marcelo II fue de gran importancia, decidió servir a Dios desde muy pequeño, fue ordenado sacerdote en Bélgica. Le tocó luego de ser admitido en la Compañía de Jesús escribir mucho basado en la doctrina de la fe católica, pero sobre todo a defenderla con sangre y sudor. Gracias a él muchos herejes de la época medieval fueron juzgados por sus crímenes. El transgresor Giordano Bruno por ejemplo, quien se negó a aceptar la Santísima Trinidad del Padre, el Hijo y el Espíritu Santo, quien dudo de la divinidad de*

Jesús y de la virginidad de su santa madre. Ese incrédulo objetó la transubstanciación, satirizó la misa, se atrevió a enfatizar en la reencarnación de las almas en otros cuerpos después de la muerte. Pero lo quemaron en la hoguera en el campo de Fiori, eso fue un escarmiento; otro, Galileo Galilei, este hereje al principio se salvó por pertenecer a la República de Venecia, siempre estuvo contra corriente pero...

El padre Gualinga lo interrumpió cortésmente.

-*Mil perdones, mi hermano, pero me urge hacerle unas preguntas, el padre Scott está interesado en conocer sobre la buena alimentación de los prisioneros.*

-*Sí, dígame padre Mauricio, ¿cuál es la interrogante?*

CAPÍTULO 113

Alguien corrió por los pasillos del convento, era el Padre Demencio, llevaba en su mano algo que los mantenía en vilo desde hace varias semanas, otra carta fue encontrada.

-*Padre Pablo! ¡Padre Pablo!*

Llamaba con insistencia frente a la puerta del despacho parroquial

-*Imposible padre Demencio, no está, fue a visitar a su madre.*

Uno de los monaguillos que vigilaba la puerta de ingreso le dijo circunspecto.

El padre Demencio fue en busca del resto de hermanos de la Orden, solo pudo reunir en ese momento a los padres Julián y Rodrigo a quienes les contó lo sucedido.

-*Me encontraba en la biblioteca, justo en la sección de Teología buscando unas parábolas de San Ignacio de Loyola para preparar una prédica, cuando vi una sombra que apareció en la recepción, me acerqué a verificar de qué se trataba y observé encima del escritorio esta carta. Mi intuición me hizo buscar afuera en el claustro y no vi a nadie, pero estoy seguro de que vi una sombra humana* -dijo la voz trastornada del padre Ospina-.

-*Y ahora, ¿qué hacemos, Padre Demencio?* -preguntó el padre Rodrigo-.

-*Tenemos que guardar la carta y enseñarla al padre Scott. Leamos, posiblemente no tenga nada que ver con las otras.*

Planteó el mismo padre Demencio, quien apenas había observado la misma letra, pero que se llenó de pavor y no quiso leer sus primeras líneas.

Al final ganó el interés de saber lo que había en su interior y tomaron la decisión de leerla hasta que viniera el Padre Pablo.

"¿Vuestro cuerpo tiembla? Le pregunté a aquella dama que desnuda frente a mí me miraba con frívola indecencia. No estoy temblando, mi apuesto templario abstraído del pasado medieval, es que mi cuerpo se excita solo de ver tu piel tenue lista para embatirme. El estanque antiguo de la fábrica de cerveza sirvió para que la sentara en sus toscas maderas, abrí lentamente sus piernas y la acaricie con extremada delicadeza, pero esta se desvaneció al ver sus exquisitas curvas, mi falo se estremeció y emergió de él un líquido lujurioso que ella sin avisar lo engulló con enorme ansiedad, parecía como si de verdad sus papilas no hubieran degustado manjares por mucho tiempo. Mi falo creció y después quiso ser el protagonista, arremetió en contra de ella y la penetró sin aspavientos, ella gemía de placer, decía que no había existido hombre en la tierra que la hubiese llevado al mismísimo cielo, al campo de los olimpos. Terminamos juntos, besé sus carnosos labios y le dije que se fuera. Yo me vestí y tomé un vaso de cerveza".

CAPÍTULO 114

-¡Padre Edgar! ¡Detálleme! ¿Cómo es la rutina cuando usted y el Padre Mario van a dejar la comida a los prisioneros? -le preguntó la voz inquisidora del Padre Mauricio-.

-La palabra "detálleme" procede de detalle, que viene del francés "détail" -hizo una contestación absurda a lo que tácitamente había preguntado el padre Gualinga-.

-¿Eso qué viene al caso? -replicó sorprendido y molesto el padre Mauricio-.

-¡Sí! détail viene del verbo détailer, cortar en pedacitos -insistía en su desparpajo el padre Edgar-.

-Vamos, vamos no se dé vueltas Padre, ¿cómo hacen usted y el Padre Mario para dar de comer a los fornicadores de las mazmorras?

-En realidad yo nunca he ido con él, pues déjeme recordar... el padre Mario tiene la prolijidad de ir solo -confesó el flaco y calvo padrecito-.

-Y usted, ¿por qué no lo acompaña? ¡No entiendo! ¡La Orden que dio el padre Scott es que deben ir siempre en pareja cuando entreguen la comida! -repuso molesto el Padre Gualinga-.

-Es que casi siempre, antes de ir a las mazmorras, nos deleitamos con una rica cerveza, pero ni bien acabo de terminarla caigo en un sueño perpetuo, de allí en adelante, no sé más.

-¿Y a usted eso no le parece sospechoso? -preguntó extrañado el cura Mauricio-.

-Bueno, yo nunca he sido tolerante al alcohol, recuerdo que desde joven allá en mi lejana Loja, siempre caía con el primer trago de puro que tomaba con mis amigos -contestó inocentemente el delgado Padre Edgar-.

El Padre Mauricio guardó silencio, no entendía cómo un hombre como el padre Edgar tan instruido y conocedor de la historia, en especial de la Edad Media haya sido tan estúpido en ser engañado de tal forma por el Padre Mario. Dedujo que este colocaba alguna sustancia que lo hacía dormir, justo antes de ir a entregar la copiosa comida a los prisioneros. *<Tanta lectura ¿para qué? ¿No habrá leído sobre el Papa Romano o Anastasio II que murieron envenenados?>* Este padre es muy ingenuo.

-¿No se da cuenta de que el padre Mario le ha estado dando alguna sustancia para dormirlo, para tener el campo libre y darle de comer a los prisioneros?

El padre Edgar, quien parecía salir de un oprobioso letargo, asintió con su enflaquecida cabeza y dijo:

-Tiene razón Padre Mauricio, el muy cínico me envolvía en conversaciones sobre los concilios del vaticano o las guerras de los templarios, me siento como el papa 115 Teodoro II, quien fuera envenenado estúpidamente.

-Dejémonos de historia medieval y vamos al grano, padre Edgar -interrumpió el padre Mauricio-.

-¿Cuándo se supone que van a dejar la próxima comida?

-Justo hoy -respondió breve el despertado Padre Medieval-.

'-Excelente, usted me va ayudar, esta vez no se dormirá, vomite la cerveza, bótela o simplemente manténgala en la boca, haga lo que sea, ¡no se trague esa mierda! pero ¡hoy

no se dormirá! Una vez el padre Mario crea que usted está profundamente noqueado, iremos por él. ¿Me entendió?

-Sí, mi querido hermano, esta vez no me dejaré embaucar.

CAPÍTULO 115

El padre Scott ingresó de prisa por el claustro mayor, su ímpetu y constancia hacían que su sombra de fraile franciscano se compadeciera con su porte y sus facies estéticas, demostrando tan solo con su presencia respeto y consideración. Casi todos los que visualizaban su llegada le hacían reverencias como si se tratara de un obispo o el mismísimo Papa. Subió las escaleras para acudir hasta su oficina clerical, aquel lugar desde donde dirigía los designios de la Orden secreta que regía. Pero afuera le esperaban sus camaradas, con la carta en la mano, ni bien llegó ordenó a los monaguillos que se fueran, entró a su despacho e ingresaron todos. El padre Demencio colocó la carta en el escritorio.

-*¿Otra? Este tipo no pierde tiempo* -dijo el padre Scott, mientras sentado miraba alrededor a sus compinches asustados y nerviosos-. -*¿Y dónde la encontraron?*

-*En la biblioteca* -contestó el padre Demencio-.

El padre Scott se dio unos minutos para leerla, esta vez no sintió tanto desazón al hacerlo pues tenía la misma trama de depravación y desagravio como las otras.

-*Hermanos, el fornicador cada vez está llegando más lejos, ronda dentro de la iglesia y el convento como un ratón buscando su pedazo de queso, nosotros debemos seguir siendo ese gato en busca del roedor, las cosas se complican aún más. Ayer me llegó la información de que un sacerdote en el Norte* de la ciudad está haciendo de las suyas en la parroquia que dirige, es dominico. Mañana iré personalmente a retenerlo, el muy descarado acude a un motel de lujo, su pareja es otro hombre, quien le proporciona no solo su cuerpo y placer, sino joyas y dinero. ¡Hasta dónde llega la perversidad de nuestros sacerdotes! Pero tener el enemigo dentro de nuestra casa es aún más peligroso.

-¡Padre Pablo!

Alguien golpeó la puerta exterior del despacho

-¡Abran la puerta! -ordenó Pablo-.

Entró de inmediato el padre Mauricio sudoroso y colorado quien vio a su alrededor a sus hermanos de la Orden, y en medio de ellos la figura suprema del padre Scott.

-¡Lo tenemos padre Scott!

-¿A quién hermano Mauricio?, le miró a los ojos el jefe de la Orden.

-Al padre que les ha estado dando comida a los prisioneros en estos últimos meses, el padre Mario, lo capturamos con la evidencia, está en las mazmorras.

Todos en la pequeña sala parroquial estaban sorprendidos, el padre Scott se puso de pie, una buena noticia les acobijaba, por fin el traidor que mantenía en buen estado de salud a los prisioneros estaba entre las rejas. No esperaron el momento y fueron a verlo con sus propios ojos.

Llegaron casi a la velocidad de la luz, cruzaron enseguida los túneles que eran varios y muy estrechos, por fin entraron en las mazmorras. El padre Edgar estaba afuera mirando a los prisioneros con desprecio, adentro estaba él, su mofletudo cuerpo era casi impúdico, sus dientes amarillentos, su barba con motas larguiruchas y sus manos agarrando los barrotes pidiendo clemencia, el padre Mario.

-¡Usted, padre Mario, es el voluntarioso que ha incumplido las dictámenes de la Orden! - dijo sin vacilaciones el Padre Scott-.

-Padre yo solo tuve misericordia de esos pobres hombres, y espero que tenga conmigo igual- expresó casi lloriqueando el Padre Mario-.

-¿Misericordia? ¿Me habla usted de misericordia de quienes han ofendido la iglesia? - dijo alzando la voz el cura Scott-.

- *"Así que acerquémonos confiadamente al trono de la gracia para recibir misericordia y hallar la gracia que nos ayude en el momento que más la necesitemos" Hebreos 4:16* -dijo temeroso el padre Mario, mientras se arrodillaba pidiendo piedad-.

-¿No saben que los malvados no heredarán el Reino de Dios? ¡No se dejen engañar! Ni los fornicarios, ni los idólatras, ni los adúlteros, ni los sodomitas, ni los pervertidos sexuales, ni los ladrones, ni los avaros, ni los borrachos, ni los calumniadores, ni los estafadores heredarán el Reino de Dios. 1 Corintios 6:9-10 -le dijo con seguridad el Padre Pablo-.

-Usted, padre Mario, no tendrá misericordia, se pudrirá en esta cárcel hasta morir, nadie le podrá salvar. Vamos hermanos tenemos una misión que cumplir.

La sentencia estaba hecha, de allí en adelante los prisioneros iban a sufrir grandes penurias, el hambre y el frío los acabaría pronto. Pocos minutos después Pablo llamó al padre Mauricio, y le dijo en secreto.

-Buen trabajo, encárguese usted ahora del Padre Julián, "busque dentro y fuera de su alma", tal vez allí encuentre algo

que lo demuestre como el asesino del padre Rector y tal vez el autor de las cartas.

Regresé temprano al laboratorio, empaqué la muestra en el mejor frigorífico que teníamos. Martha, la responsable del laboratorio, había llegado antes que yo, su grosero cuerpo lleno de celulitis hacía juego con su despampanante mal genio. Apenas llegué me preguntó qué hacía tan temprano, debería tener una razón muy importante para importunar a esa hora, le expliqué mis razones y la insoportable mujer se exaltó de alegría, si la muestra daba resultados ella principalmente ganaría los créditos, yo solo era el peón que hacía el trabajo sucio. Me dejó en paz y se fue a saciar el apetito feroz que tenía. Al frente del laboratorio vendían la mejor torta de choclos de la ciudad, para ella dos eran insuficientes. Yo continué empacando, pero una visita me doblegó la alegría que encarnaba.

¿Quién es? pregunté

—La policía

Una voz resonante dijo desde la ventana, salí a ver y en efecto. Un sargento de policía acompañaba a un hombre con terno y corbata, era muy elegante, usaba una fragancia de mala muerte que intoxicaba el ambiente. Me preguntó si era Juan Álava Cedeño, respondí receloso asintiendo la cabeza. Enseguida sacó un papel que tenía que entregarme en mis manos, firmé el recibido y se fueron. Cuando abrí la carta, se me heló la sangre, se pulverizaron mis pupilas, era una orden de la Fiscalía, se me acusaba de violación a una inofensiva anciana. Debía asistir a una audiencia al día siguiente. El mundo se me volvió encima de mí, no solo por la velocidad con lo que el sistema de justicia había actuado, sino por la terrible e injusta acusación. La gorda Martha se enteró, pueblo pequeño, infierno grande. Se demoró menos en comerse la tercera torta de choclo y agarró el teléfono y llamó a Quito para contarle a mi jefa. Tenía que enviar una carta a Quito explicando lo sucedido.

¡LA CARTA! *Ya son casi las seis, y aún no la he terminado.*

CAPÍTULO 116

Este es el motel, ¡detente aquí! -dijo el padre Scott, mientras leía en letras grandes y luminosas-.

Motel 5 estrellas "La oficina"

El auto Fiat Croma del 85´ que aún conservaban se quedó estacionado justo a pocos metros del afamado motel. Los Padres Pablo, Edgar y Demencio salieron y se dieron cuenta que el ingreso debía ser solo en vehículo, entraron otra vez al auto y esperaron pacientes el ingreso del padre homosexual. El sacerdote fornicador se llamaba Williams, tenía tres años de párroco de la iglesia de Ponciano, allí había dado sus enseñanzas pastorales, muy querido por los feligreses, su labor en beneficio de la comunidad era consagrada; todo iba bien hasta que conoció a Jorge, un fiel que asistía todos los domingos a la iglesia. Era un abogado que trabajaba en la Corte Nacional de Justicia, le había confiado sus más íntimos problemas en el confesionario, sus serios dilemas de convivencia con su esposa, en especial su incapacidad para llegar al orgasmo a plenitud. Allí en ese intercambio de sensaciones, apareció algo especial entre los dos, empezaron a sentir lo que ninguno antes había experimentado, una atracción que iba más allá de la amistad. Sus encuentros eran planificados, frecuentes, pero necesarios para satisfacer sus instintos, estaban enamorados y su relación era muy secreta, hasta que un monaguillo fiel a la causa del celibato se lo hizo saber al padre Scott. Por aquellas épocas había muchos monaguillos, o seminaristas que sin conocer o sin saber nada de la Orden eran informantes del Padre Scott o antes del padre Rector, lo hacían por una suerte de beneficencia y de caer en gracia.

Habían identificado el auto en el que conducía el sacerdote, un auto Toyota color negro. Atrás escondido iba su amante. El padre Pablo como siempre antes de actuar contra alguno de los fornicadores se empapaba de cada detalle, de cada rutina de la víctima.

-*¡Vamos! Allí va* -ordenó Pablo-.

Ingresaron al motel, la puerta siempre abierta, no había empleados mirones como era normal en esos lugares, la discreción, su sello de garantía. El patio de ingreso lucía extenso, sus muros externos cubiertos de una esplendorosa hiedra de hojas verdes periquito le daban aspecto campestre, al interior más de 30 cuartos en la segunda planta, unidos cada uno con su garaje en el piso de abajo. "Suite presidencial", "Suite Standard", "Suite con jacuzzi", las opciones que barajaba el lugar. Las paredes exteriores de los lujosos cuartos estaban adornadas con granitos de color plata, el silencio solo podía ser desbordado por los motores de los vehículos que entraban y salían del lugar. Al interior de aquella morada de algarabía y desenfreno sexual, la elegancia muy ponderada, luces a mediana intensidad, camas de tres plazas de múltiples formas y colores con las mejores maderas traídas del Oriente, paredes con texturas lujosas, baños adornados con la mejor cerámica del país, espejos, música al gusto, juguetes sexuales y lo más importante para el dueño del motel, una pequeña ventanita de madera que solo se podía abrir desde el interior donde se pagaba el alquiler de la habitación.

El Fiat seguía detrás al Toyota negro que ingresó a su garaje el número 16, a lado ingresó el Fiat. Para Pablo la operación consistía en agarrarlos a los dos, ambos deberían ser llevados a las mazmorras de San Francisco, el pecado de la fornicación era imperdonable, pero peor si la infracción se daba con el mismo sexo. La homosexualidad era irreparable y sus consecuencias debían ser drásticas.

El par de hombrecitos terminaron su primer "round", su primer momento de apasionada vivencia sexual, el encuentro fue desaforadamente lúbrico, el padre Williams quedó exhausto, su papel de activo lo había dejado casi en cenizas. Se levantó, necesitaba urgente asearse mientras su compañero Jorge quedó boca abajo dócilmente vencido y adormecido en las finas telas de la sobrecama. El cura ingresó al baño, prendió la ducha que prometía una relajante agua caliente, pero al instante un brazo fuerte atravesó su cuello.

-*¡Quieto desgraciado! si te mueves te rompo el cuello* -dijo el Padre Demencio-.

El Padre Williams quiso poner resistencia pero el padre Edgar le colocó una inyección en su muslo derecho que lo paralizó casi enseguida.

-*Ya no soportaba tus quejidos ¡marica de mierda!* -dijo silenciosamente el padre Demencio, mientras observaba cómo el cuerpo del padre caía suavemente en el piso del baño-.

-*¡Vamos por el otro!* -dijo el Padre Edgar-.

Quien creía que se había transportado a la época medieval de la "Santa Inquisición", pretendía ser un Tomás de Torquemada, un inquisidor español al que se le atribuye la quemazón en llamas de más de diez mil personas, pensar en esa historia lo imbuía en una andanada de adrenalina.

El amante del Padre Williams no se percató de lo sucedido en el baño, seguía durmiendo anestesiado por el fragor de la dopamina, apenas escuchaba el ligero rugido de la ducha que permanecía emanando agua. El padre Demencio lo despertó colocándole una mordaza en la boca y apostándose encima de él. El padre Scott le hizo otra vez adormilarse con un piquete en las nalgas que le colocó para dormirlo. Tenían los dos cuerpos sedados y amarrados. La misión estaba cumplida. Los metieron al Fiat y fueron llevados a su nuevo hogar, San Francisco.

CAPÍTULO 117

< *¿Por qué el Padre Julián hubiese querido matar al padre Rector? ¿Qué razones tendría?*> el Padre Mauricio necesitaba llegar a la verdad, maquinó cada una de las aristas que podrían involucrar directa o indirectamente al sospechoso. Trató de acercarse más a su "hermano Julián", se sentaba junto a él cada momento, en la oración, en la hora de la comida, en las reuniones de la Orden, pero nunca pudo notar algo que lo denotará como asesino; su alma era pura, y siempre que hablaba sobre el padre Rector, solo expresaba buenos recuerdos. El Padre Julián le contó al Padre Mauricio lo importante que fue el padre Rector cuando estuvo cerca de dejar el sacerdocio. Un hermano suyo menor por dos años se había metido en problemas con la justicia, la adicción a las drogas lo había capturado con sus garras, a tal punto de que era una costumbre para el drogadicto robar a diario para satisfacer su necesidad adictiva, incluso a sus propios padres, quienes sufrían estrepitosamente la desdicha de su hijo. El padre Julián enterado del enrollo de su familia fue a dar ayuda, pidiendo permiso innumerables veces en el convento fue a reprender al enfermo y al pequeño traficante, pero fueron inútiles sus acciones, la droga tenía idiotizado a su frágil hermano. Es allí, cuando el padre Rector intervino, lo puso en contacto con una famosa de clínica de rehabilitación en Colombia, e incluso pagó el costo de la reclusión. A los pocos meses el

asunto parecía mejor, pero desafortunadamente una riña al interior de la clínica mató las esperanzas del padre Julián, una daga envió a la tumba a su hermano. Allí otra vez intervino el padre Rector con todo su contingente para repatriarlo y darle el apoyo moral a la familia del Padre Santiana.

¿Por lo menos su fuero interno no delataba nada? ¿Cómo podría este hombre haber asesinado al padre Rector? Entonces, el padre Mauricio recordó lo que el padre Pablo le había dicho anteriormente:

<Busca dentro, pero también fuera de él>

-*<Iré a su dormitorio> pensó en voz baja, tal vez allí encontraré alguna pista.*

Visitó el lugar donde el padre Julián tenía sus pertenencias y dormitaba todas las noches. Entró muy prolijo al sitio, la cama tendida no tenía una arruga que la reprochara; en la cabecera del lecho sobre la pared, un crucifijo de madera, con un Jesús altivo a pesar de las circunstancias que lo agobiaban. Hasta allí nada fuera de su lugar; sin embargo, al lado estaba su motín, una repisa con dos cajones de madera podría ser la llave de las pruebas que tanto anhelaba. Abrió el primero, el mismo estaba lleno de papeles envueltos en gruesas cintas de nylon. Sacó la cinta y revisó uno por uno los polvorientos papeles. Los primeros eran unas cuentas pendientes a nombre probablemente de su padre Ernesto Santiana. Decían "págueseme al portador" Funeraria "El descanso eterno". Debajo de aquel papel por pagar estaba la foto de un hombre menor que él, sonreía ruidosamente, su piel era vigorosa, su pelo castaño liso, usaba una chaqueta color café de cuero de vaca, atrás adornaba el paisaje una montaña que parecía el volcán Cotopaxi o el Chimborazo, encima de la foto con letra imprenta negra decía una frase: *"Mi querido hermano, cuanto te extrañaré"*, este pequeño cuadro le hizo por segundos suspirar al padre Mauricio, pero continuaba en la búsqueda.

Observó entre los papeles uno que relataba unos versículos sobre el amor a Dios, eran varios pero el que más le llamó la atención *"Pero Dios demuestra su amor por nosotros en esto: en que cuando todavía éramos pecadores, Cristo murió por nosotros" Romanos 5:8.* Justo después de leer el versículo, abrió los ojos y vio que al lado de esos documentos había unos esferos, eran cinco o seis bien envueltos en papel crepé, todos eran azules, pero lo que más le aturdió fue una receta de un medicamento que conoció hace poco *"Amitriptilina".*

CENTRO MEDICO ESPECIALIZADO "EL BUEN VIVIR"

Dr. Diego Merizalde
Médico Psiquiatra especializado en Buenos Aires
Quito, 20 de marzo del 2000
Rp:
Amitriptilina 25 mg   tabletas   60 (sesenta)

Paciente: Julian Santiana

Firma
Dr. Merizalde

CAPÍTULO 118

"*Sus piernas reposaban en mis hombros y estaban voluminosas, su piel suave se enredaba en mis manos rugosas, eso a ella le excitaba de manera escandalosa, si no fuera por mi lujuria espinosa esos muslos me hubiesen tirado en la loza. Ella empezó a gemir como si estuviese haciéndolo en prosa, si parecía un poema vestido en sándalos y rosas. Luego de varios minutos de movimientos habituales y de satisfacción sexual prominente y sinuosa me cansé, y le di la vuelta pidiéndole más besos y acaricias locas, allí estaban junto a mí sus prominentes glúteos llenos de sinuosas curvas y llanuras peligrosas. La enzarcé otra vez y aulló como una gata fastuosa, como una perra en celo que acariciaba tantas sensaciones fantasiosas. La llevé a la cima por varias ocasiones, por tres veces le terminé a la ingrata hermosa, eso no la dejaba saciada, y quería que la siguiera amando con pasiones elevadas. Después de adorarnos tanto, nuestros cuerpos quedaron exhaustos y entrelazados, reposamos justo encima del que dicen sosiegan los huesos del hijo del último rey Inca ahorcado.* "*

El padre Pablo leyó esa carta junto a sus camaradas luego de venir de su última faena en el lujoso motel. Encontraron la misiva justo cerca de la entrada hacia las mazmorras.

-*Este tipo sigue llegando cada vez más lejos* -dijo el compungido padre Scott-.

-*Sus juegos sexuales, sus atrevimientos y desmesuras han rebasado los límites, pero hablar de la tumba del hijo del última Inca es trastornado* -volvió a decir Pablo-.

-*¿A qué se refiere con el cadáver del hijo del último Inca?* -pregunto el Padre Demencio-.

Edgar, el elocuente conocedor de la historia, encontró el momento para extasiarse, le habían dado un tema por el que siempre estuvo interesado, aunque en el convento estaba prohibido hablar de aquello.

-*Cuando dice "el último Inca" se refiere a Atahualpa, después de morir en manos de Pizarro en Cajamarca, uno de sus tantos hijos fue protegido por nuestro patrono* -respondió el Padre Edgar-.

-*¿Por el Fray Jodoco Ricke?* -preguntó sorprendido el padre Demencio-.

-*¡Sí, el mismo!* -contestó el padre Scott, continuando con la explicación- .

-*Hay una absurda idea de que el protegido del Fray Jodoco Ricke, el hijo de Atahualpa "Francisco Atahualpa" está enterrado en este convento, dicen que en la capilla de Santa Catalina.*

-*Interrumpo, mi querido hermano* -dijo con aspavientos el padre Edgar-.

-*En realidad se llamaba Topatauchi, él junto a sus hermanos Carlos e Isabel fueron protegidos y educados por el Fray Jodoco. Topatauchi dejó un testamento, el deseaba ser enterrado al interior del convento, no se sabe en realidad si está enterrado aquí, pero es de notar que el Fray Jodoco fue un sacerdote muy importante en convertir a esos salvajes indios en lúcidos cristianos.*

-*Tendríamos que levantar todo el convento y buscar cinco metros debajo de él para resolver el enigma* - dijo con vehemencia el Padre Scott-.

-*Pero lo más importante* -continuó el padre Pablo-.

-*Es que el tipo se está burlando de nosotros y es un triunfo según él haber fornicado en la capilla de Santa Catalina. ¡Hay que seguir buscando! Iré a ver a mi madre mañana saldré muy temprano.*

CAPÍTULO 119

Pasaban los días, semanas y la búsqueda por muy implacable que era no daba resultados, el monaguillo, seminarista o sacerdote jugaba con solvencia. Tenía el control. Sus cartas reflejaban la pulcritud de la prosa y los destellos de la desfachatez y desinhibición sexual. Se movía al interior del convento como un hombre invisible, burlando los controles sin mayores esfuerzos, se paseaba frente a las narices de los miembros de la Orden que tenían una nube en sus ojos.

Después de la carta de la capilla de Santa Catalina, fueron encontradas cuatro más, la Orden se encontraba exasperada, vulnerada, la única esperanza estaba en el trabajo que le dio en secreto el Padre Scott a Mauricio, en él se depositaban las esperanzas de encontrar al autor de las depravadas cartas y el asesinato del padre Rector. El padre Mauricio había dejado incluso de comer. Dejó a un lado sus tareas pastorales por cumplir la Orden confiada a él. Su cara reflejaba el fruto del cansancio, las ojeras eran estrepitosas, su piel se arrugaba más, su cabello despeinado y maltratado delataban su entrega a la causa. Era un mártir en silencio. Por otro lado, el resto de los sacerdotes de la Iglesia de San Francisco arremetían en las prédicas contra los transgresores de las leyes divinas de la procreación. La infidelidad, la violencia doméstica y la pobreza no eran temas más importantes como la libertad equivocada de usar métodos anticonceptivos modernos que envenenaban el alma.

Estas fanfarroneadas de los curitas en las prédicas no eran para menos, debían desviar elegantemente la atención, pues la Curia estaba en el ojo del huracán. Afuera en la cotidianidad de la sociedad, las denuncias de pedofilia eran constantes, todos los días salía un periodicazo sobre las depravaciones de ciertos sacerdotes, sus manos ensuciaban el espíritu limpio de almas infantiles y púberes, en Cuenca de Ecuador, en California o en Ámsterdam era lo mismo, decenas de denuncias manchaban la que era una institución llamada siempre a la complacencia espiritual, a la convivencia con Dios. Por otro lado los grupos provida habían perdido otra batalla, el Tribunal de Justicia Constitucional del país había aprobado por mayoría simple el uso de la píldora del día después, era el último escollo para que los ecuatorianos pudieran utilizar el método, la pastilla fue distribuida gratuitamente en los establecimientos públicos de salud. Ya no había barreras, todos los métodos anticonceptivos estaban a disposición de la población. Los reclamos de la Iglesia eran efímeros, la sociedad católica en su mayoría había decidido acogerse a los beneficios de la salud pública, desobedeciendo los dictámenes del Vaticano, escogió lo que le convenía a sus cuerpos. El Padre Scott sabía que afuera las circunstancias eran desfavorables para la iglesia, pero dentro del convento debía mantener el control. No permitiría que esa sociedad sodomizada influyera en la rutina de los frailes franciscanos, por lo tanto, era urgente resolver el enigma de las cartas. Tenía seguridad que el padre Mauricio descubriría al creador de esas misivas tentadas por el demonio. Muy pronto caería en sus manos, el padre Julián no tendría escapatoria, solo esperaba con ansias la acumulación de pruebas que también lo involucraran con el asesinato de su maestro, de su mentor, el padre Ricardo. Mandó a llamar a unos de los monaguillos que estaban afuera de su despacho.

-*Venga, acérquese* -le dijo paternalmente el Padre Scott al joven-.

-*¿No ha visto nada sospechoso hoy?*

-*No Padre Scott, bueno hay un silencio mayor al acostumbrado* -le dijo con notable extrañeza-.

El joven monaguillo sabía que existía la Orden, pero desconocía cuáles eran sus fines, ni que llevaban en sus manos sangre de sus propios hermanos en fe.

-*¿Silencio?* -preguntó el Padre Pablo-.

-*Sí, además no he visto pasar a nadie por el pasillo en toda la mañana, hace un par de horas cuando fui al baño, tampoco vi a nadie en el claustro mayor ni en los contiguos* -contestó raudo el monaguillo-.

El padre Scott se quedó parcialmente perplejo, y se le ocurrió llamar a una reunión a la Orden, debía estar seguro de que todo estuviera bien.

-*¡Llame a los miembros de la Orden!, nos reuniremos en este momento, aquí en mi despacho.*

El monaguillo obedeció la disposición y fue en busca de los padres de la Orden.

CAPÍTULO 120

El padre Scott como siempre sacó un vaso para tomarse una cerveza luego de cada liturgia, pero esta vez sacó dos, el otro era para su mano derecha, el acongojado Padre Mauricio.

-*Toma, Padre Mauricio, lo necesitas, el trabajo casi está cumplido, solo falta Julián y por fin depuraremos nuestras filas de ese tipo de gente. Me dijo que el resto de la Orden está en su hora de oración comunitaria, ¿Y tú? ¿Por qué no los acompañaste?*

-*Justo iba a entrar y el monaguillo me sorprendió en la puerta, quise venir a su llamado a ver de qué se trataba* -le dijo el padre Mauricio-.

-*Ven, sírvete*

El Padre Mauricio se quedó impávido, ni siquiera alzó su mano para recibir el vaso que amablemente le ofreció su superior.

-*¿Qué sucede padre Mauricio? ¿Si deseas te preparo una taza de café?*

-*Sí por favor, necesito algo caliente*

El padre Scott se dio la vuelta para agarrar una taza y colocar café caliente, siempre era amable con sus efímeros amigos de la causa que visitaban su despacho, pero cuando regresó a mirar a Mauricio vio algo que lo sorprendió

-*¿Por qué me apuntas con esa arma?* -preguntó muy sorprendido el asustado Padre Pablo-.

El padre Gualinga apuntaba con una pistola a no menos de dos metros al estupefacto Padre Scott.

-*No dé un paso más, si lo hace lo mato aquí mismo* - le dijo resuelto Mauricio-.

Pablo no podía articular una sola palabra. Sus labios acogieron una expresión catatónica.

-*Lo descubrí todo, mientras me tenía ocupado con el padre Mario y Julián usted hacía un festín de sexo y barbarie en nuestra propio convento.*

-*¿Qué dices?*

Por fin pudo articular por lo menos dos palabras el acorralado sacerdote.

-*Usted escribió las cartas, no insulte mi inteligencia, yo mismo lo descubrí* -le gritó con vehemencia Mauricio-.

-*Pero mis manos están limpias, míralas.*

-*¡Cállese asesino! Usted mató al padre Rector* -le volvió a gritar el Padre Mauricio-.

El Padre Scott trató de arrebatarle el arma pero una bala rozó su pierna, cayendo al piso de inmediato.

-*¿En qué te basas para acusarme de tantas cosas, hermano mío?* -le dijo adolorido el Padre Scott, quien se agarraba su pierna de la cual salía sangre.

-*Su madre murió hace mucho tiempo, lo descubrí cuando fui a ese viejo restaurante de comida mexicana donde ella trabajaba y me dijeron que la pobre falleció de cáncer triste y abandonada, porque ni su único hijo la iba a visitar. Usted no iba a visitar a una muerta, asistía a la biblioteca de Las Carmelinas en donde escribía las espurias cartas ¡no se mueva o la siguiente bala será en el pecho!* -dijo con vehemencia el padre Gualinga al percibir otro intento de arrebato del Padre Scott-.

-*Esas cartas, solo eran cartas, esos hechos nunca ocurrieron* -gritó el Padre Scott, quien no pudo *más y cayó* al piso-.

-*Eran parte de mi imaginación, de mis sensaciones, de mis anhelos que nunca pude cumplir.*

-*Por eso iba al psiquiatra, la medicación que encontré a propósito en los cajones del padre Julián era suya, padre Pablo. Quería hacerme creer que el padre Julián estaba enfermo y que él colocó la medicación en los cajones del padre Rector, para evitar que lo acusaran de asesino. En realidad usted lo mató, quería todo el poder para usted, para poder escribir esas cartas sin obstáculos, sabía usted que el padre Ricardo lo podría descubrir.*

El padre Scott por un momento se olvidó del dolor que el roce de la bala le estaba propinando en la pierna, estaba estupefacto de la sagacidad del padre Mauricio, había llegado a conclusiones precisas sobre sus fechorías.

-*¿Cómo supo lo del psiquiatra?* -preguntó extasiado el Padre Pablo-.

-*Fui a buscarlo, el doctor Merizalde solo me dijo que un fraile franciscano lo visitaba una vez por mes. Luego cuando todos se fueron ingresé al historial médico, no encontré ni del padre Rector, ni del padre Julián, ¡encontré solo el suyo! Una combinación de depresión y trastorno obsesivo compulsivo decía en la hoja de diagnóstico.*

Las lágrimas comenzaron a brotar de las mejillas sudorosas y rojizas del Padre Pablo, empezó a emitir palabras con mucho sentido, como abriendo sus pensamientos, como un abanico por primera vez a un hermano de la Orden.

-Es cierto, nunca tuve suerte en el amor, aunque tengo que confesar que no soy virgen, pero desde joven tuve decepciones amorosas, cada vez que una mujer me interesaba siempre pasaba algo que me alejaba de ellas. Fui creando en mi conciencia una larga frustración, he sido guapo, alto, de facies finas y muy hermosas, sin embargo no pude conquistar lo más hermoso que un hombre puede tener, lo más caro e incuantificable, las delicias del amor de una mujer, creo que por eso me hice sacerdote, fue mi salida para encontrar adoración, aunque fuera al Señor. Pero esta desgracia me atormenta, ha creado diablos en mi cabeza, por eso maté al padre Rector, estábamos conversando y en un descuido yo lo empujé desde el campanario al pavimento, corrí de inmediato a mi cama y me quedé dormido. Quería el campo libre para explotar mis fantasías sexuales. Pero también lo hice por otras razones que no pudiste descubrir padre Mauricio.

-¿Cuáles? -preguntó atónito el sacerdote-.

-Cuando era un adolescente, vivía con mis padres a pocas cuadras de aquí, en una enorme casa con un patio y un pileta central, era la casa de don Pascual, allí atrás de la casa había un burdel, todas las noches era visitado por muchos hombres de la ciudad, comerciantes, médicos, policías, militares, pero también iban sacerdotes, especialmente unos muy jóvenes, el padre Rector y el padre Julián.

-¿Qué dice, Padre Scott? -dijo el sorprendido padre Mauricio-.

La sorpresa del padre Mauricio era monumental

-Sí, aún recuerdo sus caras de alegría tratando con las chicas de senos y nalgas voluptuosas, cada uno estaba por lo *menos con dos, nunca iban con sotana, pero sus caras de lujuriosos las tengo en mis pupilas. Insisto, las recuerdo como si los años no hubiesen pasado. Los veía detrás de la ventana, bajaba todas las noches cuando mi madre se dormía, lo hacía sigilosamente, cuando era niño don Pascual me descubrió, después busqué formas para no ser descubierto.*

-*Ahora comprendo... por eso quiso relacionar al Padre Julián en el crimen del padre Ricardo* -entendió el clérigo Gualinga-.

-*¿Y ahora qué hará conmigo?* -preguntó el padre Scott-.

-*Vendrá conmigo a las mazmorras, los hermanos de la Orden ya lo saben, fui enviado para capturarlo y llevarlo allá, morirá en su propia ley, ¡levántese que solo fue un rasguño! la bala solo pasó rozando su piel.*

El Padre Scott se levantó de a poco, se sujetó de la pared y cojeando camino mientras Mauricio le apuntaba en la espalada con la pistola en la mano. El astuto padre Pablo fingió mucho dolor en su pierna herida, mucho más de lo que realmente sentía, simuló que se caía, aquel movimiento sirvió para agarrar la mano del Padre Mauricio con la que sujetaba la pistola. Empezó un forcejeo muy peligroso, cada uno luchaba por controlar la mortal arma, en medio de aquella oprobia competición de fuerzas, una bala vuelve a salir, esta vez no fue rozando la pierna, incrustó la frente de Pablo, sus ojos se entreabrieron para luego volverse a cerrar. Un flujo imponente se sangre salió por su cabeza en la parte de atrás, cayó esta vez para siempre. De inmediato la puerta se abrió y los hermanos de la Orden vieron muerto en el piso al último Scott.

Ya salieron los primeros rayos del sol que impactan directo a mí cara en aquel cuarto de hotel.

-*¿Por qué no hicieron nada para ayudarlo?, era el último Scott, su secreto se fue con él a la tumba, al parecer no han sido tan eficaces como parece, ese cura era un desgraciado, pero ustedes se quedaron sin el secreto.*

-¡No es cierto! -dijo el hombre de blanco quien se puso erguido-

-*Eso no es cierto, el secreto no se perdió, está en ti.*

-*¿En mí?*

-*Tú tienes el secreto*

-*¿Desde cuándo? ¿Cómo llegó a mí? Estoy estupefacto*

-*Ya no tendrás que ir a declarar a la Fiscalía, ni hacer esa prolija carta.*

-*El padre Pablo Scott no fue tan firme a la carne como parecía, cayó como cualquier hombre a la pasión, antes de recibirse como sacerdote. Una noche cuando llegó a su parroquia en Boca de Pescado encontró en su cama a una mujer. Era una campesina que estaba enamorada de él, sus lindos ojos , su piel canela homogénea, sus caderas elaboradas a la perfección, sus cabellos castaños brillosos, hicieron que el hombre se entregara a la pasión y de allí nació un bebé. Esa mujer logró lo que nosotros no pudimos concretar, fue la única que lo hizo caer en esa tan anhelada tentación, que nosotros no obtuvimos en él. La familia de la mujer la escondió por mucho tiempo, allá a* campo adentro, donde solo se llega a caballo después de un día. Nadie debía enterarse de que era una madre soltera, mucho menos que el papá de ese niño era un sacerdote.

-¿Dónde está ese bebé?

-En el lugar que menos lo esperabas, en la cimiente que se deja en el transcurso de la vida, en un pequeño lugar, allí está el secreto.

-¿Dónde? *Mi paciencia se evapora con tus palabras rebuscadas.*

-Ten paciencia ahora te lo digo. Pero primero te diré lo siguiente, tu mundo, el de los humanos, es muy conflictivo, fue una equivocación depositar en este planeta el secreto, tuvimos otras opciones, pero erróneamente confiamos en los humanos. Son una sociedad en constante evolución, admitimos que se transforman para mejorar, pero el camino es lento, tropiezan fácilmente dos veces con la misma piedra.

Los dogmas y las pésimas costumbres todavía los envuelven, pero hay un grupo de humanos progresistas que tratan de sobreponerse, aunque todavía son minúsculos frente a la enorme avalancha de hipocresía que envuelve tu mundo. Han avanzado en muchos temas para su propio beneficio. Viven más, gracias al avance de la ciencia y de la salud pública, han derrotado varias enfermedades que antes los diezmaban, han mejorado las comunicaciones exponencialmente, comprenden al mundo de mejor manera, pero aún tienen la zozobra del dogma sobre su cabeza, y no es que esté mal que tengan dioses, pero eso los divide y los hace débiles, atacan a su propia naturaleza. Por eso vendrás con nosotros

-¿Iré con ustedes?

-Sí, vendrás con nosotros, nuestro planeta ya no existe, pero logramos crear otro en un lugar lejano, el Disnomia destruyó nuestra primera casa. Tú nos acompañaras. Porque tú tienes el secreto. Tú nos perteneces. Tú eres el verdadero último Scott.

FIN

www.ingramcontent.com/pod-product-compliance
Lightning Source LLC
Chambersburg PA
CBHW020246030726
47499CB00001B/76